AF714479

Rowohlt Verlag GmbH, Kirchenallee 19, 20099 Hamburg

Kontaktadresse nach EU-Produktsicherheitsverordnung:
produktsicherheit@rowohlt.de

Wenn der Sozialstaat schrumpft, müssen Menschen, die mehr tun als ihre Arbeit, das Vakuum füllen: Sozialarbeiter, Therapeuten, Drogenberater, Ärzte und Psychologen ringen darum, dass denen geholfen wird, die wirklich Hilfe benötigen – und geraten dabei immer mehr selbst an den Rand ihrer Kräfte. Für sie und alle angehenden Helfer fasst Wolfgang Schmidbauer in diesem Kompendium die wichtigsten Grundlagen und Thesen seiner drei erfolgreichen Helfer-Bücher zusammen und stellt neueste wissenschaftliche Ergebnisse vor. Eine echte Hilfe für Menschen in helfenden Berufen.

Wolfgang Schmidbauer

Das Helfersyndrom

Hilfe für Helfer

Rowohlt Taschenbuch Verlag

Bibliographische Notiz: Kapitel 4 ist die vom Autor überarbeitete Fassung von Kapitel 4 seines Buches «Die hilflosen Helfer» (Reinbek 1977), Kapitel 7 und 8 entsprechen Teil II und III seines Buches «Helfen als Beruf» (Reinbek 1983) und wurden vom Autor für das vorliegende Werk eingerichtet.

4. Auflage Mai 2020

Originalausgabe
Veröffentlicht im Rowohlt Taschenbuch Verlag,
Reinbek bei Hamburg, Februar 2007

Redaktion Hermann Gieselbusch
Umschlaggestaltung ZERO Werbeagentur, München
(Abbildung: FinePic, München)
Satz ITC Stone Serif PostScript (InDesign) bei
Pinkuin Satz und Datentechnik, Berlin
Druck und Bindung BoD - Books on Demand GmbH,
Norderstedt, Germany
ISBN 978 3 499 62208 3

Inhalt

Einleitung 7

1. Das Helfersyndrom 19
2. Beruf, Depression und narzisstische Krise 31
3. Das abgelehnte Kind 43
4. Fallgeschichten 73
5. Mehr als helfen wollen 107
6. «Das musst du doch verstehen!» Paardynamik und Helfersyndrom 153
7. Die «neuen» Helfer 189
8. «Neue» und «alte» Helfer im Konflikt 229
9. Helfersyndrom und Mobbinggefahr 273
10. Burnout 319

Literatur 341

Einleitung

Das Helfersyndrom ist 2007 dreißig Jahre alt geworden. Peter Jacobs, Pflegedirektor und Fortbilder von Pflegekräften in München, hat mir einmal erzählt, dass er zu fragen pflegt, wer von den Anwesenden den Begriff «Helfersyndrom» kenne. Die meisten melden sich. Fragt er nach dem Buch «Die hilflosen Helfer», melden sich bereits deutlich weniger; den Namen des Autors, der diesen Begriff prägte, weiß kaum einer.

Wie kam ich dazu, das Helfersyndrom zu finden? Ich hatte Psychologie studiert, weil ich mir zu unsicher war, dem Kindertraum zu folgen, «Dichter» zu werden, der sich aus einer langen Zeit alles verschlingenden Lesens ergeben hatte. Aber die unbewusste Tendenz war stärker. Aus einem Studentenjob im Archiv einer medizinischen Zeitschrift wurde seit 1961 eine kleine Karriere als Wissenschaftsjournalist.

Mein Chef, Ildar Idris, der Gründer und Herausgeber von «Selecta», redete mir zu, das Psychologiestudium aufzugeben. Er bot mir eine Stelle als Redakteur an. Aber ich wollte nicht abhängig sein; es widerstrebte mir, etwas Begonnenes abzubrechen. Ich verliebte mich in eine italophile Frau, machte mein Diplom, promovierte und kaufte mit ihr zusammen ein verlassenes Haus in der Toskana. Dort lebte ich zwischen 1966 und 1971 als freier Autor. Die Pressearbeit lieferte Brot und Butter; daneben begann ich, nicht mehr Gedichte, sondern Sachbücher zu schreiben.

1971 beschloss ich, meinen papierwurmartigen Beruf als *Science Writer* zurückzustellen. Ich wollte doch noch etwas Praktisches mit dem Psychologiestudium anfangen. Mein Eintritt in die Helfer-Welt war recht dramatisch und vermittelte mir Eindrücke, dass es dort recht irrational zugehen kann. Durch meine Artikel und Bücher war Günter Ammon auf mich aufmerksam geworden. Er schmeichelte mir, zog mich in seinen Kreis und belebte den Wunsch, eine analytische Ausbildung zu machen.

Ich fühlte mich in der Welt der Helfer immer ein wenig wie ein Ethnograph. Das mag daran liegen, dass meine frühen Interessen in die Richtung der Kulturanthropologie gingen. Ich hatte im Ausland gelebt, ich hatte über Mythen promoviert und eine Weile meinen eigenen ethnologischen Dilettantismus gegen den der Humanethnologen der Lorenz-Schule gesetzt.*

So erschien mir die Welt der Psychotherapeuten, in die ich mit der Absicht geriet, mein theoretisches Wissen durch praktische Kenntnisse in Psychoanalyse und Gruppentherapie aufzubessern, wie ein Dschungel abseits der großen Strömungen der Naturwissenschaft (die ich aus meiner Zeit als *Science Writer* gut kannte), von einem bunten Gemisch der unterschiedlichsten Stammeskulturen besiedelt. Sie erinnerte an das, was ich über Neuguinea gelesen hatte: Bereits nach einer Tagereise verstehen die Angehörigen des einen Volkes die Sprache des nächsten nicht mehr. Jede Sprachgruppe ist der festen Überzeugung, dass jenseits der Berge mit der eigenen jede Zivilisation endet und ein Reich der Dämonen beginnt.

* Dieser Auseinandersetzung entsprangen die beiden Bücher «Die sogenannte Aggression. Die kulturelle Evolution und das Böse» (Hamburg 1972) sowie «Biologie und Ideologie. Kritik der Human-Ethnologie» (Hamburg 1973).

Nachdem ich in meiner Dissertation* Mythologie und Dogmatik der einzelnen psychotherapeutischen Glaubensrichtungen studiert hatte, kam ich nun mit dem konkreten Verhalten der Helfer in Berührung. Ich war Reporter genug geblieben, um zu erkennen, dass die offenkundigen Widersprüche zwischen dem Glaubensbekenntnis und der Lebenspraxis ein interessantes Thema boten. Es wiederholte sich, was mich bereits als Kind, sobald ich anfing, die frommen Katholiken meiner Passauer Heimat genauer zu beobachten, ebenso gefesselt wie dem katholischen Glauben entfremdet hatte: Verhalten und Verhaltensbegründungen passten nicht zusammen.

Da hatte ich den psychosozialen Helfern, die doch wissenschaftlich fundiert und weltlich arbeiteten, etwas anderes zugetraut. Ich dachte, dass Ärzte besonders gesund leben müssten, dass Pädagogen sich gerne anderen Erziehern aussetzen und Therapeuten, die doch die Wohltat des offenen Ausdrucks preisen, bereitwillig über ihre Gefühle sprechen. Jetzt war es aber wieder ähnlich, ja noch krasser, denn die Religion hatte viele Bilder für die menschliche Schwäche angesichts des Erhabenen, die Helfer aber verstummten hilflos, wenn es um die Anwendung ihrer eigenen Aussagen auf sie selbst ging. So kam ich auf das Bild des hilflosen Helfers, und es wurde zu meiner Arbeitshypothese, dass Menschen manchmal deshalb Helfer werden, weil es ihnen so schwer fällt, sich helfen zu lassen. Aus diesem Grund delegieren sie Abhängigkeit nach außen, an ihre Schützlinge.

Es gehörte zur Ausbildung bei Ammon, dass Anfänger sehr schnell und ungeschützt praktizieren sollten. So arbeitete ich schon seit 1973 selbst mit Gruppen und suchte Kontakt zu

* «Mythos und Psychologie. Methodische Probleme, aufgezeigt an der Ödipus-Sage.» Erschien 1970 bei Ernst Reinhardt als Buch und wurde 1999 noch einmal überarbeitet aufgelegt.

anderen Therapeuten, deren Gemeinsamkeit vor allem ihre Distanz zu den etablierten Therapieausbildungen war, die wir als zwanghaft, verschult, kurzum als reaktionär ablehnten. Damals lernte ich durch Günter Ammon auch Siegfried Gröninger kennen, einen schillernden Charakter mit großem Organisationstalent.

Es war eine bewegte und bewegende Zeit, in der ich Illusionen über die Möglichkeiten, durch Gruppenanalyse «befreite Gebiete» in einer repressiven Gesellschaft zu schaffen, aufbaute und wieder revidierte. Gröninger motivierte Ammon, in München ein eigenes Institut aufzubauen. Ammon wusste ebenso wenig wie ich, worauf er sich da eingelassen hatte.

Nach etwas über einem Jahr hatte Gröninger eine Gruppe um sich gesammelt und dazu gebracht, sich von Ammon wieder zu trennen, dessen tyrannische Ansprüche nicht nur mir die Nähe zu ihm ebenso verleideten, wie er mich angezogen hatte, solange ich ihn nur aus seinen Schriften kannte.

So wurde ich 1972 Gründungsmitglied und eine Weile auch Vorstand in zwei analytischen Instituten. Als der Autor an Bord erfand ich die Namen («Gesellschaft für analytische Gruppendynamik» und «Münchner Arbeitsgemeinschaft für Psychoanalyse», abgekürzt GaG und MAP). Ich schrieb die ersten Ausbildungsordnungen nach unseren Vorstandsbeschlüssen. Es kennzeichnet die Dynamik von Institutionen, dass meine damaligen Texte drei hektographierte Seiten umfassten, während heute unsere Ausbildungsrichtlinien einen Schnellhefter mit zweihundert Seiten füllen.

Beide Institute haben sich im Lauf der Zeit die Anerkennung der Dachverbände beziehungsweise der Ärzte- und Psychotherapeutenkammern erkämpft. Vom Nutzen der Gruppenarbeit in Therapie und Erwachsenenbildung wurde ich bleibend überzeugt. Nach rund zehn Jahren gab ich meine Ehrenämter in den Vorständen auf und wandte mich wieder verstärkt dem Schreiben zu. Die therapeutische Praxis habe ich behalten und empfinde sie als große Anregung für meine Arbeit als Autor.

Meine psychoanalytische Selbsterfahrung absolvierte ich außerhalb des Ammon-Kreises, bei Edmund Frühmann und Hans Günther Preuss. Das trug dazu bei, dass ich die Trennung von Ammon gelassener hinnahm als er, der mir alle Geschenke zurückschickte und alle Widmungen in seinen Büchern tilgte.

Der Widerspruch zwischen Ammons nach außen deklarierter souveräner Helfer-Fassade und einer kindlichen Kränkbarkeit und Ansprüchlichkeit dahinter hatte mich gerade deshalb irritiert, weil er der erste Analytiker war, den ich persönlich kennenlernte, der mich in der Toskana besuchte und mit mir diskutierte. Ich sah, wie dieser Kritiker des psychoanalytischen Establishments zwar die Scheinheiligkeit anderer aufdeckte, aber in dieser vermeintlichen Entlarvung an eigenen Fassaden bastelte, hinter die auch er nicht blicken lassen wollte. Ich habe noch öfter miterlebt, wie schnell in alternativen Gründungen die Ausgrenzungsmechanismen und Richtungskämpfe einsetzen, die man anfangs den Rivalen angekreidet hatte.

In den siebziger Jahren war die persönlichkeitsorientierte Fortbildung eine große Innovation in den sozialen Berufen. Daher wurde die von Gröninger und mir geleitete Ausbildung von analytischen Gruppenleitern für Selbsterfahrungsarbeit in der GaG ein großer Erfolg. Ich verbrachte viele Wochen dieser Jahre damit, Selbsterfahrungsgruppen zu leiten, in denen Lehrer, Sozialpädagogen, Psychologen und Ärzte «etwas für sich tun» wollten. Dabei schälte sich ein bestimmter Menschentypus, eine spezifische Charakterstruktur heraus, die ich erst das «soziale Syndrom» und später das Helfersyndrom nannte.

Das Buch «Die hilflosen Helfer» erschien 1977. Der Reformoptimismus der Achtundsechziger verebbte. Die Bewegung hatte sich zersplittert, auf dem langen Marsch durch die Institutionen aufgezehrt. Ich war bis 1970 die meiste Zeit in Italien, in einer ländlichen Idylle gewesen und hatte mich nur theoretisch mit der Studentenbewegung (die ein Jahr nach meinem Examen einsetzte) beschäftigt.

Der Erfolg des Buches überraschte mich sehr. Ich hatte bisher zwölf Bücher veröffentlicht, durchaus achtbare Erfolge, einige waren in verschiedene Sprachen übersetzt worden, und dasselbe Schicksal erwartete ich auch von diesem Text. Ich hatte ihn als einen Werkstattbericht verstanden. Es ging um Fragen, die sich aus der Arbeit ergaben, in die ich hineingestolpert war: Was sind die problematischen Anteile an den Beweggründen, anderen zu helfen? Wie hängen sie mit der Gesellschaft und mit den Institutionen zusammen, welche das Schicksal der Samariter von heute prägen?

«Die hilflosen Helfer» hatten die Stärken und Schwächen des Autors, der den Psychoanalytiker *und* den Schriftsteller in sich trägt und nicht immer vereinen kann. Für ein populäres Sachbuch setzte der Text zu viele psychoanalytische Kenntnisse voraus; für die Rezensenten der wissenschaftlichen Zeitschriften war er zu allgemein und zu wenig empirisch und statistisch abgesichert.

Aber die wichtigste Gruppe für einen Autor sind die Leser, die ein Buch kaufen. Und diese gab es reichlich. 1987 sollte ich als Vorredner Daniel Cohn-Bendit in den Münchner Kammerspielen vorstellen. Er sprach dort in einer Reihe der «Reden über Deutschland», die vom Kulturreferat und der Bertelsmann-Stiftung organisiert waren. Auf der Bühne war eine Couch aufgebaut, und Cohn-Bendit bezog sich darin ironisch auf mich, «den hilflosen Helfer Schmidbauer».

Nachher scherzte er mit mir, «Die hilflosen Helfer» seien für ihn ein Trauma, weil er 1977 in einer Buchhandlung gearbeitet habe und jeder zweite Kunde entweder die «Häutungen» von Verena Stefan oder eben das Helferbuch kaufen wollte.

Ende der siebziger Jahre gab es in Deutschland eine große Gruppe engagierter junger Sozialberufler. Sie waren durch die Studentenbewegung geschult, hatten Marx und Freud gelesen, die psychoanalytische Sozialpsychologie an den Texten von Horst Eberhard Richter, Michael Lukas Moeller und Tilmann Moser kennengelernt. Sie waren bereit, nun nicht mehr nur über die Probleme ihrer Klienten, sondern auch über ihre eigenen nachzulesen. Die Fortführung der Freiheitsrechte nach innen, mit der sich die Studentenbewegung geplagt hatte, führte zu einem lebhaften Interesse an den verborgenen Hintergründen alltäglicher Emotionen, Leidenschaften und Ängste. Es durfte gefragt werden.

So fühlten sich jene Helfer nicht von mir «verstanden», die es unerträglich finden, wenn ihre Aufopferung nicht schlechthin für gut befunden wird. In den Rezensionen des Helfer-Buches ließen sich jene primitiven narzisstischen Reaktionen verfolgen, wonach der Bote für die Botschaft bestraft wird: Was soll, fragten einige, aus den jungen Sozialarbeitern und Krankenschwestern werden, wenn ihnen der Selbstverdacht auf das Helfersyndrom das spontane Engagement verdirbt?

Christa Meves, Herausgeberin des «Rheinischen Merkur», warf mir vor, den Helfern Steine statt Brot zu geben; jedenfalls machte sie so sehr deutlich, wer von uns beiden Gott näher steht. Ein Monsignore und leitender Angestellter der Caritas erhielt heftigen Beifall, als er auf einer Tagung bemerkte, er habe zwar das Buch über die hilflosen Helfer erworben, es aber dann ungelesen in den Schrank gestellt.

Der Verwaltungsdirektor eines großen Krankenhauses sagte auf dem «Tag der Krankenschwester» in Salzburg nach meinem Festvortrag zwischen Mozarts Dissonanzquartett und einem kalten Büfett, er sei erst kürzlich als Patient in seiner eigenen Klinik gelegen und habe keine Spur des Helfersyndroms bei seinem Personal entdeckt. Nachher setzten sich einige Lehrschwestern an meinen Tisch und erklärten mir, warum sie mich eingeladen hatten und warum es besser sei, in der Diskussion zu schweigen. Irgendwo spricht mich ein bärtiger Sozialarbeiter an. Ihm habe sein Beruf immer Spaß gemacht, ob ich das etwa für nicht normal halte? Und immer, immer wieder die drei Fragen: «Habe ich das Helfersyndrom? Woran bemerke ich es? Was kann ich dagegen tun?»

Ich habe manchmal versucht, sie durch eine Metapher zu beantworten: «Habe ich einen Ödipuskomplex? Wenn ja, woran bemerke ich ihn? Und was kann ich dagegen tun?»

Aber auch ein solcher Vergleich wird nur von Menschen verstanden, die etwas über Psychoanalyse wissen und sich damit befreunden können, dass es Grundkonflikte gibt, die sich nicht auflösen lassen. Wenn wir unter Ödipuskomplex die prägenden Verletzungen unserer Kindheit verstehen, dann wird uns vielleicht deutlicher, dass wir beispielsweise das Aufwachsen ohne Vater oder Mutter, die Kränkung, dass uns ein Geschwister vorgezogen wurde, oder die Rolle des Außenseiters in einer sozialen Gemeinschaft nicht in dem Sinn bewältigen können, dass alle damit verknüpften Probleme verschwinden. Aber unsere Einsichten in diese frühen Schicksale helfen uns wahrscheinlich, gelassener mit dem zu leben, das unseren Versuchen widersteht, es aus der Welt zu schaffen.

Aus eben diesem Grund finde ich die sperrige Qualität des Begriffs vom hilflosen Helfer nicht nur von Übel. Das Helfersyndrom zwingt, etwas in Frage zu stellen, das sonst fraglos bleiben kann, und ist damit ein Versteck für eine verleugnende Sichtweise, ein Asyl für (Selbst-)Betrug und ausbeutende Rede («das Wohl der Schüler ist unser oberstes Gebot»). Da so unendlich vieles in unserem Leben und in unserer Kultur verwendet wird, um uns vor Ängsten zu schützen und Kränkungen abzuwehren, wird auch eine solche Komponente im Verhalten von Helfern nachweisbar sein.

Was ich mit dem Ausdruck vom «Helfersyndrom» meinte, war immer nur ein Motiv unter mehreren verschiedenen, freilich auch eines, das aufgrund seiner Verbindung mit Verdrängungen und unbewussten Abwehrmechanismen für emotionale Konflikte und psychohygienische Probleme im helfenden Beruf besonders wichtig werden kann. Aber menschliche Hilfsbereitschaft ist ein viel weiteres Feld; wir beobachten sie bereits bei kleinen Kindern, die gar keine neurotischen Konflikte haben können, welche denen des Erwachsenen vergleichbar sind.

Es ist eine wissenschaftlich unbeantwortbare Frage, ob das menschliche Leben einen Sinn hat; andererseits ist nicht zu leugnen, dass viele Menschen gerade mit dem Helfen starke Erlebnisse von Sinnhaftigkeit verbinden. In den Aussagen über den gewählten helfenden Beruf findet sich sehr oft der Satz: «Ich will etwas Sinnvolles tun!»

Die Problematik des Helfersyndroms, also des Helfens aus einer unbewussten Abwehr heraus, hängt nicht an dieser Sinnhaftigkeit, sondern daran, dass andere Erlebnisformen vermieden und die Welt zwanghaft auf das Helfen eingeengt ist, nicht selten auf Kosten der Einfühlung.

Der hilflose Helfer gleicht einer überbeschützenden Mutter, die ein Kind, das längst essen kann, immer noch füttert. Wenn es sich weigert und selbst den Löffel führen möchte, versorgt sie lieber das arme hungrige Geschöpf mit einer Magensonde, als die eigene übermäßige Fürsorge in Frage zu stellen. Die Sprache hat ein feines Empfinden für diese Gefahr der Entgleisung unserer Hilfsbereitschaft – «ich werde dir schon helfen» ist kein freundliches Angebot, sondern eine Drohung, die Absichten ausdrückt, Macht auszuüben.

Was es sehr erschwert, die innere Struktur helfender Motive bei Erwachsenen zu erkennen, scheint die Durchdringung verschiedener Schichten von Motiven. Abwehr und Spontaneität lassen sich nicht säuberlich trennen, sondern treten gemeinsam auf, ergänzt durch die verschiedensten Einflüsse aus der persönlichen Lebensgeschichte und der sozialen Umwelt.

Helfern und Schützlingen wäre am besten gedient, wenn Helfer grundsätzlich dann nicht mehr arbeiten müssten, wenn ihre emotional getragene, spontane Hilfsbereitschaft versiegt ist. Sie sind dann nicht mehr fähig, leidenden oder unsicheren Personen Sicherheit und Geborgenheit zu vermitteln, weil sie sich nicht einfühlen können und selbst zu viel brauchen, um anderen etwas abzugeben. Jeder von uns hat seine Erfahrungen mit Lehrern, Ärzten oder Pflegenden, welche ihre emotionalen Ressourcen erschöpft haben. Sie fühlen sich unentbehrlich oder sehen sich finanziellem Druck ausgeliefert, haben aber den inneren Bezug und die Einfühlung in ihre Schützlinge verloren.

Wenn wir eine Ursache für solche Missstände suchen, entlastet es die Institutionen und die Presse von gründlichem Nachdenken, wenn wir einen persönlichen Faktor konstruieren. Die betreffenden Lehrer, Ärzte, Pflegerinnen sind nicht für den Beruf geeignet. Wenn jetzt noch jemand das Helfersyndrom als diese Ursache einführt, ist das Missverständnis komplett und der Begriff unbrauchbar geworden. Daher will ich jetzt noch einmal und hoffentlich auch für Nichtpsychologen verständlich ausführen (und wiederholen), was mit diesem Begriff gemeint ist, wo er nützen kann und was er nicht zu leisten vermag. Das Helfersyndrom ist ein dynamischer, ein biographischer Begriff, gewiss keiner, der einfache Unterscheidungen ermöglicht.

Das Bedürfnis nach einfachen Erklärungen wird gegenwärtig mächtiger, weil die modernen Gesellschaften so kompliziert und vielschichtig bestimmt sind, dass uns ihre Undurchschaubarkeit ängstigt. Wer etwa den *Spiegel* liest, bewundert die Sachkunde und Redegewalt der Reporter. Er fühlt sich präzise und umfassend informiert - genau so lange, bis das Journal ein Thema behandelt, von dem er wirklich etwas versteht. Auf einmal kann er den Verdacht nicht abweisen, dass der Reporter längst nicht so gut informiert ist, wie er uns glauben macht, dass er Triviales als Einsicht handelt und Sprüche klopft.

Daher ist es kein lästiger Zufall, sondern ein ernstes Problem, wenn Begriffe ihre differenzierende Qualität verlieren und zum Schlagwort verkommen. Es wäre schön, gute Helfer ohne und schlechte mit Helfersyndrom durch einen einfachen Test zu unterscheiden, die ersten zu engagieren, die zweiten entweder in die Fortbildung oder in den Ruhestand zu schicken. Aber das ist Unsinn, die Gründe sind vielschichtig, weshalb in manchen Bereichen aus engagierten und einfühlenden Berufsanfängern so viel schneller ausgebrannte Routiniers werden. Die unbewusste Komponente in der Helfermotivation spielt hier nur eine Rolle unter vielen, freilich eine, die für eine persönliche Auseinandersetzung fruchtbar werden kann.

Das Helfersyndrom ist ein Konzept gegen den Strich einer kulturellen Korrektheit, die uns weismachen will, es würde den Menschen gut bekommen, wenn das Gute ganz gut ist und das Schlechte ganz schlecht. Ferner sei es simpel, beides zu unterscheiden, man müsse sich nur den Normen fügen. Dass dem nicht so ist, haben Künstler, Dichter und Erzähler immer genauer gewusst als Priester, Erzieher und Techniker. Es ist das immer noch nicht von der wissenschaftlichen Öffentlichkeit ganz gewürdigte Geschenk Freuds an die Psychologie, dass wir nicht nur erzählen dürfen, sondern es sogar müssen, wenn wir nicht wesentliche Faktoren in unserer Seele ignorieren wollen.

Nach naivem wissenschaftlichem Verständnis wäre ein Trauma schädlich. Aber das Helfersyndrom zeigt, dass aus ihm etwas Gutes entstehen kann, dass aber dieses Gute in Gefahr ist, das Trauma neu zu inszenieren – und dass erst die Beschäftigung mit der Geschichte einer Person, mit ihren Prägungen und den Bedingungen, unter denen sie lebt und arbeitet, uns hilft, hier mehr Klarheit zu gewinnen.

1 Das Helfersyndrom

Syndrom im Wortsinn ist das «Zusammenlaufen» verschiedener Merkmale zu einem Bild, einem (krankhaften) Prozess. Wenn zum Beispiel gesagt wird, ein Patient leide an einem Korsakow-Syndrom, dann bedeutet das nicht nur, dass sein Gehirn, meist durch chronischen Alkoholkonsum, geschädigt ist, sondern dass er diese Störung auch in einer bestimmten Weise zu kompensieren sucht: Die Patienten können sich nichts merken, schämen sich dessen und erfinden daher Geschichten, um ihr Versagen zu verschleiern. Erinnerungsunfähigkeit (Amnesie) und Lügenerfindung (Konfabulation) kommen also zusammen und charakterisieren den Zustand des Korsakow-Syndroms, benannt nach dem russischen Psychiater Sergei Korsakow (1854–1900).

Einige Anekdoten, um das Helfersyndrom im Erleben anschaulich zu machen:

«Ich wollte endlich mal wieder mit einer Frau schlafen. Deshalb bin ich nachts in die Straße gefahren, wo die Prostituierten stehen. Als ich dort war und an ihnen vorbeifuhr, war mir übel und mein Herz klopfte. Ich dachte, ich bin impotent, und fuhr vorbei. Da sah ich eine Frau, die eine Panne hatte. Als ich anhielt und ihr meine Hilfe anbot, war ich wieder ruhig und sicher. Es ist schon eine verfluchte Rolle, die ich da spiele.» (Ein 32-jähriger Arzt)

«Wenn ich Menschen kennenlerne, dann setze ich mich sehr für sie ein. Meist haben sie Probleme, ich höre mir das an und arbeite mit ihnen an einer Lösung, unterstütze sie. Und wenn dann das Problem überstanden ist, höre ich nichts mehr von ihnen. Ich bin dann schwer enttäuscht und denke, du schaffst es einfach nicht, eine Beziehung aufzubauen!»

«Sprechen Sie von Ihren Klienten?»

«Nein, natürlich nicht, von privaten Bekannten, von Männern, die ich so kennenlerne. Von den Familien, die ich betreue, würde ich mir ja nie so etwas wie Dank erwarten!» (Eine 40-jährige Sozialarbeiterin)

Schätzenswerte menschliche Eigenschaften verlieren nicht an Wert, wenn wir ihr Zustandekommen untersuchen. Es geht nicht darum zu zeigen, dass auch dem Helfen-Wollen ein «letzten Endes egoistisches Motiv» zugrunde liegt. Die Unterscheidung, welches Verhalten als altruistisch, welches als egoistisch zu bewerten ist, orientiert sich an der Kultur, in der wir leben.

Die beiden Beispiele beleuchten die Abwehrqualität des Helfens: Der Mann schämt sich der erniedrigten Form sexueller Befriedigung und beruhigt sich, sobald er etwas tun kann, was sein Gewissen hoch schätzt. Die Frau hat kein Gefühl dafür, dass private Beziehungen anders sind als professionelle und dass sie in diesen Beziehungen auch etwas anderes wünschen sollte als im Beruf.

Das Helfersyndrom ist die zu einem Teil der Persönlichkeitsstruktur gewordene Unfähigkeit, eigene Gefühle und Bedürfnisse zu äußern, verbunden mit einer scheinbar unangreifbaren Fassade im Bereich sozialer «Dienste» und latenten Allmachtsphantasien.

Unsere Persönlichkeitsstruktur entspricht in der psychoanalytischen Psychologie einer Abwehrorganisation, mit deren

Hilfe das Ich versucht, einen realistischen Weg zwischen den Triebwünschen, den Über-Ich-Geboten und der Realität zu finden. Diese Psychologie geht von einem beschreibenden, hermeneutischen Wissenschaftsmodell aus und beruht letztlich auf der Überzeugung, dass eine experimentell und statistisch orientierte Forschung den Menschen nicht erfassen kann, sosehr wir ihre Ergebnisse brauchen, um nicht ins Beliebige zu spekulieren.

Der praktische Nutzen einer Beschäftigung mit dem Helfersyndrom liegt darin, die seelische Hygiene der Helfer zu verbessern und eine stabile Motivation aufzubauen.

«Früher habe ich mich oft schier zerrissen und hatte doch das Gefühl, ich tue nicht genug und erreiche nichts. Wenn um Mitternacht ein Anruf kam, bin ich hingegangen und habe mit den Leuten geredet. Ich dachte einfach, ich darf nicht nein sagen, wenn es jemandem schlecht geht. Aber ich konnte das Gefühl nicht loswerden, dass meine Klienten das ausnützten ... Seit ich die Ausbildung gemacht habe, vor allem auch die Einzelanalyse, habe ich das geändert. Ich sage jetzt zu solchen Anrufern, sie sollten sich während der Dienstzeit an mich wenden. Da kann ich dann voll für sie da sein, weil ich ausgeschlafen und nicht insgeheim wütend bin. Solche Gefühle hätte ich mir früher überhaupt nicht eingestanden. Ich dachte, ich muss immer nur für die anderen da sein. Aber daran ist auch die Ausbildung schuld. Man lernt, nichts als die höchsten Ansprüche an sich zu stellen, und kriegt kaum konkrete Mittel in die Hand, um auch etwas zu erreichen.»

Ich erinnere mich noch an die Sozialarbeiterin, deren Aussage ich gern als Beispiel für eine bessere Arbeitshygiene infolge der Auseinandersetzung mit dem Helfersyndrom zitiere. Sie hatte in der GaG eine Ausbildung absolviert und arbeitete mit mir als Koleiterin in einer der Selbsterfahrungsgruppen, die wir damals im Rahmen von Fortbildungen für die Mitarbeiterinnen der bayerischen Jugendfürsorge anboten.

Solche Situationen sind nach wie vor aktuell, obwohl gerade Sozialpädagogen heute sehr viel stärker zur Reflexion über ihre Berufsmotivation angeleitet werden. Eine Dozentengeneration, die sich mehr oder weniger intensiv mit Gruppenselbsterfahrung auseinandersetzte, hat ihre Spuren hinterlassen; Supervisionen in diesem Arbeitsfeld tun ein Übriges, um vor Ort Burnouterscheinungen zu bekämpfen und die Betroffenen dabei zu unterstützen, ihre professionelle Rolle zu finden.

Das Burnoutproblem ist heute sehr viel stärker in der Alten- und Krankenpflege angesiedelt. Hier gibt es noch große Defizite an Distanz von einer naiven Helfermoral, in der Aufopferung und Härte ebenso unreflektiert gedeihen wie unprofessionelle Wehleidigkeit. («Die böse alte Frau hat mich angespuckt! Zu der gehe ich nicht mehr ins Zimmer. Das kann mir niemand zumuten. Ich bin doch nicht Altenpflegerin geworden, um mich anspucken zu lassen!»)

Aber in der Analyse des Helfersyndroms ist Burnout nur eine von vielen Anwendungen. Natürlich brennt schneller aus, wer nicht gelernt hat, zwischen realistischen und perfektionistischen Ansprüchen an die eigene Berufsmotivation zu unterscheiden. Aber die fesselnde Perspektive angesichts des hilflosen Helfers ist dessen Scheitern in der Anwendung seiner Einsichten und seiner Wertvorstellungen auf das Nächstliegende: auf die eigene Person.

In keiner Berufsgruppe werden eigene (psychische) Störungen so vertuscht und bagatellisiert wie in jener, die unmittelbar mit der Behandlung solcher Störungen befasst ist. Schwäche, Hilflosigkeit, das offene Eingestehen emotionaler Probleme werden nur bei anderen begrüßt und unterstützt, während das eigene Selbstbild von solchen «Flecken» frei bleiben soll.

Vor sechzig Jahren hat die amerikanische Arzneimittelfirma Parke-Davis Fragebögen an 10000 Ärzte verschickt, um deren Gesundheitszustand zu erforschen. Es zeigte sich, was nicht untypisch ist für dieses Verfahren: Es ermittelt eine Wunschvorstellung von der Realität. Von den Befragten bestätigten nur 0,5 Prozent, dass sie an seelischen Störungen litten. Das Idealbild des allen Aufgaben gewachsenen Arztes hatte sich als mächtiger erwiesen als die Wirklichkeit. Ärzte werden in Wahrheit erheblich häufiger in psychiatrische Kliniken aufgenommen als die Durchschnittsbevölkerung.

M.F. Brooks und seine Mitarbeiter gingen in England Einweisungen von Ärzten in Nervenkrankenhäuser nach. Es zeigte sich, dass in einer Klinik einer von 82, in einer anderen sogar einer von 46 Patienten Mediziner war – also ein erheblich höherer Prozentsatz als in der Durchschnittsbevölkerung.*

In dieselbe Richtung weist eine prospektive Arbeit von G.E. Vaillant und Mitarbeitern.** Diese verglichen eine Gruppe von 47 Studenten der Medizin von deren Eintritt in die Universität an mit einer Gruppe zufällig ausgewählter Studenten anderer Fächer. Es zeigte sich, dass von den Ärzten 47 Prozent schlechte Ehen hatten oder sich scheiden ließen, 36 Prozent psychoaktive Medikamente und/oder Alkohol beziehungsweise Rauschdrogen konsumierten, 34 Prozent sich in psychotherapeutische Behandlung begaben und 17 Prozent mindestens einmal in einer Nervenklinik behandelt wurden. Alle diese Zahlen lagen signifikant über denen der Kontrollgruppe. Fazit: Ärzte sind seelisch stärker belastet als der Durchschnitt der Akademiker.

* M.F. Brooks et al., Psychiatric illness in the medical profession, Br. J. Psychiatry 113, 1013–1023, 1967

** G.E. Vaillant et al., Some psychological vulnerabilities of physicians, N. Engl. J. Medicine, 287, 745–748, 1966

Charakteristisch für die unbewusste Dynamik des Helfersyndroms ist der Traum eines 30-jährigen Arztes:

«Ich war mit einer Gruppe anderer Kandidaten vor dem Haus von Dr. A., unserem Lehranalytiker. Wir sollten eine Glocke an dieses Haus montieren. Ich sehe noch die hohen, aus Kalkstein gemauerten Wände vor mir. Die Sache mit der Glocke klappte aber nicht gut. Wir brauchten noch Material, Seile und so. Deshalb ging ich zu einem Schuppen in der Nähe. Als ich herankam, hörte ich in dem Schuppen ein leises Weinen. Ich öffnete die Tür. Da sah ich etwas ganz Schreckliches: Ein halb verdurstetes, abgemagertes Kind, ganz verdreckt und mit Spinnweben überzogen, steckte eingeklemmt zwischen dem Gerümpel.»

In diesem Traum wird der Gegensatz zwischen erstrebter Geltung (die Glocke für den mächtigen Boss) und den abgespaltenen, unansehnlichen, kindlich gebliebenen und verwahrlosten Bedürfnissen deutlich. Die Fassade sagt: «Ich bin großartig, ich gebe!» Das Kind sagt: «Ich bin ausgehungert und drohe zu verschmachten, ich muss mich verstecken.»

Der Helfer gibt und ist stark; der Schützling ist schwach und auf den Helfer angewiesen. Die Asymmetrie dieser Situation wird für den hilflosen Helfer zur Droge – und wenn er aus ihr nicht genügend Erlebnisse von Erfolg und Bestätigung schöpfen kann, ist der Helfer sehr gefährdet, drogenabhängig zu werden.

Man erklärt manchmal die Häufigkeit von Drogenabhängigkeit in den Helferberufen mit der leichten Erreichbarkeit von Opiaten und Psychopharmaka für Ärzte und Pflegepersonal. Aber diese Erklärung reicht nicht aus, zumal auch Alkoholabhängigkeit häufiger ist als in der Durchschnittsbevölkerung. Es geht wohl eher darum, dass bereits die Berufswahl Abwehrbedürfnisse enthält.

Während in der Bevölkerung auf 600 Nichtärzte ein Arzt

kommt, sind es unter den Entlassenen einer Suchtklinik nur 50 Nichtärzte auf einen Arzt. In Vaillants Material benutzten über 30 Prozent der untersuchten Ärzte regelmäßig Psychopharmaka, Alkohol in hohen Dosen oder Drogen. Mindestens ein Prozent der amerikanischen Ärzte ist rauschgiftabhängig, was bei Akademikern sonst sehr selten vorkommt, erläutern H. C. Modlin und A. Montes in einer Untersuchung über Sucht bei Ärzten.*

Die Mediziner rechtfertigen ihren Drogenmissbrauch mit Überarbeitung, dauernder Müdigkeit oder körperlichen Erkrankungen. Die Forscher kommen zu anderen Ergebnissen: Sie sprechen von einer «oralen Persönlichkeit», die sich bereits vor Beginn der Sucht bemerkbar mache. Die inneren Widersprüche dieser Persönlichkeit lassen sich mit dem Bild von der Fassade und dem verwahrlosten Baby darstellen: Eigene Bedürfnisse nach Versorgung durch Zuwendung und offenes Geben und Nehmen von Gefühlen werden nicht angemessen befriedigt, weil die Helfer starr auf die Rolle der Autorität festgelegt sind.

Da Abhängigkeit und Bedürftigkeit schambesetzt sind und vom bewussten Erleben wenig zugelassen werden, bleiben die entsprechenden Bedürfnisse auf einer primitiven, wenig entwickelten Stufe. Im Helfersyndrom spitzen sich Entwicklungsmerkmale der individualisierten Gesellschaften zu, in denen die persönliche Leistung zum Gradmesser von sozialer Anerkennung wird. Der hilflose Helfer kompensiert durch seinen beruflichen Übereinsatz Gefühle innerer Leere und Wertlosigkeit, welche durch seine Armut an Ausdrucksmöglichkeiten und emotionalem Austausch mit anderen Menschen entstehen.

Die Dynamik ist die des Teufelskreises, der Verstärkung des «Bösen» durch seine Folgen: Wer sich unantastbar und über-

* Modlin, H. C., Montes, A., Narcotic addiction in physicians, Am. J. Psychiatry, 121, 1964, S. 358–369

legen gibt, verliert an mitmenschlicher Nähe; wer dann seine Sehnsüchte nach Kontakt mit Drogen betäubt, vereinsamt noch mehr.

Wer in ein armes Land reist, dessen Traditionen noch einigermaßen intakt sind, wundert sich oft, wie fröhlich und auf einander (ebenso wie auf den Fremden) bezogen die Menschen dort sind. Sie verpassen kaum eine Gelegenheit, sich emotional auszutauschen, miteinander zu lachen, eine kleine Spielszene aufzuführen. Wenn der Besucher die Sprachbarriere überwinden kann und einen Indio-Bauern oder einen Jemeniten noch zusätzlich erheitern will, muss er ihm nur erzählen, wogegen er in seinem Land versichert ist.

Diese Beobachtung passt zu dem klinischen Befund, dass in den reichen Ländern Depressionen und Ängste sehr viel häufiger sind. Wer sich am Hunger orientiert, kann sein Leben leichter strukturieren als jemand, der Sicherheit sucht und sich daher an der Angst orientiert, diese zu verlieren.*

Alltagsverhalten und Depressionsneigungen hängen mit dem Kindheitsschicksal zusammen: In einem armen Land werden Kinder sehr viel stärker in einen emotionalen Austausch mit Spielkameraden und Erwachsenen einbezogen. Wo es nur wenige Dinge und wenige Möglichkeiten zu langfristiger Planung gibt, öffnen sich Räume für eine sozusagen rollenfreie menschliche Kommunikation.

Wenn ich an einem deutschen Arbeiter vorbeigehe, der in einer Baumkrone Äste absägt, tauscht er mit mir keinen Blick, und wenn er es tut, reagiert er nicht auf meinen Blick. Als wir im Jemen an einem Mann vorbeigingen, der in einer Baumkrone arbeitete, bemerkte er sofort unsere Blicke, lächelte, schwang triumphierend die kleine Axt, mit der er arbeitete.

* Vgl. W. Schmidbauer, Lebensgefühl Angst, Freiburg 2005

Diese rollenfreie Kommunikation scheint mir ein wesentliches Antidepressivum. Wer sie beherrscht, fühlt sich von seinen Mitmenschen sozusagen energetisch versorgt; wem sie fehlt, der wird immer missmutiger und sperrt sich immer mehr gegen sie ab.

Der oralen Persönlichkeit sind gewissermaßen die Saugwurzeln verloren gegangen, mit deren Hilfe andere Erwachsene aus ihren mitmenschlichen Beziehungen genügend Befriedigung gewinnen. Die narzisstischen Ansprüche wachsen, weil sie nicht befriedigt werden können. Sie müssen verdrängt werden, weil sie jetzt als übermäßig und unangemessen erlebt werden.

In der «modernen» psychiatrischen Theorie der Depression überwiegt ein primitives genetisches und biochemisches Modell, wonach Personen mit ungünstigen Erbanlagen irgendwann an einem Mangel an Botenstoffen erkranken, der durch Medikamente behoben wird.

Dies ist eine Erklärung von Depressiven für Depressive, von Helfern, die ihre Fassade noch halten können, für andere, die dazu nicht mehr in der Lage sind. Sie lenkt von gesellschaftlichen Problemen und psychologischen Lösungen ab. Nebenbei verkauft sie die Kranken an die pharmazeutische Industrie.*

Der hilflose Helfer kann die einfühlende Zuwendung, die anderen Menschen eine Entwicklung ihrer Fähigkeit zum emotionalen Austausch und zur rollenfreien Kommunikation ermöglicht hat, so wenig nachträglich erfahren, wie ein Vierzigjähriger an der Brust seiner Mutter satt werden kann. Daher ist es für ihn mühsam und langwierig, andere Formen der Kommunikation aufzubauen und emotionale Beziehungen zu ge-

* Angesichts der Übermacht des pharmakotechnischen Komplexes in der Medizin sind deutliche Worte angebracht. Ich will nicht bestreiten, dass Antidepressiva für manche Patienten eine Wohltat sind, aber wer sie ihnen verkauft und verschreibt, ohne den individuellen Ursachen nachzugehen, tut zu wenig und nicht selten das Falsche.

stalten, in denen er nicht nur kontrolliert gibt, sondern auch lebendig nimmt.

Wer seine innere Leere durch Suchtmittel «füllt», kann sich kurzfristig über seine Mangelsituation trösten, wird aber langfristig diese noch verschlimmern. Der drogenabhängige Helfer ist sozusagen eine extreme Variante des hilflosen Helfers, der seine berufliche Rolle süchtig lebt und sich dem alkoholkranken Kollegen weit überlegen fühlt, weil für ihn die Arbeit allein reicht, um seine Selbstgefühlsdefizite zu kompensieren. Es liegt nahe, Bert Brechts rhetorische Frage abzuwandeln: Was ist die eigene Drogenabhängigkeit, verglichen mit der Gründung einer Klinik für Suchtkranke.

Die naive Frage «Habe ich ein Helfersyndrom oder nicht?» sollte also erst einmal durch die Frage nach dem Schweregrad und der Ausprägung der entsprechenden Selbstgefühlsprobleme ersetzt werden. In der Analyse einer konkreten Biographie spielen dann noch die Möglichkeiten eine Rolle, die Selbstgefühlsstörungen auszugleichen.

Der biographische Ansatz der Psychoanalyse wirkt zwar angesichts der Bedürftigkeit für schnelle Lösungen umständlich, vertieft aber die Einsicht in Entwicklungen und ermöglicht es immer wieder, sonst Unverständliches zu verstehen. Wenn ein Helfer depressiv wird, wäre es unsinnig, diesen Burnout allein dem Helfersyndrom zuzuschreiben, ebenso unsinnig aber auch, dieses als Risikofaktor zu ignorieren. Im Alltag begegnen uns Mosaike aus Störung und Kompensation. Mit Willenskraft und Disziplin kann sich ein hilfloser Helfer «normal» verhalten; wenn er immer wieder Magenschmerzen, Bandscheibenvorfälle und Allergien hat, schreibt er das seinen schlechten Erbanlagen zu.

Eine liebevolle und aufmerksame Vorgesetzte kompensiert die durch das Helfersyndrom entstandenen Defizite an emotionalem Austausch und menschlicher Nähe. Wird sie versetzt, bricht die Störung aus. Solange der helfende Beruf Gestaltungsspielräume öffnet und hohes Sozialprestige einträgt, spüren Betroffene nicht, wie sehr sie ihr Helfersyndrom einengt. Aber wenn solche Plomben im Selbstgefühl wackeln oder gar ausfallen, wächst die innere Not. Jetzt manifestiert sich die bisher kompensierte narzisstische Störung in Alkohol- oder Drogenabhängigkeit.

2 Beruf, Depression und narzisstische Krise

Das Helfersyndrom verbindet eine sehr allgemeine, berufliche Kategorie mit einem klinischen Fachausdruck. Solche Begriffe gehören in eine kritische Tradition. Damit versuche ich, Aufmerksamkeit für ein Problem zu gewinnen, das zwischen den festen Grenzen der akademischen Fachbereiche angesiedelt ist: Berufe untersucht die Soziologie, Berufsmotivationen die Psychologie und Depressionen die Psychiatrie.

Erlebende Menschen jedoch verbinden nicht selten ihre Depression mit ihrer Kindheit und mit ihrer Berufswahl. Solche Personen zu erreichen und ihr Verständnis in die eigene Situation zu vertiefen, ist das Ziel einer Untersuchung über das Helfersyndrom.

Der in seinem Selbstgefühl, dem Narzissmus, einigermaßen stabile Mensch kann Kränkungen verarbeiten, indem er sie realistisch einschätzt: Hier habe ich einen Fehler gemacht, dort nicht, in vielen Bereichen bin ich in Ordnung. Die narzisstische Störung eines zur Depression neigenden Menschen hingegen drückt sich darin aus, dass der einzelne Fehler nicht in seinem realen Umfang wahrgenommen wird, sondern als Symbol für die Mangelhaftigkeit der ganzen Person.

Das hängt mit Störungen der Aggressionsverarbeitung zusammen, mit dem Teufelskreis des Perfektionismus. Wer als Kind so massiv gekränkt wurde, dass er seine eigene Wut als mörderisch erlebte (und dadurch auch seine Bezugspersonen als mordlustig imaginieren musste), sucht später den perfekten Frieden, die perfekte Harmonie. Dann gibt es aber keine kleinen, harmlosen, gut lösbaren Streitigkeiten mehr, sondern nur noch Katastrophen.

Ich arbeitete einmal mit einem Arztehepaar. Die Frau litt darunter, dass sich ihr Mann oft tagelang in ein Schweigen zurückzog, das er ihr nicht erklären konnte. Als er mehr Vertrauen geschöpft hatte und bemerkte, dass ich mich auch für Kleinigkeiten interessierte, gestand er einen – so seine Worte – völlig lächerlichen und ganz bestimmt bedeutungslosen Anlass für einen dieser Rückzüge. Seine Ehefrau hatte ihn beim Frühstück zur Rede gestellt, weil er die Butter im Papier ließ und nicht auf ein Tellerchen legte.

Er korrigierte den Fehler und verstummte, ohne zu erkennen, weshalb, es war schließlich eine Kleinigkeit – aber eben ein Symbol dafür, dass seine Frau ihn nicht «verstand», seine Bemühungen um sie (er deckte jeden Morgen den Tisch, damit sie noch ein wenig länger schlafen konnte) nicht würdigte, ihn nicht liebte, er sie deshalb hasste, sie ihn auch hassen musste ...

Das Konzept Helfersyndrom ist nützlich, um zu verstehen, weshalb die Fähigkeit dieses Arztes, einfühlend und sorgfältig mit schwierigen Patienten umzugehen, keineswegs seiner extremen Kränkbarkeit durch seine Partnerin widersprechen muss.

Die Patienten sind von ihm und seinen Leistungen abhängig; er kann im Umgang mit ihnen jene seelischen Bezirke vermeiden, die sich in seiner Intimsphäre bemerkbar machen. Seine Erwartungen an die Einfühlung und Anerkennung vonseiten der Kranken sind durch eine feste Rolle definiert, die ihn schützt und ihm Sicherheit gibt. Als Ehemann fehlt ihm dieser Schutz. Die kleine Aggression gegen die pingelige Partnerin darf nicht laut werden; sie verwandelt sich unterirdisch in vernichtende Wut. Diese kann nur dadurch kontrolliert werden, dass sich der hilflose Helfer sozusagen tot stellt und wartet, bis sich sein Selbstgefühl wieder festigt.

Auch dieser Arzt-Patient war latent suizidal. Die Verbindung von Kränkbarkeit und Perfektionismus sucht Trost im Nicht-Sein, wie es bereits vor vierhundert Jahren William Shakespeares Hamlet im Monolog erwägt:

> Ob's edler im Gemüt, die Pfeil' und Schleudern
> des wütenden Geschicks zu tragen oder
> sich wappnend gegen eine See von Plagen
> durch Widerstand sie enden?
> Sterben, schlafen, nichts weiter ...

«Wenn es mir zu viel wird und ich diese Leere spüre und denke: Du bringst es doch nicht, dann ist es mir immer ein großer Trost, wenn ich mir vorstelle: Du kannst dich ja jederzeit umbringen, dann hast du Ruhe» (ein 36-jähriger Arzt).

Depressive Symptome bei hilflosen Helfern werden dadurch verschärft, dass sie sich so schwer tun, Hilfe anzunehmen und eigene Schwächen auszudrücken. Während die Angehörigen der helfenden Berufe danach trachten, ihren Klienten zu versichern, dass es keine Schande ist, Symptome zu haben und Hilfe anzunehmen, scheint es nicht wenigen Helfern schwer zu fallen, dieser Maxime selbst zu folgen.

Fast alle Ärzte, die sich mit seelisch und/oder körperlich erkrankten Kollegen beschäftigt haben, weisen darauf hin, dass Ärzte «schlechte» Patienten sind. Das scheint für Psychiater in besonders ausgeprägtem Maß zu gelten: Sie haben zwar in der Öffentlichkeit inzwischen mehr Erfolge mit der Aufklärung darüber, dass seelische Erkrankungen kein Makel und oft gut behandelbar sind, glauben aber selbst zuallerletzt daran, wenn sie persönlich psychische Probleme haben.

Zwar gehört es zu den Grundsätzen der medizinischen Ausbildung, angehenden Ärzten klarzumachen, dass sie weder sich selbst noch nahe Angehörige behandeln dürfen. Aber diese Maximen werden oft nicht beachtet. Selbstdiagnosen und Selbstbehandlungen sind weit verbreitet, gerade auch da, wo sie am wenigsten gelingen können, bei psychischen Störungen.

E. M. Waring schildert ein Beispiel: Ein Nervenarzt im mittleren Alter verzögerte die Aufnahme einer Behandlung um sechs Monate, obwohl er an eindeutigen Symptomen einer schweren Depression litt: Appetitlosigkeit, Gewichtsverlust, Verstopfung, Tagesschwankungen der Stimmung, Impotenz, geistiger Verlangsamung, trauriger Verstimmung und Selbstmordgedanken.

Der Arzt erklärte, da er nicht an Schlaflosigkeit gelitten habe, sei sein Zustand so ernst nicht gewesen. Während der sechsmonatigen Periode, in der er eine Behandlung vermied, zerbrach seine Ehe, und er verlor eine berufliche Position, die ihn sehr befriedigt hatte. Er behandelte sich selbst mit antidepressiven Medikamenten in einer Dosis, die weit unter dem Therapiestandard lag, und setzte die Medikation sofort ab, wenn er sich etwas besser fühlte, was ebenfalls als Behandlungsfehler gilt. Sein Alkoholkonsum hatte beträchtlich zugenommen.

In einem anderen Fall verschrieb sich ein Arzt hohe Dosen von Schlafmitteln über zwei Jahre hin, ohne sich für süchtig zu halten. Er kam erst in Behandlung, als seine Frau Selbstmord beging. Sie hatte vorher bereits einige Suizidversuche unternommen. Er hatte immer gedacht, seine Frau sei gesund.*

Ein Konzept wie das Helfersyndrom wendet sich gegen

* E. M. Waring, Psychiatric illness in physicians: a review, Comprehensive Psychiatry 15, 519–530, 1974

die inzwischen wieder bei manchen Autoren beliebte Vereinfachung, wonach depressive Störungen eine Folge von genetisch bedingten Besonderheiten des Gehirnstoffwechsels sind. Diese reduktionistische Auffassung hat neben dem Wohlgefallen, das sie bei der Pharmaindustrie auslöst, auch ein nicht zu unterschätzendes psychologisches Plus. Sie schützt die Kranken vor Selbst- und Fremdvorwürfen, welche das psychische Klima eher vergiften als heilsam machen, in dem sich Depressive bewegen.

Ich vermute, dass genau diese Entlastung die antidepressiven Medikamente so beliebt macht, obwohl sie in den Augen kritischer Mediziner kaum wirksamer sind als Placebos. Wenn der Depressive Medikamente nimmt, ist ihm selbst und seiner Umgebung klar, dass er kein moralischer Versager und nicht an seinem Leiden schuld ist. Das entlastet ihn sehr.

Wenn die Medikamente nicht helfen, wird zu künstlichen epileptischen Anfällen gegriffen (Elektrokrampftherapie), für deren Wirkungen es viele fragwürdige biochemische Erklärungen und eine sinnvolle psychologische Hypothese gibt: der Elektroschock ist extrem angsteinflößend und wird als massive Strafe erlebt; so befriedigt er die in allen Depressionen nachweisbare Wendung der Aggression gegen die eigene Person.

Psychopharmaka und Elektroschock überzeugen den Kranken und seine Umwelt, dass er unschuldig ist und sein Stoffwechsel gestört. Das ist ein entlastender Mythos, der nicht als Mythos benannt werden darf, ohne diese entlastende Wirkung zu gefährden.

Für den Psychoanalytiker ist das kein Grund, die Dinge nicht beim Namen zu nennen. Er ist sich seiner Minderheitenposition ohnedies sicher und vertraut darauf, dass in den von ihm verantworteten Behandlungen die Kranken lernen können, sich mit psychischen Mitteln gegen Schuldgefühle,

Selbstbestrafungen und Versagensängste zu wehren. Wenn ihnen das gelingt, brauchen sie die Kombination von genetischer Mythologie und chemischer oder physikalischer Quälerei nicht mehr, welche die «biologischen» Psychiater (die man lieber industrielle Psychiater nennen sollte) als einzig richtige Behandlung ausgeben.

Allerdings wird der Psychoanalytiker häufig erst konsultiert, wenn die Erkrankung weit fortgeschritten ist und der Kranke zunächst vor allem Entlastungen benötigt. Die akute schwere Depression macht unfähig, den seelischen Spielraum zu gewinnen, der für eine Auseinandersetzung mit den Fehlentwicklungen nötig ist, welche die Reservoire an emotionalen Ressourcen erschöpft haben. Wer sich extrem elend fühlt, kann nicht verstehen, was er getan hat und was er ändern müsste, um solchen Formen der Erschöpfung seiner inneren Kräfte zu entgehen.

Die von dem Münchner Psychiater Florian Holsboer plakativ vertretene These «Depression ist nichts anderes als gestörter Hirnstoffwechsel»* ist ein wissenschaftlicher Rückschritt. Sie bringt uns im Verständnis nicht weiter als etwa die Behauptung, Tuberkulose sei nichts anderes als gestörter Lungenstoffwechsel.

Eine solche These mag sinnvoll sein, wenn sie sich gegen magische Vorstellungen wendet, wonach Tuberkulose auf sexuellen Exzessen oder Unmoral beruhe. Aber sie ersetzt natürlich nicht die genaue Ursachenforschung, welche Robert Koch geleistet hat, indem er den bakteriellen Erreger nachwies und demonstrierte, wie ihn jeder kundige Forscher im Mikroskop sichtbar machen kann.

* F. Holsboer, Genforschung für die Seele – moderne Konzepte in der Psychiatrie, Max-Planck-Forum, Mai 2006, vgl. Süddeutsche Zeitung, 30. 5. 2006, S. 15

Demgegenüber haben die mit immensen Finanzmitteln geförderten Forschungsberge hinsichtlich der körperlichen Ursachen der Depression noch kaum eine Maus* geboren. Völlig unklar ist nicht nur der Erbgang dieser angeblich genetischen Erkrankung, deren Auftreten extremen kulturellen Unterschieden unterworfen ist**, sondern auch die Frage, ob die biochemischen Veränderungen im Gehirn Ursache oder Folge jener Veränderungen sind, die am Beispiel des Psychiaters diskutiert wurden, der seine Depression verleugnete, weil er noch schlafen konnte.

Von den Anhängern der genetischen Reduktion wird gern die Übereinstimmung eineiiger Zwillinge in Bezug auf Depressionen angeführt. Wenn einer dieser Zwillinge an einer schweren Depression erkrankt, hat der zweite ein weit überdurchschnittliches Risiko, ebenfalls an diesem Leiden zu erkranken.

Da solche Zwillinge identische Erbanlagen haben, sind sie ein Indikator für die genetische Komponente in der menschlichen Persönlichkeit. Bei zweieiigen Zwillingen ist dieses Risiko längst nicht so hoch. Es bestätigt sich sogar, in freilich geringerem Ausmaß, wenn die Zwillinge getrennt aufgewachsen sind.

Aber Untersuchungen an Zwillingen haben auch ergeben, dass die Erkrankungswahrscheinlichkeit an Tuberkulose eine ebenso hohe Konkordanz (Risiko-Übereinstimmung) aufweist. Wäre also die Ursache dieser Lungenkrankheit unbekannt, würden die Biologisten nicht weniger beredt die These vertreten, es handle sich um eine ererbte Stoffwechselstörung.

Die genetische Forschung führt in eine Sackgasse, weil eine

* Holsboer behauptet, er habe ein Gen gefunden, das die Ansprechbarkeit für antidepressive Medikamente regelt.

** So gibt es im ländlichen Afrika praktisch keine Depressionen, während sie in Europa und den USA nach Herz-Kreislauf-Leiden und Krebs die häufigste Todesursache sind.

einfache Erbanlage für Depressionen gar nicht existieren kann. Da diese Erkrankung die Fortpflanzungsfähigkeit vermindert, wäre sie bereits ausgemerzt. Genetische Bedingung einer Depression scheint die erhöhte Verwundbarkeit des Gehirns gegenüber emotionalen Verletzungen, die durch Perfektionismus kompensiert werden und schließlich in einen mehr oder weniger ausgeprägten Erschöpfungszustand führen.

Depressive sind unter günstigen Entwicklungsbedingungen besonders feinfühlig und kreativ, können sich aber eben wegen dieser reichen Fähigkeiten auch besonders schaden, sobald sie diese gegen sich selbst richten. Der biochemische Forscher, welcher angesichts eines solchen Endstadiums seinen Befund erhebt und daraus die Depression erklären will, verwechselt eine Folge mit einer Ursache.

Die Analyse des Helfersyndroms kann das Verstehen solcher Vorurteile vertiefen, welche in den helfenden Berufen sehr häufig Wissenschaft zu Pseudowissenschaft entgleisen lassen. Eugen Bleuler, ein nachdenklicher Psychiater, der früher als viele andere Freud ernst nahm und sich dann doch wieder von ihm distanzierte, weil ihm die Psychoanalytiker als Gruppe zu dogmatisch waren, sprach 1919 vom «autistisch-undisziplinierten Denken», das viele Ärzte auszeichne.* Der Begriff des Narzissmus fasst es genauer, aber er wurde damals erst entwickelt.

Autismus ist – ebenso wie Narzissmus – ein Wort für auffällige Selbstbezogenheit. Wenn wir die Qualität beider Begriffe unterscheiden wollen, wäre Autismus eine sozusagen hilflose und alternativlose Selbstbezogenheit; der Autist im klinischen Sinn kann andere Menschen nicht als seinesgleichen wahrnehmen, sich nicht in sie einfühlen, sich nicht mit ihnen austauschen und bei ihnen geborgen fühlen.

* E. Bleuler, Das autistisch-undisziplinierte Denken in der Medizin und seine Überwindung, Berlin 1919

Einen «Narzissten» gibt es demgegenüber nur in der (entwertenden) Alltagssprache, nach dem ebenfalls moralisierenden Vorbild des griechischen Mythos, wonach der schöne Jüngling dieses Namens, weil er die Liebe der Frauen wie der Männer verschmähte, von Aphrodite mit unerfüllbarer Selbstliebe bestraft wurde und angesichts seines Spiegelbildes verschmachtete: Er konnte den Geliebten, der ihm da aus einem stillen Teich entgegenblickte, nicht erreichen. So verwandelte ihn die schließlich doch gnädige Göttin in die Frühlingsblume, die wir kennen.

Im wissenschaftlichen Sprachgebrauch ist Narzissmus heute nicht wertend gemeint, sondern eine universelle Dimension menschlichen Erlebens. Alle Menschen erwerben eine Einstellung zu sich selbst, zu der auch liebevolle Gefühle gehören. Thomas Mann hat in «Schwere Stunde» beschrieben, wie der Dichter Kraft aus einer namenlosen Zärtlichkeit schöpft, die er beim Anblick seiner eigenen Hand empfindet. Dieser Narzissmus ist gesund. Da er aber den Forderungen an Unterordnung und Disziplin widerspricht, welche in den höher entwickelten Gesellschaften verinnerlicht werden, stellen sich die meisten Menschen darauf ein, dass sie gefährliches Terrain betreten, wenn sie ihre Selbstliebe allzu offen ausleben.

Denn zum Narzissmus eines sozialen Tieres gehört auch der Exhibitionismus. Jedes unverdorbene Kind ist ein großer Selbstdarsteller; die meisten Erwachsenen im nördlichen Europa aber schämen sich, wenn sie öffentlich reden oder auf einer Bühne ihre Gefühle darstellen sollen.

Die narzisstische Bedürftigkeit des hilflosen Helfers ist gebrochen; sie wird nicht als Selbstliebe erlebt, sondern als Zwang, Ideale zu verwirklichen und für das Wohlergehen der Schützlinge zu sorgen. Aus diesem Grund sind auch Helfer-Institutionen, Schulen etwa oder Krankenhäuser und Universitäten, viel schwieriger zu verändern als Wirtschaftsunternehmen. Obwohl auch sie wirtschaftlichen Mechanismen unterworfen sind, werden diese nicht direkt geäußert, sondern transformiert. Sie treten nur als Sorge für das Wohl Dritter (der Schüler, der Patienten) an die Oberfläche. Das verwirrt die Debatten und erschwert die Reformen.

Was Psychiater wie den oben zitierten Fanatiker der Psychopharmakologie von anderen Naturwissenschaftlern unterscheidet, ist die polemische Wendung gegen eine umfassendere Perspektive. Niemand wendet sich dagegen, die genetischen Hintergründe depressiver Symptome zu erforschen und sie mit chemischen Mitteln zu lindern. Aber auf der anderen Seite ist nicht zu leugnen, dass es viele Menschen gibt, welche sich nach einer Psychoanalyse nicht nur besser fühlen, sondern auch glauben, verstanden zu haben, weshalb sie depressiv geworden sind und was sie künftig tun oder lassen sollten, um nicht wieder depressiv zu werden.

Ein Physiker fühlt sich nicht dafür zuständig, die Arbeit der Forscher in benachbarten Gebieten zu entwerten; ein biologischer Psychiater jedoch sehr wohl. Wer diesen Unterschied verstehen will, kommt nicht um eine Auseinandersetzung mit der Dynamik des Helfens als Abwehr herum. Die materielle Natur können wir erforschen, ohne dass dadurch Ängste geweckt werden. (Zumindest heute; zur Zeit Galileis war das noch anders). Wer aber ein Leiden erforscht, das ihn selbst bedroht, sieht es durch die Brille der eigenen Emotionen.

Die Konstruktion einer lückenlosen, von unserem Erleben vollständig unabhängigen Kausalität, die von einem defekten Gen zur defekten Psyche führt, bietet einen wirksamen Schutz vor eigener Betroffenheit, vor eigenen Ängsten, vor gefährlicher Nähe. Je fragwürdiger die so dogmatisch behauptete Kausalität unter naturwissenschaftlichen Gesichtspunkten ist, desto polemischer werden jene bekämpft, welche sich dem Problem aus einer anderen Richtung nähern und die Depression nicht als unverständliches körperliches Ereignis erforschen, sondern als potenziell verstehbare Entwicklung.

In den helfenden Berufen wird der Narzissmus des Forschers auf eine Weise verstärkt und gereizt, die in anderen akademischen Disziplinen nicht anzutreffen ist. Wir begegnen ihr erst, wenn wir Gebiete betreten, in denen Menschen traumatisiert wurden. Beispielsweise werden Debatten von Historikern so lange sachlich und leidenschaftslos geführt, wie sie Sachverhalte betreffen, die keine traumatischen Erinnerungen wecken und keine aktuellen (Gebiets-)Ansprüche erwähnen. Polemik und Entwertung des Gegners erwachen sofort, wenn es beispielsweise um Fragen des Holocaust oder der Beziehung zwischen Türken und Armeniern, zwischen Zionisten und Arabern geht.

Wem gehört ein Land, auf das zwei Nationen Anspruch haben? Hier scheint es fast unmöglich, sachlich zu bleiben. Und da der hilflose Helfer seine Schützlinge nicht nur behandeln *kann* wie Kolonien, wie ein erweitertes Selbst, sondern sie so behandeln *muss* und sie in dieser Beziehung auch unbedingt zu brauchen meint, fällt es auch Helfern untereinander so schwer, sachlich zu bleiben und Streitfragen ohne Spaltungen, ohne Entwertungen des Gegners und seiner Ansichten zu diskutieren.

3 Das abgelehnte Kind

Das Helfersyndrom hat fünf Komponenten, die ich Themen nenne, um auch dadurch zu verdeutlichen, dass es sich um ein umfassendes biographisches Modell handelt:

1. das abgelehnte Kind,
2. die Identifizierung mit dem Über-Ich (Ich-Ideal, Größenselbst),
3. die narzisstische Unersättlichkeit,
4. die Vermeidung von Gegenseitigkeit,
5. die indirekte Aggression.

Ich will im Folgenden diese Themen einzeln durchgehen, die Terminologie erläutern und sie dann an Fallbeispielen verdeutlichen.

Das abgelehnte Kind ist ein Motiv, das viele Kräfte im Helfersyndrom zusammenfasst. Es geht darum, dass der Helfer es für sich selbst ablehnt, sich jenen emotionalen Bereichen zu nähern, in denen er sich als schwach, unvollkommen und bedürftig erlebt. Er will stark sein, etwas abzugeben haben, seinen Rang, sein Können beweisen. Das heißt, dass dieses abgelehnte Kind etwas ist, was im Helfer selbst steckt und ihn oft gerade deshalb hilflos macht, weil er es nicht zulassen kann und es ablehnt, sich dieser eigenen Dimension bewusst zu werden. Er ist sicher, er weiß, wo's langgeht, er ist strenger

Wissenschaftler, er ist der Lehrer, er weiß Bescheid, er macht keine Fehler.

Aber das Thema des abgelehnten Kindes reicht noch weiter. Wie kommt es, dass der Helfer selbst an die starke Rolle gebunden ist, dass er Abhängigkeit und emotionale Bedürftigkeit an andere abtritt? Es hängt oft, aber keineswegs immer damit zusammen, dass der hilflose Helfer eine «schwere» Kindheit hatte und sich von den Eltern zurückgesetzt fühlte. Verwahrloste oder vernachlässigte Kinder werden entweder dissozial (kriminell) oder übersozial. Sie haben es schwer, ein Über-Ich (also eine normative Instanz, eine «Stimme des Gewissens») zu entwickeln, die freundlich mit ihren Trieben und Emotionen umgeht. Aber auch von den Eltern besonders bewunderte, als Partnerersatz aufgebaute Kinder entwickeln ein Helfersyndrom.

Die menschliche Entwicklung hört nicht auf, wenn der Ödipuskomplex durch die Identifizierung mit einem Eltern-Vorbild bezwungen wurde. Freuds psychoanalytisches Modell vereinfachte, weil es sich auf eine bisher weitgehend vernachlässigte Frühphase konzentrierte. Ein hilfloser Helfer kann seine kindlichen Seiten ablehnen, weil er als Kind vernachlässigt, überfordert, von einfühlungslosen Eltern misshandelt wurde. Aber er kann das auch nach einer verzärtelten Frühphase tun, weil er sich als Heranwachsender entsetzlich geschämt hat, in den Beziehungen zu seinen Altersgenossen für kindisch, eine Heulsuse, ein Baby gehalten worden zu sein. Auch dann wird der oder die Betroffene beginnen, die eigene Bedürftigkeit zu unterdrücken, sie zu verleugnen und dadurch entstehende Spannungen zu bewältigen, indem er andere Personen diese bedürftige und abhängige Rolle einnehmen lässt.

Was an dem Kind im Helfer-Inneren abgelehnt wird, ist vor allem die Verletzlichkeit und Abhängigkeit, die Bedürftigkeit des Kindes nach Anerkennung, nach exhibitionistischer Entäußerung des eigenen Narzissmus, welche so leicht beschämt werden kann. Daher spielt die Hysterie in vielen Helfer-Szenarien eine so wichtige Rolle. Der Helfer ist sozusagen das Negativ der Hysterie, ähnlich wie die Neurose das Negativ der Perversion ist: Der «hysterische» Schützling stellt seine Abhängigkeit zur Schau, «macht eine Szene», «stellt sich an», während der Helfer souverän Halt spendet und führt.

Seit sie als Motiv unseres Denkens nachweisbar ist, hat die Hysterie damit zu tun, dass ein Ding nicht an seinem Platz ist. Unordnung herrscht, sie führt zu Angst, die sich bis zur Panik steigern kann. Bewältigungsversuche setzen ein, die Unordnung zu beheben.

Jean-Martin Charcot, der Begründer der wichtigsten Lehre von der Hysterie im 19. Jahrhundert (die auch Freud prägte), war seit 1862 Chefarzt der Salpêtrière, dem Armenkrankenhaus von Paris, das damals 5000 Patienten beherbergte. Er hielt die Hysterie für eine Schwäche des Nervensystems, die mit erhöhter Erregbarkeit der Muskulatur verbunden sei.

Kürzlich hat der kanadische Sozialforscher Shorter* gezeigt, wie der «wissenschaftlich» vorgehende Arzt und die «nervöse» Patientin in der Gestaltung von Krankheiten und Krankheitssymptomen in einer Weise zusammenwirken, die wir heute vielleicht mit der Interaktion von Regisseur und Schauspielerin vergleichen würden. Der Arzt wird zum hilflosen Helfer, der eine Kranke «behandelt», die wiederum ihn manipuliert.

Dass die Hysterie durch epileptoide Anfälle charakterisiert ist, denen ein «Stadium des Clownismus» und ein «Stadium der pathetischen Haltungen» folgen, galt so lange, wie Charcot seinen Assistenten dieses Krankheitsbild glaubhaft machte.

* Edward Shorter, Moderne Leiden. Zur Geschichte der psychosomatischen Krankheiten. Reinbek 1994

Jules-Joseph Dejerine, der zwei Jahre nach Charcots Tod dessen Lehrstuhl übernahm, betreute ebenfalls einen ganzen Saal armer hysterischer Frauen. Aber wo unter Charcot gezuckt und geschrien wurde, ging es jetzt ruhig zu, weil der Chef keine Anfälle mochte. «In den acht Jahren, die ich nun an der Salpêtrière bin», fasst Dejerine zusammen, «haben die Symptome der sogenannten großen Hysterie, wo sie sich in meiner Abteilung zeigten, in keinem einzigen Fall länger als eine Woche angehalten.»

Die Hysterie wird, wenn wir sie als «Frauenleiden» ansehen, zu einer Schimäre, die aus der Ferne groß und einheitlich wirkt, näher betrachtet aber in ganz unterschiedliche Einzelbereiche zerfällt und schließlich – wie im Diagnosehandbuch der amerikanischen Psychiater – gänzlich verschwindet. Als Leiden der Geschlechter aneinander betrachtet, lässt sich die Hysterie nur noch narrativ fassen: als Geschichte über biographische Interaktionen. Dieses Vorgehen spielt in der psychotherapeutischen Praxis eine Hauptrolle; auf der wissenschaftlichen Bühne wird es eher ausgepfiffen.

Die Situation des Alkoholikers und der Koalkoholikerin spiegelt sozusagen die klassische «Behandlung» der hysterischen Frau durch ihren Arzt oder Ehemann. Beide sind sich, falls nicht (wie bei Madame Bovary) ohnehin ein und dieselbe Person, darüber einig, dass die männliche Vernunft die weiblichen Widersprüche zähmen muss, wie es das Textbuch der «Zauberflöte» gebietet. («Ein Mann muss eure Schritte leiten / Denn sonst pflegt jedes Weib / aus seinem Wirkungskreis zu schreiten», d. h. sich loszureißen und am falschen Ort zur falschen Zeit zu erscheinen, wie die Königin der Nacht im Reich Sarastros). In der Ehe der Koalkoholikerin hingegen sind die Probleme in der Unbeherrschtheit und Unberechenbarkeit des Mannes zu suchen, der seine Frau braucht, um nicht ganz zu scheitern. Hier ist sie hilflose Helferin, gesünder als gesund, stärker als stark, er aber ein großes Kind, das unbedingt betreut und beschützt werden muss.

Die Hysterie ist deshalb so interessant, weil sie zahlreiche Beispiele dafür liefert, wie die Unterdrückung kindlicher Bedürfnisse im Helfer diesen «zwingt», sich von einem Schützling manipulieren zu lassen. Wie durch magische Anziehung findet ein hilfloser Helfer auf einer Single-Party genau jenen Partner, der ihn braucht und an den er seine Schwäche delegieren kann.

Die Identifizierung mit dem Ich-Ideal (Größenselbst)

Die Begriffe Ich-Ideal, Über-Ich und Größenselbst hängen zusammen. Unter Über-Ich verstand Freud, der den Begriff prägte, eine «Stufe im Ich» («Massenpsychologie und Ich-Analyse»), welche aufgerichtet wird, um das Kind davor zu bewahren, dass sein noch unfertiges und schwaches Ich von den ödipalen Leidenschaften überwältigt wird. Was Freuds Über-Ich als richtende, moralische Instanz vom «Gewissen» der klassischen Morallehre unterscheidet, ist sein großer unbewusster Anteil. Menschen können nicht nur unbewusst lüsterner und grausamer sein, als es ihr bewusstes Erleben zulässt, sie können ebenso gut moralischer und strenger zu sich sein, als sie es wahrhaben wollen. Dann hat beispielsweise der untreue Ehemann auf der Fahrt zu seiner Geliebten einen Unfall, oder er lässt die Quittung für das Doppelzimmer in den Belegen für die Steuer liegen, weil er «vergessen» hat, dass es seine misstrauische Ehefrau ist, welche diese Belege kontiert. Auf diese Weise verwandelt er innere Skrupel in den Kampf gegen Vorwürfe und Drohungen von außen.

Während das Über-Ich sozusagen kritische, strafende, schuldgefühlshafte Tendenzen in das Erleben einbringt, ist das Ich-Ideal etwas wie die Karotte vor der Schnauze des Esels. Das Ich soll ihm nachstreben, das Über-Ich verspricht totale Harmonie für den Fall, dass das Ich sein Ideal erreicht. Während ein Versagen vor dem Über-Ich als Schuld erlebt wird, erleben wir ein Versagen vor dem Ideal, das wir anstreben, mit Scham und Versagensgefühlen. In der ödipalen Situation ist die vom Ich-Ideal ausgehende Kränkung die, dass beispielsweise der Sohn zu klein ist, um die Mutter zu befriedigen, während die vom Über-Ich ausgehende Schuld eher besagt, dass er so böse ist, sie überhaupt zu begehren.

Diese Instanzen arbeiten oft zusammen und verschmelzen dann. In den langen, konfliktfreien Perioden, die jeder gesunde Mensch unter günstigen Bedingungen erlebt, lassen sich Ich-Ideal, Über-Ich, Ich, Es und Größenselbst im Erleben gar nicht unterscheiden. Sie greifen ineinander und ergänzen sich. Der Betroffene erfüllt seine Pflichten, verwirklicht seine Ideale, genießt sein Leben und fühlt sich großartig.

Im Übrigen dürfen wir nie vergessen, dass es sich bei diesen Begriffen um Metaphern handelt, nicht um Dinge oder Substanzen. Sie gehören in ein System, das dazu dient, die Erlebniswirklichkeit eines Menschen diesem selbst verständlicher zu machen, ihn sozusagen in seinem Inneren so zu orientieren, wie es etwa die Metaphorik der Himmelsrichtungen oder des Stadtplans in der Außenwelt tun.

Im Alltag werden Begriffe wie «Über-Ich» manchmal animistisch belebt; «mein Über-Ich hat mir diesen Streich gespielt!» Selbst Freud sagt gelegentlich «das arme Ich», als handle es sich um einen Dulder, eingeklemmt zwischen Es und Über-Ich. Ich habe gehört, dass jemand seufzte: «Das ist wieder mal mein Helfersyndrom gewesen!», als sei er wie in manchen Science-Fiction-Streifen von einem inneren Parasiten gesteuert worden. Das belegt die Macht des Animismus im Erleben, bleibt aber ein geistiger Kurzschluss.

Der Nutzen solcher Begriffe liegt darin, dass wir in kurzer Zeit ein Verständnis für sonst unzugängliche unbewusste Strukturen gewinnen und Menschen aufgrund ihrer Biographie einschätzen können. Weiterhin eröffnen solche Begriffe einen Zugang zur Selbsteinschätzung, der ähnlich hilfreich ist wie die Untersuchung durch einen kundigen Sportarzt vor dem Beginn des Trainings für einen Marathonlauf.

Wer plant, seinem Organismus hohe Leistungen abzuverlangen, sollte wissen, wo seine Belastungsgrenzen liegen. Auch ein Sportler, der Plattfüße und eine Hüftarthrose hat, kann durch Training so gut profitieren wie der Gesunde, aber er muss wissen, wie er üben soll und wann er Erholungspausen braucht. Ähnlich hilft eine Psychoanalyse, die eigene Lebensgeschichte und die aus ihr resultierenden Schwachstellen so ernst zu nehmen, dass dem Behandelten massive Zusammenbrüche und Schäden durch Selbstüberschätzung erspart bleiben.

Ich halte es für ein großes Verdienst Freuds, dass er so wenig Heilung versprochen und so ausdauernd gefordert hat, die Menschheit im Allgemeinen und die Menschen im Einzelnen müssten lernen, ihre Konflikte, Widersprüche und Beeinträchtigungen endlich ernst zu nehmen. Damit hat er sich quer zum Zeitgeist der Konsumgesellschaft gestellt, zu der quicke Verhaltensformung und Psychopharmaka sehr viel besser passen und auch ein Konzept wie das Helfersyndrom einer Burnoutprophylaxe durch Qualitätsmanagement und Organisationsstellen widersteht.

In der normalen seelischen Entwicklung kann das Kind die

frühen Leidenschaften und Widersprüche der ödipalen Phase bewältigen, in der es mit Erwachsenenrollen spielen kann, ohne selbst erwachsen zu sein. Es findet in seiner Primärgruppe einen Mann oder eine Frau, die es idealisieren und mit denen es sich nicht nur identifizieren, sondern auch austauschen kann. Ich nenne diesen Vorgang die «strukturbildende Identifizierung»: Mädchen und Junge gewinnen so die Überzeugung, dass die eigenen inneren Triebwünsche und Emotionen primär gut sind und helfen, sich in der Realität zurechtzufinden, wenn sie individuell mit anderen abgestimmt werden. Andere Menschen sind dann Quellen von Befriedigung, von Austausch, die Betroffenen gehen auf sie zu, drücken aus, was sie wollen, und lernen aus dem, was zurückkommt. So entsteht beispielsweise auch ein normales Sexualverhalten: Jede Seite legt ihre Lustwünsche auf den Tisch, und dann wird verhandelt, was davon zusammenpasst und was nicht.

Angesichts einer Kindheitssituation, in der die emotionalen Bedürfnisse des Kindes nicht wahrgenommen und beantwortet («gespiegelt») wurden, sucht das Kind diese Defizite auszugleichen, indem es die Fähigkeit zum Dialog zwischen Trieben und Vernunft reduziert. Da die primären Bezugspersonen nicht ausreichend idealisiert werden können und daher die strukturbildende Identifizierung nicht gelingt, wird das Ich-Ideal übermächtig, das Über-Ich starr und gefühlsfeindlich.

Im Fall der dissozialen Entwicklung bildet das Kind nur wenige innere Strukturen aus. Der Erwachsene ersetzt sie durch permanentes Rollenspiel: Dissoziale und Kriminelle spielen besonders gerne Polizistenrollen, erheben sich sehr gerne moralisch über ihre Umwelt, weisen mit leidenschaftlicher Energie den Finanzbehörden oder den Gerichten deren Fehler nach. Beim Helfersyndrom hingegen werden Ich-Ideal und Über-Ich sehr mächtig und ersetzen sozusagen die differenzierte Struktur des Ichs. Die Wahrnehmung von Klientenbedürfnissen ersetzt weitgehend die differenzierte Wahrnehmung eigener Bedürftigkeit und das Gefühl, auch für eigene Befriedigung und Zufriedenheit verantwortlich zu sein.

Welche Kinder werden Helfer, welche dissozial? Manchmal beobachten wir Familien, in denen beispielsweise der ältere Bruder Sozialpädagoge, der jüngere Junkie wird. Es gibt auch Kipp-Erscheinungen: Der «trockene» Alkoholiker kann sich unter Umständen besser dadurch stabilisieren, dass er Suchtkrankentherapeut wird, als durch ein Leben als Bankangestellter. Nach meinen Beobachtungen geben Rückkopplungsprozesse den Ausschlag: Der Helfer nimmt eine Chance wahr, sein narzisstisches Defizit durch Leistung auszugleichen, und bildet die dazu notwendigen inneren Strukturen durch die Identifizierung mit der idealen Mutter, dem idealen Vater, der ihm während seiner Kindheit mangelte. Er fixiert sich an die Progression, die Leistung, das «Gute», das sozial Anerkannte. In diese Richtung gehen auch seine Größenwünsche: nie einen Fehler zu machen, nie etwas für sich selbst zu wollen, was er nicht freiwillig erhält, ein wirklich guter Mensch zu sein.

Der Dissoziale hingegen gerät in den Strudel seiner Regressionen und muss viele Größenvorstellungen, viele Projekte aufblähen und sie sich autosuggestiv als realisierbar darstellen, wenn er nur endlich günstige Umstände findet. Wenn seine Frau ihm glaubt, dass er nie wieder trinkt, wird alles gut, wenn sein Chef endlich sieht, wie toll er arbeitet, wenn die Beute des Einbruchs so groß ist, dass er in der Karibik leben kann.

Ein Erwachsener, der sich als Kind geliebt und respektiert fühlte, kann sehr viel besser eine Balance von Wünschen und Emotionen auf der einen, Haltungen und Leistungen auf der anderen Seite herstellen. Er darf – anders als der hilflose Helfer – seinen Egoismus beleben und diesen in Beziehungen einbringen. Er kann aber auch – anders als der Dissoziale – seinen Egoismus und seine Aggressionen zurücknehmen, wenn es darum geht, sich Respekt zu verschaffen, Ziele durchzusetzen und soziale Strukturen zu festigen.

Die manische Abwehr

Die Manie ist ein seelischer Zustand, in dem der im normalen Erleben charakteristische Unterschied zwischen Idealbild und Ich aufgehoben scheint. Dem Maniker ist alles möglich, er hat keine Grenzen, er muss keine Rücksicht nehmen, denn er möchte nicht nur grandios sein, wie wir das alle möchten, nein, er ist es wirklich!

Die Extreme dieser Störung haben schon früh die Nervenärzte zu klassifikatorischen Bemühungen veranlasst. Ihr zentrales Konzept ist seit Emil Kraepelin die «manisch-depressive» Psychose, in der sich Phasen der (manischen, wahnhaften) Selbstüberschätzung mit solchen der (depressiven, gehemmten) Selbstunterschätzung abwechseln. Dazwischen kann der Kranke auch weitgehend normal erscheinen. Während die biologische Psychiatrie hier über Erbanlagen nachdachte und nachdenkt, geht die psychoanalytisch orientierte Betrachtungsweise in eine andere Richtung: Sie sieht Normalität als ausgewogene Mischung manischer und depressiver Qualitäten.

Im Zusammenhang mit dem Thema des abgelehnten Kindes ist vor allem das Konzept einer manischen Abwehr interessant. Sie fällt bei vielen seelisch Verletzten auf und ist oft das einzige Zeichen, dass etwas mit ihnen nicht ganz in Ordnung ist: Sie sind gesünder als gesund, sie haben keine Ängste, sie bleiben immer jung.

Wenn ich in einer Selbsterfahrungsgruppe einen Menschen sehe, der von allen «normalen» Problemen des Lebens unberührt erscheint, der gegen Leid, Kummer, Kränkung und Verlust eine Zuversicht entwickelt, die kaum einfühlbar ist, dann hat mich die genauere Nachforschung meistens darüber belehrt, dass er massive Traumatisierungen erlebt und womöglich früher einmal eine psychotische Episode durchgemacht hat.

Leichtere Formen der manischen Abwehr sind viel weiter verbreitet als die massiven, psychotischen Verläufe, in denen die Realitätsorientierung zerbrochen ist. Das Helfersyndrom hat viele Gemeinsamkeiten mit dieser hypomanischen Situation, in der zumindest im Ansatz die zyklische Qualität des Lebens verleugnet wird. In der manischen Abwehr ist es menschenmöglich, immer zuversichtlich und angstfrei an der Spitze zu marschieren und die Fahne hochzuhalten. Es gibt ausgeprägte Parallelen zur Verliebtheit, in der Adriano Celentano diese manische Abwehr der Realität so anschaulich beschrieben hat:

> Siamo la coppia più bella del mondo
> e ci dispiace per gli altri!
> (Wir sind das schönste Paar der Welt,
> und es tut uns leid für alle anderen!)

Die manische Abwehr führt auch zum Verständnis des Zusammenhangs zwischen Helfersyndrom und Größenphantasie beziehungsweise dem «grandiosen Selbst». Die menschliche Psyche ist nicht passiv, sondern höchst aktiv; sie verarbeitet die Signale der Sinnesorgane nach der aktuellen Interessenlage und produziert dauernd Phantasien, welche durch die Realität korrigiert werden. Das haben wir alle bereits erlebt, wenn wir einen Gegenstand dringend suchen: Wir glauben immer wieder, bis zu Vorstufen einer Wahnwahrnehmung, ihn gefunden zu haben, zumindest genau zu wissen, wo er sein «muss». Arme Kinder «sehen» Geldmünzen größer als reiche Kinder; der Pilzsucher entdeckt in jedem Stück Holz den begehrten Röhrling.

Ähnlich produzieren Kinder Bilder dessen, was ihnen fehlt – wer also keine gute Mutter hat, erfindet eine und träumt von ihr. Der spätere Helfer identifiziert sich dann mit diesem Traumbild, er verschmilzt mit ihm, nach dem Sprichwort: «Weil mich keiner pflegt, werde ich Krankenschwester!» Diese Identifizierung mit einem Traumbild ist erlösend und riskant zugleich. Sie befreit das Ich von seiner Depression, von der Schmach, von der Scham, anders als andere Kinder keine guten, einfühlenden Eltern zu haben. Auf der anderen Seite hat es jemand schwer, der von sich selbst ein Bild unantastbarer Vollkommenheit aufgebaut hat. Er kann Kränkungen von außen und innere Versagensgefühle schlecht einordnen, denn wer perfekt ist, versagt schließlich nie und müsste eigentlich von allen geliebt und bewundert werden.

Daher kennt der hilflose Helfer keine kleinen Probleme, keine harmlosen Fehler, keine Durchschnittsleistung. Sein Selbstgefühl gleicht einem geblähten Ballon, der durch einen Nadelstich platzt.

Beispiel: Ein Arzt kommt in seine Therapiestunde. Er ist verzweifelt, denn der Kollege, mit dem er sich für eine Praxisgemeinschaft zusammengetan und hoch verschuldet hat, versäumt manchmal, ihn angesichts einer Entscheidung einzubeziehen. Keine dieser Entscheidungen war für den hilflosen Helfer mit einem fühlbaren Nachteil verbunden, aber er ist depressiv, er wird sich trennen müssen, er kann diese Missachtung nicht ertragen, er würde das niemals tun, seinen Partner derart ignorieren.

Mit seinen Patienten kann dieser Helfer angemessen umgehen, wenn sie unzufrieden mit ihm sind, ist das keine Katastrophe, sondern er versucht, sachlich zu klären, ob diese Emotionen berechtigt sind oder nicht. Aber von dem Partner fühlt er sich abhängig, er kann hier seine berufliche Abwehr nicht nutzen, er kann den Kontakt nicht versachlichen, sondern gestaltet ihn nach einer Spiegel-Dynamik: Der Partner muss ihn genauso behandeln, wie er umgekehrt den Partner behandelt. In dieser Verleugnung menschlicher Unterschiede und Grenzen erkennen wir einen Aspekt des Größenselbst, ebenso in der Unfähigkeit, zwischen harmlosen und ernsthaften Beziehungsproblemen zu unterscheiden.

Das Größenselbst führt zu einer ständigen Anstrengung. Es ist ein Werkzeug, die Depression abzuwehren, die es zu leugnen gilt. Der Betroffene muss sich in jeder Situation beweisen – ähnlich dem kleinen Hund, der beim kleinsten Geräusch leidenschaftlich kläfft, um allen klarzumachen, wie gefährlich er ist. Da dieses grandiose Selbst nicht bewusst erlebt wird und durch Schamschranken vom Ich getrennt bleibt, erkennt man es eher indirekt, etwa an der eigentümlichen Unfähigkeit vieler Helfer, Komplimente anzunehmen, Lob zu ertragen und Dank zuzulassen: «Ich habe doch nur meine Pflicht getan!»

Die Vermeidung von Gegenseitigkeit

Beziehungen zwischen Erwachsenen festigen sich durch Austausch. Bald übernimmt der eine, bald der andere die Rolle des Starken. Jeder braucht den anderen und hat den Eindruck, auch selbst gebraucht zu werden. Egoismus stört nicht, er wird vorausgesetzt, mäßigt sich aber sogleich, wenn deutlich ist, dass er den Partner so verletzen würde, dass dieser Schaden leidet. Nicht kurzfristig, aber auf lange Sicht stellt sich das Empfinden einer ausgeglichenen Situation her, in der beide Beteiligten abwechselnd die kindliche (regressive) und die erwachsene (progressive) Rolle übernehmen.

Solche Beziehungen haben eine entspannte Qualität, sie werden einfacher, je länger sich die Beteiligten kennen, da sie sich realistischer in ihren Reaktionen einschätzen können und nicht die für hilflose Helfer charakteristische Rechnung auf die Zukunft aufmachen, in der endlich Entschädigung für lange Jahre des Leidens und der Asymmetrie winken.

Zu helfen, privat wie professionell, beruht ebenfalls auf einem Austausch. Weil hier Kreativität, Spiel, Gefühle und Phantasien eine wichtige Rolle spielen, wäre es unsinnig, diesen Austausch einer genauen Rechnung zu unterwerfen. Da es dem gesunden Menschen Freude macht, Kraft zu verschwenden und spielerisch für den Ernstfall zu üben, hat gesundes Austauschverhalten sozusagen einen breiten Saum, in dem es weitgehend frei von Berechnung erfolgt. Der biblische Samariter ist ein Beispiel dafür. Wer sich freut, einem Fremden den Weg zu sagen und von seinem Lächeln belohnt zu werden, ist ein glücklicherer Mensch mit einer weniger belasteten Vergangenheit als der Misstrauische oder Abweisende, der sich jedes Mal fragt, ob er auch «etwas davon hat», wenn er etwas gibt.

Diese Bereitschaft, gebend entgegenzukommen, hat durchaus ihren evolutionären Sinn: Sie hilft dem Einzelnen, ein soziales Netzwerk aufzubauen, das ihm dann von Nutzen sein könnte, wenn er es brauchen sollte, obwohl diese Möglichkeiten gegenwärtig nicht absehbar sind.

Die Verhaltensforschung an Wirbeltieren kennt viele Beispiele, dass Tiere zweckfrei lernen, «spielen», etwas ausprobieren. Bei sozialen Tieren ist das immer auch der Austausch mit anderen, er wird geübt, er ist spontan, er macht Spaß. So gesehen, gibt es in der menschlichen Hilfsbereitschaft eine angeborene

Komponente, die mit dem «sozialen Teilen» zusammenhängt, das bereits bei den gruppenlebenden Menschenaffen eine wichtige Rolle spielt. Der Gast wird in traditionellen Kulturen bewirtet – vielleicht bin auch ich selbst irgendwann Gast und brauche ebenso einen Wirt. Diese Großzügigkeit gerät aus dem Gleichgewicht, wenn beispielsweise der spanische Bauer, der alle paar Monate gerne einen Fremden bewirtet hat, erleben muss, dass ein Fernwanderweg über sein Gehöft führt und jeden Tag mehrere «Gäste» vorbeikommen, die er bisher nicht einfach vorbeigehen ließ, sondern zu einem Glas Wein und einem Stück Brot hereingebeten hat. Er muss jetzt entweder eine kleine Wirtschaft eröffnen, oder er wird den Burnout seiner bisherigen Gastfreundschaft erleben, die Fremden nicht mehr wie bisher begrüßen, sondern versuchen, sie nicht wahrzunehmen.

Der hilflose Helfer hat wenig Zugang zu seinen emotionalen Bedürfnissen. Diese kann nur der angemessen wahrnehmen und einbringen, der seine kindlichen Seiten, seine Wünsche nach Anerkennung, Bestätigung, Versorgung nicht ablehnt und unterdrückt. Daher vermeidet dieser Helfer nicht nur dort, wo es die Situation nahelegt, sondern generell Beziehungen, in denen er etwas anderes ist als der Gebende, der keine eigenen Wünsche äußert außer dem, gebraucht zu werden, unentbehrlich zu sein.

«Ich bin auf diese Party gegangen, ich wollte endlich jemanden kennenlernen und nicht immer nur arbeiten. Ich habe mein schönstes Kleid angezogen und habe tatsächlich getanzt und geflirtet. Aber dann bin ich mit einem Mann nach Hause gegangen, der nicht mal genug Geld für ein Taxi hatte, ich musste es für ihn auslegen. Und nach ein paar Tagen hat sich herausgestellt, dass er Alkoholiker ist und völlig pleite, weil er seine Exfrau und zwei Kinder unterhalten muss.»

«Und warum hat er Sie besonders interessiert?»

«Ich glaube, er hat mich am meisten gebraucht.»

Wünsche, vor allem Wünsche, die mit kindlichen Qualitäten zusammenhängen, gefährden auch die Größenphantasie des Helfers. Wer Wünsche äußert, gesteht ja auch ein, dass er nicht völlig autonom und unabhängig ist; er gibt zu, dass er etwas braucht. Wer ausschließlich gibt, kann eine grandiose Phantasie von Autonomie und Souveränität viel länger aufrechterhalten.

Der hilflose Helfer ist sich selten bewusst, wie sehr er den Austausch vermeidet und seine Beziehungen einseitig lebt. Das liegt daran, dass ihm die Reaktion auf die Bedürftigkeit des Schützlings so viel Sicherheit gibt, dass er diese mit allen Antennen aufnimmt. Eigene Bedürfnisse hingegen verunsichern ihn so, dass er vermeidet, sie wahrzunehmen, weil bereits angesichts einer ersten Annäherung Ängste aufsteigen.

Erst wenn der Helfer tief in einseitige Beziehungen verstrickt ist, wird ihm bewusst, dass ihm etwas fehlt. Die tüchtige Ärztin, welche bisher einen erfolglosen Künstler unterstützt hat, möchte nach fünf Jahren gerne ein Kind haben. Dazu müsste sich ihr Partner ändern, müsste Verantwortung übernehmen, entweder endlich Geld verdienen oder ihr zumindest versprechen, dass er als Hausmann für das Baby sorgt. Aber der Künstler hat sich sein Leben anders vorgestellt, er möchte selbst das Baby bleiben.

Die unersättliche narzisstische (orale) Bedürftigkeit

«Allen meinen Freundinnen höre ich zu, bin immer da, wenn mich jemand braucht – aber wenn ich einmal jemanden brauche, ist niemand da, haben alle keine Zeit.»

Wer solche Äußerungen hilfloser Helfer hört, erinnert sich unwillkürlich an die Magersucht. Die letzte Magersüchtige, die ich genauer kennenlernte, war in der Redaktion einer großen Frauenzeitschrift damit beschäftigt, Rezepte zu erproben und Speisen möglichst appetitanregend zur Schau zu stellen. Eine andere Magersüchtige drangsaliert ihre Mutter damit, dass sie verspricht zu essen, wenn diese sie ein großartiges Menü kochen lässt – was sie dann, wenn das Menü fertig ist, regelmäßig nicht tut; sie möchte, dass alle anderen essen müssen, nur sie nicht.

Ähnliche Beispiele lassen sich viele finden; sie weisen in die Richtung eines Abwehrmechanismus, der «Reaktionsbildung» genannt wird. Die Magersüchtige fürchtet sich unbewusst davor, eine erwachsene Frau zu werden, weil sie ihre Mutter nicht genügend idealisieren konnte. Sie möchte ein Kind bleiben, wie ein Baby versorgt werden. Aber sie erlebt diese Wünsche nicht. Statt ihrer beherrscht sie die Sucht, über den eigenen Hunger zu triumphieren und eine perfekte Figur ohne alle Zeichen von Babyspeck oder Weiblichkeit zu erhalten. Die oralen Wünsche findet sie bei allen anderen, nur nicht bei sich selbst; sie inszeniert Esser rund um sich herum und verharrt im Hunger.

Viele Triebwünsche beruhen auf einer körperlichen Grundlage und sind sozusagen zyklisch: Wir haben nicht immer Hunger, sondern nur dann, wenn wir längere Zeit nichts gegessen haben; nach ausreichender Nahrungszufuhr verschwindet das Hungergefühl vollständig. Es ist für den Satten sogar schwierig, sich vorzustellen, dass er bald wieder Hunger haben wird. Durst oder Schlafmangel haben eine ähnliche Qualität; ob auch die Sexualität, ist nicht ganz einfach auszumachen. Die Berichte widersprechen sich und lassen sich am besten so verstehen, dass es eine Frage der Selbstinterpretation ist, ob Sexualität wie «Hunger» aufgefasst wird (dann steigt das Bedürfnis nach ihr, je länger es nicht befriedigt wurde) oder wie «Entscheidung» (dann können sich der katholische Geistliche oder der buddhistische Mönch umso besser mit dem Zölibat abfinden, je länger sie ihn praktizieren und je fester sie von seinem Sinn überzeugt sind).

Die «richtige» Entscheidung bekräftigt sich durch ihre Folgen. Eine «problematische» Entscheidung hingegen kann durch ihre Folgen in Frage gestellt werden. Die Helferin, welche wir zitiert haben, scheint zu glauben, dass sie durch ihre Entscheidung, ihren Freundinnen ohne Vorbehalte ihre Zeit zu opfern, einen Anspruch auf deren Zeit gewinnt, den diese einlösen müssen, indem sie bei ihr anfragen, ob nicht sie auch einmal Aufmerksamkeit und Zuwendung wünscht.

Die Freundinnen rufen sie an, wenn sie das Gefühl haben, sie zu brauchen und ihren Rat hilfreich zu finden. Sie rufen nicht an, wenn es ihnen gut geht und sie selbst klarkommen. (Im typischen Fall sind es die «Männerprobleme», mit denen die Helferin beansprucht wird und angesichts derer sie viele gute Ratschläge parat hat. Aber sie würde niemals zugeben, dass sie selbst darunter leidet, dass sie keinen Partner hat).

Vielleicht ist durch diesen Vergleich deutlich geworden, was mit dem Bild der «Unersättlichkeit» des hilflosen Helfers gemeint ist. Während ein gesundes Mädchen nur dann an Essen denkt, wenn es hungrig ist, und sich gesättigt anderen Gedanken zuwenden kann, denkt die Magersüchtige immer an das Essen, beschäftigt sich sehr intensiv damit (und mit den Folgen, die Essen für den Körper hat). Hunger und Sättigung regeln sich zyklisch selbst – wer sich aber nicht sättigen darf, wird unersättlich.

Die Unersättlichkeit ist eng mit dem Perfektionismus verknüpft, der wiederum bereits im Zusammenhang mit dem Größenselbst und dem Ich-Ideal beschrieben wurde. Wer nach Vollkommenheit strebt, kann nie zufrieden sein. Er darf nichts «gut sein lassen» – denn gut ist nie gut genug. Es sollte doch das Beste sein!

Diese Gesichtspunkte vertiefen das Verständnis der Frau, die das Empfinden hat, sie sei *immer* für alle ihre Freundinnen da, diese aber *nie* für sie. Wir können nun vermuten, dass ihr alles, was sie von ihren Freundinnen bekommen könnte, im Grunde zu banal erscheint. Sie ist da anspruchsvoller, sie will mehr, sie will etwas, das genauso gut ist wie das, was sie selbst spendet – aber eben diese Gabe traut sie niemandem zu.

Das gesättigte (und zu sättigende) Bedürfnis lässt den Bedürftigen los. Es schwindet, ja es verschwindet – es wird zwar wiederkommen, aber es ist momentan nicht mehr da. Diese Qualität hat etwas Unkontrollierbares und ist für traumatisierte Personen schwer zu ertragen, welche darauf angewiesen sind, ihre Umwelt unter Kontrolle zu halten, um die gefürchtete Wiederholung der seelischen Verletzung zu meiden.

Das Helfersyndrom verleiht der Fürsorge eine fanatische Qualität. Der Helfer wird Missionar für seine Aufgabe, er entdeckt überall falsche Götter und daher einen unabweisbaren Bedarf für seine Predigt. Mit dem besten Gewissen der Welt jagt er anderen Angst ein, wie jener Arzt, der seine Darmuntersuchungen mit folgendem Spruch vermarktet: «Sie sind fünfundvierzig, essen, was Sie wollen, und fühlen sich pudelwohl? Sie sind der typische Darmkrebskranke!»

Das Thema der narzisstischen Unersättlichkeit ist für die Burnout-Prophylaxe wichtig. Wer nur seine Arbeit kennt und diese nicht loslassen kann, brennt schneller aus. Die Unersättlichkeit beeinträchtigt auch die Qualität der Hilfe, sobald Einfühlung in autonome Strukturen nötig ist. In Erziehung, Psychotherapie und Krankengymnastik, um nur einige Gebiete zu nennen, muss der Helfer jenen Punkt erfassen können, an dem ein Schützling mehr davon profitiert, wenn er *ohne* Hilfe auskommt. Dem unersättlichen Helfer fällt es schwer, sich zurückzunehmen und den Schützling loszulassen. So kann er nicht wahrnehmen, wann seine Dienstleistung entbehrlich wird.

Die narzisstische Unersättlichkeit ist kein Problem der Helfer allein; sie führt bei ihnen nur zu spezifischen Konsequenzen und ist schwerer zu erkennen als in anderen sozialen Feldern, in denen die Beteiligten mehr mit schrankenlosem Ehrgeiz rechnen. Bereits in der antiken Philosophie wurde die Frage der Hybris diskutiert. Die Grenzenlosigkeit des menschlichen Machtstrebens, die Bereitschaft, sich über Traditionen hinwegzusetzen und die Geltung des eigenen Ichs absolut zu setzen, gehört zu den ältesten Themen der Geschichte. Sie entwickelte sich parallel zur kulturellen Evolution und dem wachsenden Abstand, den Viehzucht, Ackerbau und Städtegründung zu den zyklischen Prozessen der Natur schufen.

Die Sammlerinnen und Jäger der Altsteinzeit wussten zu gut vom launischen Glück ihrer Streifzüge, um Größenphantasien nachzustreben. Jeder besaß nur so viel, wie er tragen konnte. Wer aber Städte baut, baut auch Türme, um sich über das gemeine Volk zu erheben. Wenn das Gemeinwesen den Ehrgeiz der einzelnen Turmbauer nicht einschränkt, wird jeder den höchsten bauen wollen, um seine Größe in der Größe dessen zu spiegeln, das er geschaffen hat. Wer in der Toskana reist, bemerkt in manchen lange vergessenen, abseits gelegenen Städtchen wie San Gimignano noch die Spuren dieser mittelalterlichen Turmbauer. In den Zentren des Gemeinwesens, in Florenz oder Siena hingegen, wurden alle diese Geschlechtertürme geschleift, die im Mittelalter zu Hunderten in den Himmel wuchsen, jeder ein Zeichen Stein gewordener Unersättlichkeit.

Auch der missionarische Machtanspruch der Helfer ist in der Zivilgesellschaft durch Berufsordnungen geregelt, welche nach Kräften versuchen, die Schützlinge vor Missbrauch zu schützen. Wie notwendig das ist, zeigen Helferszenarien des Mittelalters und der beginnenden Neuzeit: Ketzer und Hexen wurden verbrannt, um ihrer unsterblichen Seele in den Augen ihrer Richter einen Dienst zu erweisen. Generationen von Ärzten töteten Kranke durch exzessiven Aderlass, weil jeder Professor der Medizin eine falsche Angabe über die Blutmenge überlieferte, die ihnen schadlos abgezapft werden konnte.

Die Unersättlichkeit des Perfektionismus beruht zum Ersten auf einer Traumatisierung, die (über)kompensiert werden soll; zum Zweiten aber auf den Konsequenzen dieser Strategie. Wer sich, wie Faust, «rastlos bemüht», wird eine immer tiefere Sehnsucht nach Ruhe (also nach Zerstörung seines Bemühens) entwickeln. Wer nach Vollkommenheit strebt, wird durch das Erleben seiner Unvollkommenheit ständig erneut verletzt und in seiner (Über-)Kompensation bestärkt. Wer danach strebt, alle anderen an Macht, Tugend, Geltung zu übertreffen, muss ständig fürchten, dass ein Rivale aufsteht und ihn besiegt, muss daher auch ständig danach trachten, seine Macht auszubauen, seine Geltung zu stärken, seine Tugend zu beweisen.

Wer sich mit den emotionalen Strukturen im Hintergrund solcher gesellschaftlich ebenso angesehenen wie in ihren Folgen problematischen Kräfte befasst, entdeckt bald, wie viel sie mit dem abgelehnten Kind zu tun haben. Fanatismus, auch der des Helfens, ist distanz- und humorlos, er kann nicht spielen, er nimmt sich selber feierlich ernst. Die kreatürlichen Zyklen von Lust und Unlust, von Begeisterung und Langeweile werden zu einer Fassade geformt, welche den «inneren Schweinehund» dämonisiert, entwertet und bekämpft. In dem Mangel an Distanz, Überblick und Humor offenbart sich die Abwehrqualität dieser Struktur. Es gibt keine Frage nach der Sinnhaftigkeit des Ziels – wichtig ist nur, es zu erreichen, gleichgültig, was auf der Strecke bleibt. Der berühmte Bergsteiger erzählt, wie sein

Vater die Kinder so unbarmherzig schlug, dass sie Zuflucht in der Hundehütte suchten.

Der Fluch der Traumatisierung ist, dass sie den Abstand zu Ereignissen aufhebt, welche sich mit dem Trauma verknüpfen. Der Traumatisierte kann sich nicht von einem Ziel distanzieren, weil er dieses Ziel aufgebaut hat, um sich zu beweisen, dass das Trauma nicht (mehr) existiert. Daher kann er nicht umkehren, ohne es erreicht zu haben, gleichgültig, was es ihn kostet. Er darf nicht vorher umkehren, psychoanalytisch ausgedrückt: Er darf nicht regredieren. Eine Regression würde ihn in den Bereich seiner Verletzungen zurückzwingen. Der hilflose Helfer hat die Gleichgültigkeit gegenüber dem Kind von einst verinnerlicht und kann deshalb den Gedanken nicht zulassen, dass er auch als Spiel sehen könnte, was er so ernsthaft erstrebt. Er kann sich selbst nicht mit Abstand oder mit Humor sehen, weil er inzwischen seine eigenen kindlichen Seiten mit eben der Grausamkeit bekämpft, als die er die Ablehnung seiner spielerischen Annäherungen an die Erwachsenen während seiner Kindheit erlebte.

In einer Erziehung, die «gerecht, aber streng» das Kind zum Leistungsmenschen dressiert, bleibt für Spiel und Kreativität kein Platz. Regression wird böse. Sie ist etwas, das andere tun oder haben, der Helfer aber niemals. Wenn Helfer klagen, dass sie nie Zeit für sich haben und der einzige freie Abend in der Woche schon wieder von einem besonders bedürftigen Schützling besetzt worden ist, sollte der Betrachter misstrauisch sein und den Verdacht nicht abweisen, dass die angeblich so ersehnte Rast gemieden wird und der Helfer die Zeiten der Ruhe, der Untätigkeit mehr fürchtet als den beklagten Stress.

Die indirekte Aggression

> Ich habe die friedlichste Gesinnung. Meine Wünsche sind: eine bescheidene Hütte, ein Strohdach, aber ein gutes Bett, gutes Essen, Milch und Butter, sehr frisch, vor dem Fenster Blumen, vor der Tür einige schöne Bäume, und wenn der liebe Gott mich ganz glücklich machen will, lässt er mich die Freude erleben, dass an diesen Bäumen etwa sechs bis sieben meiner Feinde aufgehängt werden. Mit gerührtem Herzen werde ich ihnen vor ihrem Tode alle Unbill verzeihen, die sie mir im Leben zugefügt – ja man muss seinen Feinden verzeihen, aber nicht früher, als bis sie gehenkt werden.
> *Heinrich Heine, Gedanken und Einfälle*

Die seelische Nähe der Hochbegabten zu den Kriminellen hängt damit zusammen, dass zur Dynamik des abgelehnten Kindes eine Steigerung der menschlichen Aggression gehört. In der Vielfalt seiner emotionalen Bedürfnisse nicht gespiegelt zu werden, kränkt kindliche Grundbedürfnisse und weckt narzisstische Wut. Wer als Kind den Konflikt zwischen seiner weit überdurchschnittlichen Begabung und der durch diese fast zwangsläufig inszenierten Verständnislosigkeit seiner Umwelt verarbeiten musste, weiß um erlösende wie destruktive Bilder in seinem Inneren, um Faust und Mephisto. Ein Kind, das auf eine gleichgültige, extrem selbstbezogene, vielleicht sogar offen feindselige Umwelt trifft, lernt schnell, seine primäre Reaktion zu unterdrücken: unermessliche Wut. Es erlebt den Erwachsenen, auf dessen Schutz und Aufmerksamkeit es sich in einer dem späteren Leben kaum mehr fassbaren Weise angewiesen fühlt, als abweisend, gleichgültig, ja offen feindlich und sadistisch. Das mobilisiert proportional zu seinen Begabungen (je begabter, desto heftiger) Aggressionen und eine tiefe Überzeugung, dass die Welt, so wie sie ist, nicht in Ordnung sei.

Wer sich die Kräfte vergegenwärtigt, die hinter dem stehen, was Psychoanalytiker «Frühstörung» nennen, wird sich eher wundern, wie friedlich und geordnet viele Bereiche der Welt bleiben. Sobald unsere Einfühlung zu einem dieser verborgenen Kerne narzisstischer Wut vordringt, beginnt auch das Erstaunen über die enormen Leistungen, welche diese Person davor bewahren, sich selbst oder andere zu zerstören. Der Beobachter aber kann sich nicht mehr, wie die Massenmedien, verständnislos über die insgesamt doch so seltenen Explosionen in Selbstmord, Mord, Amoklauf oder Terror erregen. Er gewinnt auch Respekt vor lästigen Erscheinungen wie Depressionen, Zwangssymptomen oder Sucht, sind sie doch häufig Versuche, das Ich vor einem ärgeren Verfall zu bewahren.

«Singe mir, Muse, vom Zorn ...» Die älteste Dichtung des Abendlandes, die Ilias Homers, beginnt mit der narzisstischen Wut, mit dem griechischen Stichwort für Raserei (Manie) und für Zorn und Groll. Die Kränkung Achills, der sich missachtet fühlt, weil sein Feldherr Agamemnon ein Geschenk zurückverlangt, eine Sklavin, die Achilles liebgewonnen hat, enthält – kaum verschlüsselt – die ödipale Dynamik des gekränkten Sohns, dem der Vater die Mutter abspenstig macht. Solche Deutungen sollten wir nicht überschätzen. Ob Homer aufgrund einer unbewussten Ahnung solcher inneren Dramen dichtete oder nicht, ist weder zu beweisen noch zu widerlegen. Der Gedanke hat seine Aufgabe erfüllt, wenn er uns dazu führt, mehr Achtung vor der menschlichen Verletzlichkeit und den durch eben diese Verletzlichkeit geweckten Aggressionen zu gewinnen.

Der Ödipuskomplex ist nicht deshalb ein so wichtiger Mythos für die Psychoanalyse geworden, weil er uns das Drama des Sophokles verständlich macht. Aber er weckt Respekt vor den kindlichen Leidenschaften, vor der Wucht, mit denen sie auf das noch ungefestigte Ich treffen, vor der Nachhaltigkeit, mit denen in dieser Zeit gewonnene Strukturen das spätere Leben prägen.

Das Dilemma des abgelehnten Kindes ist die Tatsache, dass es sich einerseits mit allen Fasern nach Rache an denen sehnt, die es so wenig respektieren, dass es andererseits – und wiederum umso genauer, je begabter es ist – auch wahrnimmt, dass es sich durch ein Ausleben dieser Rachewünsche selbst schädigt, weil der Zugang zu den Ressourcen des Lebens von den Erwachsenen beherrscht wird.

Der Helfer unternimmt eine grandiose Anstrengung, um dieses Dilemma zu bewältigen. Sie verrät uns viel über die seelische Alchemie, mit deren Hilfe es gerade den begabten Individuen gelingt, aus Kot Gold zu machen, um einen hohen Preis und mit einem nicht immer stabilen Ergebnis. Der Helfer überwindet nicht nur die eigene Aggression, sondern auch die Gleichgültigkeit, das Desinteresse, den Sadismus der Erwachsenen, die er als Kind erlebt hat. Er schafft eine bessere Welt und eine bessere Zukunft, indem er sich mit einem Engel, einem Retter identifiziert, der andere aus Situationen erlöst, deren Unerträglichkeit auf diese Weise ungeschehen gemacht wird.

Das manchmal als primitiv und grausam beurteilte Gesetz der Talion («Auge um Auge, Zahn um Zahn») ist weise und rücksichtsvoll. Denn die tiefe Wut kennt nur eine Lösung: Die Kränkung hätte nie geschehen dürfen, sie muss wieder aufgehoben werden. Wenn das nicht möglich ist, müssen alle Beteiligten, alles was von ihr zeugt und an sie erinnert, vernichtet werden. Jeder Eifersüchtige, der lieber die Treulose und sich selbst tötet, als eine Trennung zu ertragen, zeigt schließlich, wie schwer die Mäßigung angesichts einer Kränkung fällt. Luzifer,

Satan, Mephisto, die Orks, die nur das Böse wollen können, nur der Vernichtung nachstreben, alles Gute in den Staub treten, stehen für diese primitive Rachewut. Aus ihr kann nur jemand erlösen, der in ebenso rastloser Weise gut ist wie die Wut destruktiv. Während in der Mythologie meist die bösen Engel aus den guten hervorgehen und Gott vor dem Teufel da war, fordert unsere Analyse der menschlichen Wut, diese Reihenfolge umzukehren. Wir haben Gott und die guten Engel geschaffen, um uns vor einem Teufel zu schützen, den wir seit Anbeginn in uns tragen.

So träumt das zum Helfer heranreifende Kind von einer Welt, in der die Aggression überwunden ist, weil die Menschen gut sind und dem Schwachen beistehen. Es wird selbst ein solcher Erlöser der Bedürftigen werden, eine Heilerin, ein Priester, eine gute Fee. Mit dieser Vision kann das Kind nicht nur Inseln der Hoffnung jenseits einer wutgepeitschen See ausmachen, sondern auch seine Angst bändigen. Denn es fürchtet sich zu Recht vor einer Umwelt, der zwar sein Wohlergehen nicht sonderlich wichtig ist, die aber doch auf störende Aggressionen mit gesteigerter Härte zu reagieren weiß.

So wird das Kind «brav» und lernt, seiner Wut indirekten Ausdruck zu schaffen: Es stellt sie in den Dienst der Rechthaberei. Denn dadurch, dass die Kränkungswut kanalisiert wurde, ist sie nicht verschwunden. Sie hat nur weniger Möglichkeiten, im Kontakt mit der Wirklichkeit und mit Austauschbeziehungen zu reifen. Sie tritt in den Dienst der Ideale, richtet sich gegen jene, die ihnen nicht entsprechen, unter Umständen auch gegen den Helfer selbst.

Wir können solche Entwicklungen sehr viel besser verstehen, wenn wir Anregungen von Melanie Klein aufgreifen, die heute als «Objektbeziehungstheorie» eine wichtige Rolle in der analytischen Psychotherapie spielen. Ein Beispiel: Das dreijährige Mädchen, das wegen seines Ungehorsams von der Mutter verhauen wird, schreit hilfeheischend: «Mami! Mami!» Das bedeutet, dass es zwei Bilder der Mutter in sich trägt, ein böses (das sich aktuell in der prügelnden Mutter realisiert) und ein gutes, das es doch auch geben müsste, das manchmal da ist und das jetzt gegen die böse Mutter angerufen wird wie der Schutzengel in der Stunde der Versuchung. Den damit verknüpften Abwehrmodus nennt Klein die «Spaltung». In ihrer Theorie ist das Kind kein passives Opfer von Verletzungen, sondern ein phantasievolles Geschöpf, das viel tun kann, um seine Erinnerungen und seine aktuellen Beziehungsphantasien zu gestalten. So wehrt das Kind nicht nur übermäßige Kränkungen durch Projektionen ab, sondern kann auch solche nach außen verlegten Bilder wieder in die eigene Psyche zurücknehmen, sie re-introjizieren, wie das nur für Lateinkenner leicht fassliche Wort lautet. Poetischer gesagt: Wer an Engel (oder Teufel) glaubt, wird wie sie. Das Kind schafft aus dem Mangel der guten Fee das Ideal, sie selbst zu verkörpern. Aber da es auch den Wutteufel projiziert hat und sich gehörig vor ihm fürchtet, ist die gute Fee etwas abgehetzt und stets angestrengt bemüht, zu verbergen, dass in ihr Abgründe schlummern.

Solche frühen Bilder reifen in der Adoleszenz und gewinnen in den Berufsausbildungen ihre Formen, aus denen sich häufig auch schon die indirekte Aggression ableiten lässt.

Sie richtet sich gegen alles, was eine als ideal phantasierte Interaktion zwischen Helfer und Schützling gefährdet. Daher verleihen sie dem Helfer-Denken seine missionarischen Qualitäten. Die damit verknüpften Formen einer absolut selbstbezogenen Moral sind uns oft so selbstverständlich geworden, dass wir sie kaum mehr wahrnehmen.

Wir hören und glauben ungeprüft, dass Albert Schweitzer nach Lambarene ging, weil es dort keine medizinische Versorgung gab – während doch richtig wäre, dass es dort keine europäische Medizin gab, wohl aber eine von den Missionaren und der Kolonialverwaltung unterdrückte indigene Kultur mit ihren eigenen Medizinmännern, die jahrtausendelang funktioniert hatte. Wir hören und sind überzeugt, dass die Missstände in der Pflege durch den Mangel an ausgebildetem Personal entstehen, während vielleicht richtiger wäre, dass sie schlechter Führung geschuldet sind.

Wer als Supervisor hinter die Kulissen von Schulen oder Kindergärten blickt, erkennt die Fassadenhaftigkeit der Bekenntnisse zur Zusammenarbeit mit den Angehörigen der eigenen Schützlinge. Lehrer und Erzieher halten oft die Eltern für ihre natürlichen Feinde. Vor allem, wenn die Helfer eine Unzufriedenheit zu verarbeiten haben, machen sich die indirekten Aggressionen bemerkbar. Sie richten sich gegen den Rivalen oder aber auch gegen den Schützling selbst, weil dieser dem Helfer nicht so gehorcht, wie es sein (vom Helfer definiertes) Wohl erfordert. Der Patient hat nicht aufgehört zu rauchen oder zu trinken, die Eltern schaffen es nicht, ihr Kind zu den Hausaufgaben zu motivieren, der Ehemann der Patientin macht die Mühen ihrer Therapeutin zunichte, sie zu einer emanzipierten Frau zu entwickeln.

In allen diesen Fällen werden aus Helfer-Lämmern reißende Wölfe. Es ist, als ob sich das Weltbild einengt und die störenden Dritten mit jener Einfühlungslosigkeit und Abwertung behandelt werden, die angesichts der in warmer Empathie idealisierten Schützlinge auf Halde liegt wie taubes Gestein neben dem Hüttenwerk, in dem es vom Erze getrennt wurde. Die Störungen der Aggressionsverarbeitung bei den Helfern sind ein Dauerthema; immer wieder werden rhetorische Fragen gestellt, auf die es eindeutige Antworten gäbe. Interessanter als diese Antworten wäre allemal, weshalb etwas nicht verändert werden kann, über dessen Veränderungsbedürftigkeit sich anscheinend alle einig sind. 1990 beschrieb Claus Rudde im *Deutschen Ärzteblatt* seine Erschütterung über den Tod zweier Chefarztkollegen an Herzinfarkten im Alter zwischen 40 und 46 Jahren. «Wollen wir den kosten- und gefühlsneutralen, allzeit freundlichen und grenzenlos verfügbaren Wegwerfarzt – vierzig, ex und hopp? Oder nehmen wir uns endlich auch als Menschen mit Grenzen ernst und sagen nein zu überalterten Anhaltszahlen, zu viel zu vielen zermürbenden Nachtdiensten, zu Überfrachtung mit Verwaltungsaufgaben und Papierkrieg, zu immer größerem Erfolgsdruck? Den oft geäußerten Anspruch, im Patienten den ‹ganzen Menschen› zu sehen, müssen wir zügig auch für die eigene Person einfordern. Wir sind Menschen mit Möglichkeiten, aber auch mit Grenzen und Schwächen. Ob wir unseren Beruf als Ärzte oder als Medizinroboter ausüben, liegt wesentlich in unserer Macht.»* Nach dem Konzept des Helfersyndroms ist das leider nicht so. Die Hilflosigkeit des moralischen Appells angesichts der fortdauernden Probleme (wie der geringsten Lebenserwartung unter den akademischen Berufen bei den Ärzten) leuchtet ein, wenn deutlich werden darf, dass die Störungen in der Aggressionsverarbeitung bei den Helfern, die Umleitung gegen die eigene Person, nicht durch einen flinken Vorsatz aus der Welt geschafft werden können. Wer die Helferwelt zu bessern sucht, gerät schnell in das Reich der Paradoxie, in dem Menschen darüber klagen, dass es ihnen nicht gelingen will, ihr Leistungsdenken zügig abzubauen oder ihren Perfektionismus vollkommen zu überwinden.

* Claus Rudde, Deutsches Ärzteblatt v. 8. 3. 1990

4 Fallgeschichten

Eine psychoanalytische Untersuchung gewinnt erst durch die Darstellung von Personen Anschaulichkeit und Kontur. Hier zeigt sich deutlicher, wie die einzelnen Faktoren zusammenwirken und hinter den typischen Merkmalen die Individualität hervortritt, die nur durch eine kasuistische Beschreibung erfasst werden kann. Die einzigartige Situation, die von der analytischen Methode geschaffen wird – Freigeben der Spontaneität freier Einfälle; Erfassen der emotionalen, traumhaften Primärprozesse mit den Mitteln bewusster, verbal gestalteter Einsicht –, ermöglicht wahrscheinlich die gründlichsten Einblicke in die Entwicklungsgesetze des menschlichen Erlebens.

Andererseits sind Fallgeschichten gefährlich. Das in einer psychoanalytischen Behandlung gewonnene Erlebnismaterial ist so vielfältig und reichhaltig, dass sich aus ihm Belege für die verschiedensten, teilweise auch für einander widersprechende Hypothesen gewinnen lassen. Jeder Psychoanalytiker findet die Menschen, welche seine Theorie bestätigen. In einem subtilen, kaum wahrnehmbaren und durchaus gegenseitigen Anpassungsprozess ordnet der Klient seine Erlebnisse gemäß den Auffassungen des Analytikers, während der Analytiker seine Deutungen und Rekonstruktionen wiederum den Erlebnisweisen, den günstigen oder ungünstigen Antworten des Klienten anpasst.

Für den an objektivierbaren, gesetzhaften Theorien interessierten Forscher ergeben sich in dieser Situation zwei Möglichkeiten. Er kann sich einfach weigern, die ganze Komplexität der Wechselwirkungen in der Psychotherapie wahrzunehmen. Dann beschränkt er sich auf angeblich gesicherte experimentelle Grundlagen und überlässt den Rest einer vorwissenschaftlichen pragmatischen Handhabung.

Die andere Möglichkeit ist die Untersuchung der Interaktionsprozesse selbst. Der Klient wird nicht auf einige Reiz-Reaktions-Verbindungen reduziert, er soll sich als Person entfalten, die von den Einflüssen früherer Interaktionen geprägt ist und diese auf die therapeutische Situation überträgt. Der Therapeut seinerseits bemüht sich, diese Übertragung zusammen mit dem Klienten zu verarbeiten, in ihr entstandene Gefühle zu klären und zugleich seine eigenen Gefühlsreaktionen als Teil dieses Prozesses zu sehen. Damit riskiert der Therapeut, den Klienten in seinen eigenen Entwicklungsprozess einzubeziehen, sich selbst als unfertig wahrzunehmen. Er handelt sich die Verpflichtung ein, seine eigenen neurotischen Züge zu erkennen und an ihrer Bewältigung zu arbeiten. Diese Auffassung von Psychotherapie enthält die Selbsterfahrung des Therapeuten, in der Ausbildung wie in der praxisbegleitenden Weiterbildung, als notwendiges Teilstück. Diese Selbsterfahrung fördert einerseits die Einsicht des Therapeuten in die eigenen innerseelischen Prozesse, Abwehrvorgänge und Triebwünsche. Zugleich stimuliert sie seine Fähigkeiten, sich in andere Menschen einzufühlen, und sein Vertrauen in die Entwicklungs- und Wachstumsprozesse, die durch Einsicht freigesetzt werden können. Was sonst einfach als moralisches Ideal der Therapeutenpersönlichkeit gefordert wird, kann auf diese Weise lebendig werden. Dieses Ideal wird nicht als statistisches Ziel, sondern als Prozess aufgefasst, der so übersichtlich verläuft, dass es dem Therapeuten möglich ist, seine Klienten einzubeziehen, ohne sie mit eigenen unverarbeiteten Schwierigkeiten zu belasten.

Die hier aufgenommenen Fallgeschichten sind so weit verschlüsselt, dass die betreffenden Personen nicht wiedererkannt werden können. Sie stammen zum Teil aus Selbsterfahrungsgruppen mit Angehörigen sozialer Berufe, die kein therapeutisches, sondern lediglich ein Bedürfnis nach Weiterbildung voraussetzen; zum Teil aus der Selbsterfahrung von Klienten, die zu Ausbildungszwecken eine Analyse machten; zum Teil von Menschen, die psychotherapeutische Hilfe suchten. In Einzelfällen wurden biographische Daten, die eine Identifizierung ermöglicht hätten, ausgetauscht und durch vergleichbares Material aus anderen Fallgeschichten ersetzt.

Georg

Georg, ein älterer Mann, ist seit zwanzig Jahren als Heimerzieher tätig. In der Selbsterfahrungsgruppe wirkt er stets freundlich. Er stellt sehr häufig Fragen, die ein Bemühen um Einfühlung, aber auch um Beschwichtigung verraten: Es ist ja alles nicht so schlimm, schau doch, wie weit du es anderswo gebracht hast, und ähnliche Äußerungen. Er erzählt, wie schwer es ihm fällt, seine Zöglinge loszulassen, doch tröstet er sich selbst damit, dass sich doch oft, auch wenn sie (er arbeitet mit Jugendlichen) gegen ihn protestieren und ihn angreifen, später daraus ein gutes Verhältnis entwickeln könne. Er spricht leise, gleichmäßig, sanft, mit häufigen Blicken zum Gruppenleiter. Als er am zweiten Tag der Gruppe einen Traum erzählt, geschieht es gegen Ende des Tages, nachdem er sich bisher ständig bemüht hatte, auf andere einzugehen.

Der böse Zwerg und der Diplomat. Georg träumte, er sei Beamter im Außenministerium, unmittelbar dem Minister unterstellt. In die Diensträume sei nun ein Zwerg eingedrungen, ein böser, ungeheuer aggressiver Wicht mit Dreck am Stecken, der allen sehr lästig fiel. Georg wurde nun beauftragt, den Zwerg hinauszuschaffen, obwohl er ihn am wenigsten belästigt hatte. Es kam zu einem Kampf, bei dem Georg große Angst hatte, denn der Zwerg hatte ein langes Brotmesser, er hingegen nur ein kleines, spitziges Küchenmesser. Dennoch gelang es ihm, dem Zwerg das Messer zu entwinden, nachdem er ihn an der Stirn verletzt hatte. Nachher gab es ein Gerücht, der Zwerg hätte dennoch einen wilden Streik angezettelt.

Es gelang den Gruppenmitgliedern nun, Georg dazu zu bringen, sich mit dem bösen Zwerg zu identifizieren. Er erinnerte sich an seinen eigenen Jähzorn als Kind, an den Jähzorn des Vaters, der ihn nie anerkannt habe – «wenn ich etwas gut machte, sagte er nur: ‹Hätt'st schon früher machen können!›». Er habe sehr an sich gearbeitet, um so still und freundlich zu werden, wie er jetzt sei. Das gelinge ihm auch nur gegenüber seinen Zöglingen, nicht gegenüber seinen Vorgesetzten. Da kämpfe er ständig um Anerkennung, tue aber gerade das nicht, was erwartet würde, sondern versuche dauernd, fortschrittlichere Erziehungsmethoden einzuführen. Das sei ein dauernder Kampf, «ähnlich wie der Kampf des Zwerges, der Dreck am Stecken hat», setzt ein Gruppenmitglied hinzu. Georg kann diese Deutung akzeptieren.

Die Identifizierung mit dem Über-Ich. Georgs bewusste Lebenseinstellung lässt sich mit dem Bibelspruch umreißen: «Geben ist seliger als nehmen.» Er stellt stets seine Bedürfnisse zurück, beschreibt sich in der Gruppe als weit weniger hilfsbedürftig, mit weit kleineren Problemen kämpfend als die anderen. Wenn jemand etwas äußert, was ihm missfällt, versucht er geschickt, seinen Gegner in Widersprüche zu verwickeln. «Obwohl ich immer anecke, können mir meine Vorgesetzten nichts anhaben, weil ich das Recht auf meiner Seite habe.»

Die verborgene narzisstische Bedürftigkeit. Georgs ständiges Fragen, das keine Schweigepause in der Gruppe aufkommen lässt, erweist sein Bedürfnis, sich als den zu erleben, der anderen hilft (dahinter: mehr und besser als jeder andere). «Meine persönlichen Bedürfnisse nach Geborgenheit und Liebe sind so unersättlich, so groß, die kann kein Mensch befriedigen - nur meine Religion.»

Das abgelehnte Kind. Georg idealisiert seine Mutter, während er sich vom Vater nie angenommen gefühlt hat. Seine Mutter habe ihn früh freigegeben, und er könne sich ganz stark eins mit ihr fühlen. Als Beispiel erzählt er, wie er als neunjähriger Junge von der Mutter angeleitet wurde, den Soldaten und Flüchtigen, die um ein Nachtlager baten, Quartier zu machen. «Meine Mutter hat gesagt, von unserem Haus soll niemand fortgehen, ohne dass ihm geholfen würde. Wir hatten oft alle Zimmer so voll Leuten, dass für uns kaum mehr Platz blieb.» Dass ein Kind sich von einer Mutter, die ständig an andere denkt, oft verlassen und überfordert fühlen muss, ist für ihn nicht vorstellbar.

Die indirekte Aggression. Der Zwerg-Traum und Georgs Einfälle dazu belegen sehr deutlich die Abwehr-Spaltung im sozialen Syndrom. Das Kind hinter der grandiosen diplomatischen Fassade («Hoher Rang im Außenministerium») ist zwergenhaft und sehr bösartig, darauf aus, andere zu kränken und zu ärgern. Es hat sich nicht entwickeln dürfen; der jähzornige, kritische Vater wurde abgelehnt, die Mutter war das einzige Identifikationsobjekt.

Die Abwehr von Beziehungen und Gegenseitigkeit. Georg ist nicht verheiratet. Er schildert seine Beziehung zu einer Frau, die sich in ihn verliebte. Er war dabei stets der widerwillig mehr Nähe, mehr Zärtlichkeit gestattende Teil («ich kann nicht sehen, wenn jemand weint, ohne ihn in den Arm zu nehmen»). «Wenn ich mehr Nähe zu einem Menschen haben würde, dann wäre ich nicht mehr offen für die vielen, die mich brauchen.» Diese Phantasie ist typisch für das Helfersyndrom. Der Helfer glaubt, seine Fähigkeit, andere zu unterstützen und zu verstehen, würde durch echte Intimität zu einem Menschen gefährdet. Auf diese Weise stellt er seine Hilfeleistungen in den Dienst der Abwehr von Intimität und Gegenseitigkeit. Die tatsächliche Reihenfolge wird vertauscht: Aus «Ich helfe euch, weil ich keine Nähe ertragen kann», wird «Ich darf mich keinem zu sehr annähern, mich auf keine zu enge Beziehung einlassen, weil ich sonst nicht mehr so gut den vielen helfen kann, die mich brauchen.» Auf diese Weise wird eigene Abhängigkeit vermieden (die Klienten sind abhängiger vom Helfer als er von ihnen). Narzisstische Bestätigung kann ohne wirkliche Gegenseitigkeit gewonnen werden.

Agnes

In einer Selbsterfahrungsgruppe schildert Agnes, eine junge, sportlich gekleidete Frau, sie sei der seelische Mülleimer aller Freunde und Bekannten. Jeder würde ihr seine Probleme erzählen, sie höre immer verständnisvoll zu. Wenn es ihr selbst aber einmal schlecht geht, findet sie niemand, dem sie das sagen kann. Allmählich wird deutlich (ich fasse die Ergebnisse einiger Sitzungen zusammen, in denen Agnes immer wieder an ihren Schwierigkeiten arbeitet), dass sie selbst es darauf anlegt, keine Hilfe zu bekommen, stets stark und mächtig zu bleiben, obwohl sie dahinter ihre eigenen Zuwendungsbedürfnisse deutlich spürt – aber auch als unersättlich entwertet. Sie hat das Gefühl, dass sie ständig um Zuwendung kämpfen muss, dass diese Zuwendung aber eben dadurch, dass sie erkämpft ist, an Wert verliert. Allmählich schälen sich die einzelnen Komponenten ihres Helfersyndroms heraus:

Das abgelehnte Kind. Der Vater wollte eigentlich einen Jungen. Sie hat sich vorgenommen, keine Frau zu werden, denn Frauen sind schwach wie die Mutter, und kein Mann zu werden, denn Männer sind hassenswert wie der Vater, sondern sie wollte etwas über beiden sein, etwas noch Besseres.

Die Identifizierung mit dem Über-Ich. Agnes braust oft auf, wenn in der Gruppe etwas anders ist, als es ihren Wertvorstellungen entspricht. Sie lehnt alle Werturteile heftig ab, will nur den Ausdruck von persönlichen Gefühlen dulden. Ihre Fragen und Aufforderungen werden von den Gruppenmitgliedern als scharf, wohlformuliert, aber kalt, ohne emotionale Beteiligung erlebt.

Die versteckte orale Bedürftigkeit. Agnes schwankt zwischen Bewunderung und Kritik für den Leiter. Sie greift ihn mehrere Male an, wobei sie das Verhalten des Leiters in der letzten Sitzung noch einmal aufgreift: Einmal habe der Leiter ein Treffen der Gruppe beendet, obwohl ein anderes Gruppenmitglied geweint habe; «mit mir darfst du das nicht machen!»

Die Angst vor Nähe und Gegenseitigkeit. Zuwendung in der Gruppe verwirrt Agnes. «Ich weiß dann nicht, wie ich dran bin, was ich machen soll, das macht mich ganz verrückt. Was kann ich dann nur tun, um wieder Klarheit in meinen Kopf zu kriegen?» (mit Blick auf den Leiter). Zuwendung belebt die Angst vor den kindlichen Verletzungen wieder; sie wird daher vermieden oder manipulativ in Ablehnung verwandelt.

Indirekte Aggression gegen Nicht-Hilfsbedürftige. Agnes hat ständig Schwierigkeiten mit Vorgesetzten. In ihrem Beruf – sie ist Sozialpädagogin – kämpft sie dauernd gegen Männer, die angeblich etwas besser wissen oder können als sie. Ihr Triumph ist es, wenn sie ihnen ihr Versagen zeigen kann; auch dem Gruppenleiter gegenüber zeigt sie Ansätze zu dieser Rachehaltung, die wohl ursprünglich ihrem Vater galt.

Franz

Ich lernte Franz auf einer gruppendynamischen Veranstaltung kennen. Er arbeitet als Sozialpädagoge in der Erwachsenenbildung. In der Gruppe konnte er keine Gefühle preisgeben, doch engagierte er sich sehr für andere Mitglieder, die Schwierigkeiten äußerten, und war um den Zusammenhalt der Gruppe besorgt. An einem freien Nachmittag organisierte er mit einigen Gruppenmitgliedern eine Nachsitzung, die sich bis ein Uhr nachts hinzog. Es fiel ihm sehr schwer, sich von den anderen Gruppenmitgliedern zu trennen, obwohl er wenig von seinen tieferen Gefühlen und Ängsten äußerte. Die Deutung seiner eigenen Bedürfnisse nach Zuwendung hinter der rationalen, an den Gefühlen der anderen orientierten Fassade beeindruckte ihn stark, ebenso wie die von ihm zumindest in der Phantasie, im Nacherleben neu gewonnene Möglichkeit, sich zusammen mit anderen wirklich nahe und geborgen zu fühlen.

Als Franz von der Gruppe nach Hause kam, «war ich wohl ein ‹anderer Mensch›. Diese Feststellung traf meine Frau, und auch ich selbst konnte feststellen, dass ich wieder Zugang hatte zu meinem in letzter Zeit schwerer verschütteten gefühlsmäßigen Bereich.» So berichtete Franz in einem Brief an den Gruppenleiter. Er konnte mit seiner Frau in eine tiefere emotionale Beziehung eintreten, ihre Orgasmusschwierigkeiten verschwanden, die Kontakte in seinem Bekanntenkreis vertieften sich. Wie oft nach einem ersten glückenden Gruppenerlebnis waren diese Veränderungen nicht beständig. Die Zwänge der

Gefühlsabwehr kehrten zurück, doch Franz hatte den Ansatz gefunden, weiterzuarbeiten. Seine Reaktion ist charakteristisch: Er bewog seine Frau, sich in psychotherapeutische Behandlung zu begeben. Diese, beeindruckt durch seine Veränderungen, nahm etwa ein Jahr an einer Therapiegruppe teil.

Die Partnerbeziehung. Franz ist älter als seine Frau. In vieler Hinsicht ersetzt er ihr den Vater, der Maria fehlte (er ist früh verstorben). Dennoch ist die Beziehung oft gespannt. Sexuelle Aktivität kann den fehlenden Austausch von Gefühlen nicht ersetzen. In Gesprächen versucht Franz immer wieder, seine Frau in eine Position zu bringen, in der sie über ihre Ängste, Depressionen und anderen Schwierigkeiten spricht. Wenn er ihr dann helfen kann, fühlt er sich wohler. Manchmal aber lehnt Maria diese Hilfe ab. Sie fühlt sich recht wohl und möchte über alltägliche Dinge plaudern. In dieser Situation wird Franz deprimiert und ärgerlich. Er versucht immer wieder, immer drängender, das Gespräch auf Marias Schwierigkeiten zu bringen. Erst wenn sie dann endlich emotional reagiert, wenn sie zum Beispiel auf ihn einschlägt, fühlt er sich wieder besser. Andererseits erwartet Franz auch, dass Maria Elternaufgaben übernimmt. Seine Sehnsucht nach Zuwendung und Nähe drückt er nicht unmittelbar, sondern indirekt aus: einerseits, indem er eine Situation inszeniert, in der er geschlagen wird; andererseits, indem er an psychosomatischen Symptomen erkrankt, die ihm verstärkte Zuwendung sichern. Als Maria im Verlauf ihrer Gruppentherapie allmählich sieht, dass es nicht ihr eigenes Bedürfnis ist, sich einer Behandlung zu unterziehen, sondern Gefügigkeit ihrem Mann gegenüber, bricht sie die Therapie ab.

Das abgelehnte Kind. Franz ist ein Einzelkind. Bis in die Zeit seiner Ehe hängt er mit einer deutlichen Hassliebe an seiner überbeschützenden Mutter. Er ruft oft zu Hause an, doch sobald er mit der Mutter ins Gespräch kommt, fängt er an, mit ihr zu streiten, ihr mangelndes Verständnis und frühere Erziehungsfehler vorzuhalten. Als Anlass verwendet er meist ihre Versuche, seine Kleidung, seinen Haarschnitt, sein berufliches Verhalten im Hinblick auf ihre Ideale zu kritisieren. Jedes Mal, wenn er zu seiner Mutter fährt, werden seine psychosomatischen Leiden heftiger. Dennoch sucht er sie immer wieder auf. Er versucht, sie gewissermaßen auf der Helfer-Seite zu überholen, ihr gegenüber eine ähnlich überbesorgte Haltung einzunehmen, wie sie es mit ihm während seiner Kindheit tat. So empfiehlt er ihr psychologische Bücher oder auch die Teilnahme an Selbsterfahrungsgruppen. Wenn sie ablehnt, gewinnt er neuen Stoff für Vorwürfe. Als beherrschende Gefühle seiner Kindheit schildert er: die Angst vor dem unberechenbaren Verhalten seiner Mutter («wenn sie an mir vorbeiging, hat sie mir eine gewischt ... ich konnte ihr nichts recht machen ... meine Eltern stritten, und sie drohte mit Selbstmord, da habe ich als Kind eine Gabel genommen und gesagt: Wenn du nicht aufhörst, dann renne ich dir die in den Bauch»), die Enttäuschung über den Rückzug des Vaters, der abdankte und die Bestimmung über die Familie seiner Frau überließ, die ständige Faszination durch Krankheiten («meine Mutter war immer krank ... jedes Jahr hatte sie irgendwo anders Krebs»).

Die Identifizierung mit dem Über-Ich. Franz fühlt sich wohl, wenn er in seinem Beruf arbeiten kann. Urlaub macht ihn nervös, unsicher; er wird dann oft krank. Sobald er wieder mit seinen Klienten spricht, sie aufklären, ihnen etwas beibringen kann, wird er entspannt. In seiner Arbeit ist er überaus korrekt, pünktlich und genau. Ärgerlich wird er, wenn jemand zu spät kommt, einen Termin versäumt oder nicht erwartungsgemäß mitarbeitet.

Die verborgene narzisstische Bedürftigkeit. Hier spielt die Neigung zu psychosomatischen Störungen eine große Rolle. Nur auf diesem Weg können sich die sehr intensiven Wünsche, narzisstische Bestätigung zu finden, in einer vom Über-Ich tolerierten Weise äußern. Als sich Franz später einer Analyse unterzog, begann er lange Zeit seine Stunden mit einer Schilderung seines körperlichen Befindens, woran er Appelle an den Analytiker anschloss, ihn doch für seine Wehleidigkeit zu bestrafen oder sich dadurch bestraft zu fühlen («ich möchte, dass Sie mir auf den Kopf schlagen, wenn ich so daherrede und immer jammere ... es muss Ihnen doch furchtbar zusetzen, so ein Patient wie ich ...»). Franz war immer sehr besorgt, seine Stunden pünktlich zu beenden. Wenn der Analytiker nach den vereinbarten 50 Minuten nicht aufhörte, blickte er nervös auf die Uhr und erinnerte ihn endlich daran, die Zeit sei um. Dieses Bedürfnis nach starker Strukturierung und genauer Zeiteinteilung wirkte wie ein Wall um die narzisstische Unersättlichkeit dahinter. Franz benutzte jede kleine Gelegenheit, um dem Analytiker zu helfen oder ihm doch zumindest «nichts schuldig zu bleiben», seien es auch nur die fünf Minuten über die vereinbarte Sitzungsdauer hinaus oder die Sitzung, welche ihm der Analytiker versehentlich nicht auf die Rechnung gesetzt hatte. Andererseits achtete er genau auf die kleinsten Zeichen mangelnder Einfühlung beim Analytiker. Wenn er tatsächlich Hinweise auf das entdeckte, was er andererseits durch seine Aufforderung immer wieder anzielte («Sie müssen mich härter anfassen ... wann werden Sie endlich ungeduldig mit einem wie mir? ... ich weiß, dass Sie das sein können, ich habe es neulich in der öffentlichen Diskussion bei X. gesehen»), reagierte er äußerst empfindlich und verletzt. Hier wird deutlich, dass sein Helfersyndrom eine Reaktionsbildung gegen seine eigene Hilfsbedürftigkeit ist. Diese ist angstbesetzt und wird kontrolliert, weil sie ihn als Kind, noch von Gefühlen bestimmt, gegenüber den seelischen Verletzungen durch seine wenig einfühlsame Mutter verwundbarer gemacht hatte.

Die indirekte Aggression. Franz äußert nie direkte Aggression, er wird nicht wütend. Die Identifizierung mit dem Über-Ich verhindert das: Ein sozial eingestellter Mensch ist nicht aggressiv. Die aggressiven Phantasien werden projektiv abgewehrt. Franz neigt dazu, andere zu verdächtigen, ihm gegenüber aggressiv eingestellt zu sein. Sein Verhalten ist nicht selten auf eine Provokation dieser in die Umwelt projizierten Aggression abgestellt. Wenn Franz dann offener Aggression begegnet, ist er deutlich erleichtert, er kann dann, von Schuldgefühlen entlastet, seine eigenen Aggressionen äußern. Sein Gegner hat sich ins Unrecht gesetzt.* Durch diesen Mechanismus lassen sich seine Schlage-Phantasien während der Analyse und seine Provokation wütenden «Trommelns» vonseiten seiner Frau verstehen. Zusätzlicher Gewinn dieses Manövers ist die Vermeidung von Nähe, die wegen der frühen narzisstischen Verletzungen als gefährlich erlebt wird, nach dem Motto: «Ich muss mich kontrollieren, ich kann euch ja nicht vertrauen!»

Die Vermeidung von Gegenseitigkeit in Beziehungen. Die Partner des Menschen, der an einem Helfersyndrom leidet, werden infantilisiert und/oder parentalisiert: Die Beziehung auf einer gleichen Ebene, in der jeder im Geben nimmt, im Nehmen gibt, kommt nicht oder doch nur teilweise zustande. Es wurde bereits gezeigt, wie sich diese Situation auf die Ehe von Franz auswirkte. Maria war entweder das Kind, das betreut, belehrt und unterstützt wurde, oder die ideale Mutter, welche die durch die psychosomatischen Symptome ausgedrückten

* Eric Berne beschreibt dieses Verhalten als «JEHIDES»-Spiel: Weiß wartet, bis Schwarz einen Fehler macht, um seine angestauten, projizierten Aggressionen herauszulassen, nach dem Motto: Jetzt habe ich dich endlich, du Schweinehund! Voraussetzung aufseiten des Mitspielers ist ein unbewusster Masochismus. Vgl. E. Berne, Spiele der Erwachsenen, Reinbek 1967

Wünsche nach Versorgt- und Betreutwerden erfüllen musste. Da sie keine dieser Rollen ganz ausfüllte, war Maria für Franz «schwierig» und einer Psychotherapie bedürftig. Franz wollte stets aufs genaueste über die Gefühle, vor allem die Ängste und Aggressionen, Marias unterrichtet sein, um «ihr zu helfen», das heißt um sich selbst mehr Sicherheit zu geben, seine eigenen, ambivalenten Gefühle aus einer gedeckten Position heraus zu beruhigen, seine Ängste, abgelehnt zu werden, zu kontrollieren. Emotionale Nähe konnte dadurch selten entstehen, da die auf Maria projizierten Aggressionen, die ursprünglich der Mutter galten, nicht geklärt wurden.

Leonhard

Leonhard wollte ursprünglich katholischer Priester werden. Heute ist er in der Erwachsenenbildung tätig. Ständig bestrebt, sich selbst weiterzubilden, um wirksamer arbeiten und seinen Schülern auch bei persönlichen Konflikten helfen zu können, suchte er die Analyse.

Das abgelehnte Kind. Leonhard ist Einzelkind, sein Vater starb kurz nach der Eheschließung. Die Mutter schloss sich eng an die Familie ihres verstorbenen Mannes an und beteiligte sich an der Idealisierung des toten Partners. Sie ging keine neue Bindung ein, arbeitete in einem Büro und erzog ihren Sohn zusammen mit der Großmutter sehr religiös. Leonhard schildert sie als eine stets unfrohe, sehr kritische Frau, die in jeder Lebenslage die negativen Seiten hervorzuheben, Gegenwart und Zukunft schwarz zu malen wusste. Da die Mutter nur sehr wenig emotionale Bestätigung geben konnte, ist auch Leonhards emotionale Resonanz schlecht entwickelt. Er suchte Ausgleich in einer starken Leistungshaltung, wurde zum Musterschüler, überspielte seine Unsicherheit in Gefühlsbeziehungen durch betonte Idealisierung religiöser und ethischer Werte. Wenn er von Konflikten aus seiner Kindheit spricht, nimmt er in seinem nichtverbalen Verhalten deutlich die Haltung von Erziehern an, die der Angst und hilflosen Wut des Kindes mit moralisierender, gelegentlich spöttischer Distanz gegenüberstehen. So schildert er etwa, dass er als Kleinkind in einen Kindergarten geschickt wurde, in den er nicht wollte, und sich in einem Wutanfall flach auf die Straße legte. Diese Szene berichtet er als «nette Kindheitserinnerung, die mir oft erzählt wurde». Zu seinen Gefühlen von damals hat er keinen Zugang mehr. Der emotionale Gehalt der Kindheit ist für Leonhard ausgelöscht; nur in der Beziehung zu seinen eigenen Kindern findet er Anklänge daran. Leonhards Entwicklung zeigt, dass es auch dann sinnvoll ist, von dem «abgelehnten Kind» zu sprechen, wenn das Kind von der Familie erwünscht, ja als Ersatz für den verstorbenen Vater sogar besonders narzisstisch besetzt ist. Die Bezugspersonen akzeptieren dann ihre eigene Erwartungshaltung, ihre mit narzisstischer Libido besetzte Vorstellung von dem Kind, nicht aber das reale Kind mit seinen Gefühlen, Bedürfnissen und Entwicklungsmöglichkeiten. Die Folge ist oft das Erlebnis einer «schrecklichen Undankbarkeit» vonseiten des Kindes – falls dieses nicht an einer Neurose oder Psychose erkrankt. Die Eltern sagen: «Was haben wir nicht alles für dich getan ... und so lohnst du es uns!» Tatsächlich fühlt sich das Kind abgelehnt; es spürt, dass die Eltern nur ihr eigenes Ideal lieben und für dieses Ideal etwas tun. Im Fall von Leonhard drohte die Mutter mit Selbstmord, als sie erfuhr, dass ihr Sohn heiraten wollte und somit nicht mehr Priester werden konnte, wie sie es sich vorgestellt hatte. Hier bewährte sich die früh – freilich auf Kosten der Gefühlsentwicklung – erworbene Unabhängigkeit, die

Eigenständigkeit im Urteil, wie sie die Identifizierung mit dem Über-Ich vermittelt. Leonhard konnte sich trotz dieses massiven Drucks aus seiner von der Mutter fixierten Rolle befreien. Das ist beim Helfersyndrom gar nicht selten der Fall. Hier wird häufig der ursprünglich religiöse, an einem bestimmten Bekenntnis orientierte Anspruch moralischen Verhaltens dadurch «überwunden», dass ihn der Helfer auf der Über-Ich-Seite übertrifft. Er verweist zum Beispiel auf den Widerspruch zwischen den moralischen Forderungen der christlichen Kirchen und dem tatsächlichen Verhalten der Würdenträger und der Gläubigen, während er seinerseits Normen rigoros vertritt, ohne ihren Ursprung zu durchdenken. Dieser Prozess ist so produktiv wie problematisch: Er kann den Aufbruch aus einer erstarrten, zum Lippenbekenntnis gewordenen Ethik bedeuten, aber auch zu einer gnadenlosen, deprimierenden Zwangsmoral führen, in der die spezifisch christlich-religiösen Motive der Erlösung, der Verzeihung, der Nachsicht mit fremden und eigenen Mängeln fehlen.

Die Vermeidung von Gegenseitigkeit in der Partnerbeziehung. In den Identitäts-Entwürfen der Pubertät ist Leonhard Held und Helfer. Rittergeschichten faszinieren ihn. Er identifiziert sich mit Prinz Eisenherz und anderen Gestalten schier allmächtiger Helfer. Vor allem rettet er oft Frauen aus der Gewalt von Schurken, Drachen und anderen bedrohlichen Situationen. Gegen Ende der Pubertät überformen die Phantasien vom Priester, dem Stellvertreter Gottes, die Heldengestalten. Wie eine unbewusste Inszenierung mutet der Unfall an, durch den Leonhard seiner späteren Frau so nahe kommt, dass ihm eine Ehe möglich wird. Während einer gemeinsamen Bergtour stürzt er durch das unvorsichtige Verhalten Evas gefährlich ab. Sie ist noch viel mehr erschrocken als er, und aus dem Bemühen, ihr zu helfen, ihr Trost zuzusprechen, kommt er ihr näher. Sie ist es dann, die den

Anstoß zur Heirat gibt. In der Partnerbeziehung kommt es bald zu Spannungen, weil Eva vermisst, dass Leonhard spontan auf sie zugeht, ihr das Gefühl vermittelt, wirklich an ihr interessiert zu sein, sie nicht lediglich zu unterstützen, weil sie es braucht. Evas eigene Problematik trägt dazu bei; auch sie gewinnt ihre Selbstachtung vorwiegend aus dem, was sie für andere tut. Sie hat es sich und Leonhard nicht verziehen, dass der Schritt zur Eheschließung von ihr ausging. Sie hat sich hier selbst in eine ausweglose Situation gebracht: Weil sie glaubt, nicht liebenswert genug zu sein, hat sie die Eheschließung selbst in die Hand genommen. Weil sie das tat, spürt sie den Beweis, dass sie nicht liebenswert genug ist. Die Ehe wird zu einer Konkurrenz um Selbstlosigkeit und Hilfe für andere. Beide Partner sind unermüdlich tätig: Vier kleine Kinder sind zu versorgen. Sie arbeiten in Kindergarten- und Elternbeiräten, organisieren Selbsthilfe für Nachbarn mit kleinen Kindern, engagieren sich in der Kirchengemeinde, in der Bildungsstätte, an der Leonhard als Religionslehrer arbeitet. In diesen vielfältigen Belastungen hat es Leonhard schwer, an seinem Ideal einer stets positiven Gefühlshaltung, Unerschütterlichkeit und Hilfsbereitschaft festzuhalten. Er spürt oft eine hilflose Wut, wenn er zum Beispiel von der Arbeit heimkommt und Eva ihm gleich neue Tätigkeiten im Haushalt auflädt. Diese Wut richtet sich nicht gegen Eva, sondern gegen das eigene Selbst. Leonhard verlangt ja von sich, nie etwas abzuschlagen, ja die nötigen Aufgaben von sich aus, unaufgefordert, zu erledigen. In diesen Situationen verkriecht er sich in sich selbst, wird gefühlsmäßig noch weniger ansprechbar als sonst. Die vermiedene Gegenseitigkeit in der Partnerbeziehung drückt sich bei Leonhard und Eva in einer Konkurrenz um die Über-Ich-Position aus, in der jeweils der andere Partner sich «von oben» gefordert, kritisiert, ja abgelehnt fühlt. Die dadurch entstehenden Spannungen werden vielfach dadurch bewältigt, dass sich das Paar gegenüber den weniger engagierten, hilfsbereiten Mitmenschen abgrenzt und sie zum Ziel der Aggressionen macht, die in der Beziehung nicht geäußert werden können. Beide gewinnen ihre narzisstische Bestätigung vorwiegend aus den Helferbeziehungen außerhalb der Ehe, nicht aus der emotionalen Nähe ihrer Partnerschaft.

Die Identifizierung mit dem Über-Ich. Leonhard wirkt sehr gefestigt, er spricht mit ruhiger, kräftiger Stimme, sehr gleichmäßig und wohlgesetzt. Alle Schwierigkeiten werden mit Ruhe, Umsicht, nach den Regeln von Ethik und Vernunft angegangen. Vor seiner Analyse war Leonhard überzeugt, unempfindlich gegenüber Vorwürfen und Kränkungen zu sein: «Ich dachte, mir kann keiner etwas anhaben.» Diese Unangreifbarkeit ist ein sicheres Kennzeichen der Identifizierung mit dem Über-Ich. Alle denkbaren Einwände gegen emotional gesteuertes, spontanes, darum möglicherweise «falsches» Verhalten und Phantasieren sind bereits vorweggenommen. Freilich geschieht das auf Kosten der Kreativität und Erlebnisvielfalt. Leonhard kann gar nicht anders sein als überlegt, durch nichts aus der Ruhe zu bringen, stets freundlich und hilfsbereit. Gefühle, die dieser Über-Ich-Identifizierung widersprechen, sind von der Abfuhr weitgehend ausgeschlossen. Das drückt sich auch in dem Ablauf der freien Einfälle während Leonhards Analyse aus. Alles, was er sagt, ist wohl formuliert und wohl überlegt. Auf die Bedeutung der Zwischentöne, des Assoziierens «entlang von Gefühlen», der spontan auftauchenden Bilder hingewiesen, verstummt er. Es ist ihm auch kaum möglich, Beziehungen zwischen den Bildern seiner Träume und spontan auftretenden Einfällen herzustellen. Er möchte die Träume am liebsten gleich in ausgestaltete Deutungen übersetzen beziehungsweise vom Analytiker übersetzt haben und ist unterschwellig enttäuscht, als diese Hilfestellung ausbleibt. Auf seine unausgesprochenen

Gefühle dem Analytiker gegenüber hingewiesen, ringt er sich die Aussage ab: «Ich hätte mir mehr Hilfe erwartet», schränkt jedoch gleich ein: «Aber es ist sicher so richtig, wie Sie es machen, ich muss eben allein draufkommen.» Wenn die Möglichkeiten rationaler Berichterstattung erschöpft sind, verfällt Leonhard in hartnäckiges Schweigen, das nur selten von einem Satz unterbrochen wird.

Die verborgene narzisstische Bedürftigkeit. Leonhards Bedürfnis, etwas Besonderes zu sein, sein versteckter Allmachtswunsch sind im Hintergrund seiner Helferrolle gut getarnt. In der Schule trug er in den oberen Klassen nur schwarze Anzüge, wobei er den narzisstischen Anspruch gut mit praktischen Motiven – es handelte sich um Erbstücke – begründen konnte. Leonhard will nichts für sich, er nimmt zum Beispiel bei Streitigkeiten mit Eva stets die ganze Schuld auf sich, er ist nie unzufrieden, nie schlecht gelaunt, stets fähig, auf andere einzugehen und die eigenen Bedürfnisse nach Aufmerksamkeit und Bestätigung in den Hintergrund zu stellen. Seine Panzerung gegen eine narzisstische Unersättlichkeit, die in diesem starren Festhalten am Ideal-Selbst deutlich wird, beeinträchtigt Leonhard in allen Situationen, in denen er keine Helferrolle spielen kann.

Die indirekte Äußerung von Aggressionen. Leonhard kann sich an keine Lebenssituation erinnern, in der er mit offener Wut reagierte. Doch verraten sein steifer Gang, seine stets etwas gepresste Stimme und seine außerordentliche Empfindlichkeit für aggressive Äußerungen anderer eine dauernde emotionale Spannung in diesem Erlebnisbereich. Leonhards Form, mit eigenen und fremden Aggressionen umzugehen, ist die ruhige Überlegenheit, das gelassene, positive Lebensgefühl. Auf diese Weise lässt er seine Gegner ins Leere laufen und vermittelt ihnen – auch seiner Frau, die gelegentlich in hilflosen Zorn gerät – das Gefühl, im Unrecht zu sein.

Clemens

Clemens ist Facharzt für innere Medizin und arbeitet in einer großen Klinik auf der Privatstation des Klinikchefs. Die enge, freundschaftliche Beziehung zu diesem Vorgesetzten hat, verbunden mit seiner Tüchtigkeit im Beruf, dazu geführt, dass er schon relativ früh Oberarzt wurde.

Das abgelehnte Kind. Der Mangel an narzisstischer Bestätigung in der Kindheit von Clemens wird zunächst durch seine Idealisierung der Mutter verdeckt. Er wuchs in einem großen Haus in der Vorstadt auf, das seinem erfolgreichen, aber schwer gestörten Großvater gehörte. Dieser Großvater war weit mächtiger als der Vater von Clemens, der sich nie aus der Abhängigkeit von ihm lösen konnte und zusammen mit seiner Frau bei ihm wohnte, weil er als freischaffender Künstler nie genug Geld verdiente, um selbständig einen «standesgemäßen» Haushalt einrichten zu können. So zumindest wurde es dargestellt; die Angst des Vaters, sich aus der Abhängigkeit von seinen Eltern zu lösen, blieb im Hintergrund. Charakteristisch für den Großvater war, dass er, stets schlecht gelaunt, alle anderen Familienmitglieder unbarmherzig kritisierte und völlig unfähig war, tatsächliche oder vermeintliche Kränkungen, die er einmal erlitten hatte, zu verzeihen. Er konnte noch nach zehn Jahren mit demselben Hass in der Stimme eine häusliche Szene wieder aufgreifen, in der er eine Verletzung seiner Person sah. Die Haltung der Eltern von Clemens diesem Großvater gegenüber war ängstlich-beschwichtigend. Die Familie verbündete sich insgeheim gegen ihn, doch wagte niemand, sich offen zu widersetzen – am ehesten noch die Mutter, die Clemens als eher hart und energisch schildert, verglichen mit dem weichen, depressiven Vater. Vater und Kinder waren sehr von der Mutter abhängig. Clemens erinnert sich noch an einen Knittelvers, den sein Vater ersann: «Ist die

Mutter sauer/stirbt der stärkste Bauer/Typhus, Pest und Cholera/ sind dagegen Tralala.» Die Kindheit war überschattet von der Angst vor dem Großvater und von den narzisstischen Kränkungen durch die wenig einfühlsame Mutter. Beschämung und Ohnmacht sind weitere charakteristische Gefühle von Clemens. Selbst unterdrückt, in ihrer Freiheit eingeschränkt, begegnen die Eltern der naiven Aktivität des Kindes oft spöttisch. Als Clemens zum Beispiel einmal ein großes Beet mit Erdbeeren im Garten anlegen will und die Arbeit, die über seine Kräfte geht, nach einem ersten Anlauf wieder aufgibt, heißt es: «Da hat er schon wieder den Mund zu voll genommen!» Clemens' ausgeprägte, durch Spott und Strafen nicht unterdrückbare Leidenschaft fürs Naschen zeigt deutlich, dass das Kind einen Mangel an Zuwendung spürt. Rücksicht auf andere ist das vorherrschende Erziehungsprinzip: Die Eltern wehren ihre Aggressionen gegen den Großvater durch diese Ideologie ab und benützen sie, um ihrerseits Aggressionen gegenüber den Kindern als «gerechte Strafe» zu begründen. Clemens erinnert sich, wie ihn die Mutter in einer Gartenecke verprügelte, weil er durch sein lautes Spielen rücksichtslos gegen den kranken Vater war. Das narzisstische Defizit in der Kindheit von Clemens entstand vor allem durch die schwierige Situation der Eltern und durch ihre mangelnde Fähigkeit, sich gegenseitig zu bestätigen. So wurden die Kinder narzisstisch ausgebeutet, einerseits durch Kränkungen («du hast schon wieder den Mund zu voll genommen, Kleiner» – im Hintergrund: Wieso willst du etwas schaffen und Lob haben, wo wir selbst doch unsere Schwierigkeiten nicht lösen können!), andererseits durch stete Verpflichtung zu Rücksicht und «Liebsein». Zu schwach, um sich gegen den Großvater durchzusetzen, stützten sich die Eltern auf die Kinder. Der Vater suchte eine Zeit lang Bestätigung in außerehelichen Beziehungen, resignierte aber auch hier. Er starb relativ jung. Der Großvater – so berichtet Clemens entrüstet – habe dazu gesagt: «Ich wusste ja schon immer, dass er früh krepieren wird.» Charakteristisch für die Überforderung des Kindes, für Clemens' heftige, doch mit starken Ich-Einschränkungen abgewehrte Aggressionen und sein einschmeichelndes Verhalten den Eltern gegenüber ist die Szene, in der sein Vater ihn fragte, was er denn tun wolle, wenn sich die Eltern trennen würden. «Dann würde ich euch mit dem Holzhammer auf den Kopf hauen und ins Bett legen, und wenn ihr dann am Morgen aufwacht, seid ihr wieder gut miteinander.» Hier wird der Trennungswunsch des Vaters ebenso deutlich wie die heftige, ins Niedliche retuschierte Aggression des Kindes gegen Eltern, die drohen, es im Stich zu lassen. Clemens erinnert sich noch dunkel, dass seine Gefühle bei dieser Frage des Vaters stark aufgewühlt waren und er viel Kraft aufbieten musste, um diese «witzige» Lösung zu finden.

Der Mangel an Gegenseitigkeit in Beziehungen. Clemens schließt sich schon früh an eine Frau an, die bereits berufstätig ist, während er noch die Schule besucht und dann studiert. Die Beziehung ist durch die Rücksichtnahme und den emotionalen Rückzug von Clemens gekennzeichnet, der aus seinem Beruf weit mehr Befriedigung gewinnt als aus der Beziehung zu seiner Familie. Als Clemens in seiner Analyse die Bedeutung der frühen Bezugspersonen deutlicher sieht, erkennt er eine überraschende und unerwartete Ähnlichkeit zwischen seiner Frau und dem Großvater. Beide seien ähnlich kritisch, hart, oft abweisend. Beiden gegenüber zeigt Clemens oft ein beschwichtigendes Verhalten, oder er entzieht sich. Clemens stellt dadurch emotionalen Abstand zu seiner Frau her, dass er Züge seines Großvaters in sie hineinlegt. Spontane Gefühle zeigt er ihr sehr selten. Als sie ihn einmal betrog und ihm das erzählte, fühlte er sich ihr sehr nahe, weil sie wegen ihrer Schuldgefühle seine Hilfe benötigte. Seine Frau verweigert sich häufig sexuell, und obwohl ihn das kränkt, äußert er keine Ansprüche. Er erinnert sich hier an die Maxime seines Vaters: Du musst immer Rücksicht auf die Frauen nehmen. Clemens' eigene spontane Bedürfnisse sind fast vollständig hinter dieser beschwichtigenden Elternrolle versteckt, die er gegenüber seiner Frau spielt. Er kann nur überlegen und hilfreich sein – oder sich ganz und gar zurückziehen, in die Arbeit flüchten. Nur in seinen Träumen werden heftige, narzisstisch und sadistisch gefärbte sexuelle Wünsche deutlich – Frauen reihenweise mit einem riesigen Penis zu befriedigen.

Die Identifizierung mit dem Über-Ich. Rücksicht auf andere, soziales und ärztliches Engagement, Verzicht auf spontane Gefühlsäußerungen kennzeichnen diese Abwehrhaltung. Besonders schwer fällt es Clemens, aggressive Gefühle zu äußern. Er wird dann vollständig hilflos, redet lang und weitschweifig, versucht alle Gegensätze zu kitten, alles zu verstehen, auch wenn es auf seine Kosten geht. Einen Teil der dadurch entstehenden Spannungen erledigt er psychosomatisch. Die Über-Ich-Identifizierung drückt sich auch in der Körperhaltung aus: Clemens geht steif, gerade, er bewegt sich langsam und gebremst, spricht sehr gleichmäßig, sein Gesicht wirkt ausdrucksarm, verrät allenfalls eine unbestimmte Nervosität. Die Übernahme der Über-Ich-Positionen der Eltern – Rücksicht, Hilfsbereitschaft, Vernunft («mein Vater hat mir immer alle Gründe gesagt, wenn er mich verdrosch») – ist dabei deutlicher als die negative Identifizierung mit dem Großvater. Clemens will auf keinen Fall so unvernünftig, aggressiv, gehässig wie der Großvater sein. Andererseits ist sein Ideal doch an diesem orientiert. Er phantasiert zum Beispiel, durch seine berufliche Karriere seinen Großvater zu übertrumpfen und zu beeindrucken, sodass dieser sagt: «Das hätte ich nicht geschafft.» Er stellt sich vor, wie er viele akademische Titel hat oder wie er durch großartiges Orgelspiel in der Kirche den Großvater niederschmettert. Zu sozialem – vor allem beruflichem – Erfolg leistet die Über-Ich-Identifizierung in der Regel einen erheblichen Beitrag. Clemens ist in der Klinik beliebt, weil er freundlich und tüchtig ist, die formalen Regeln beherrscht und vertritt, aber sich auch um Hilfsbereitschaft und Vermittlung bemüht. Ein Stück weit ist ihm hier gelungen, was er in der Auseinandersetzung zwischen Eltern und Großeltern zu Hause vermisste: Gegensätze zu versöhnen, Konflikte konstruktiv anzugehen. Er leitet den Personalrat – «ich kann mir nicht vorstellen, dass es grundsätzliche, unüberbrückbare Gegnerschaft zwischen Arbeitnehmern und Arbeitgebern gibt». Clemens wirkt dabei immer etwas gehetzt, nervös, bis an die Grenzen seiner Belastbarkeit angespannt. Hier zeigt sich die Nähe der Identifizierung mit dem Über-Ich zu einem unbewussten Strafbedürfnis. Aus dem Protokoll einer Analysestunde: «Seit ich diesen schlimmen Schnupfen habe, ist das nervöse Zittern besser, und ich bin insgesamt ruhiger ... Ich lebe dahin, arbeite viel, ein Termin nach dem anderen, ohne dass ich meine Gefühle wirklich wahrnehmen kann ... Meine Frau schläft nicht mit mir, weil sie die Pille nicht verträgt. Ich bin gekränkt, aber ich sage es nicht. In der Klinik fühle ich mich wohler, ich bleibe abends immer länger.» – «Sie leben zentrifugal, hetzen von einem Ergebnis zum anderen. Was ist innen?» – «Ich weiß nicht ... ich möchte ganz zärtlich sein, mit einem Mädchen, möchte Ruhe haben und schmusen ... Mir ist da ein blöder Spruch eingefallen: Geben ist seliger als nehmen ...»

Die verborgene narzisstische Unersättlichkeit. Ein sehr wichtiges Thema zu Beginn von Clemens' Analyse ist seine Beziehung zu einer Krankenschwester, die immer wieder mit ihm flirtet und ihn dann kränkt, indem sie sich von ihm abwendet und mit anderen spricht, tanzt, während sie von ihm kaum mehr Notiz nimmt. Obwohl formal ihr Vorgesetzter und eigentlich an einer Intimbeziehung gar nicht ernstlich interessiert, reagiert

Clemens auf diese Szenen immer wieder mit tiefen Depressionen, in die sich Ärger über seine Verletzlichkeit und Wut auf diese Frau mischen. Doch schon wenige Tage später ist er ganz für sie da, bemüht sich um sie, fühlt sich ihr nahe, wenn sie wieder freundlich zu ihm ist. Bei seiner Frau zu Hause hat er nie dieses Gefühl, sondern sieht sich eher kritisiert und auf Distanz gehalten. Gefragt, was denn Frau X. tun müsse, um seine Wünsche zu befriedigen, sagt Clemens: Sie soll mir versichern, dass ich für sie der liebste, beste Mensch bin, der engste Vertraute und Freund.

Die narzisstische Unersättlichkeit beim Helfersyndrom, die (verbunden mit der Über-Ich-Identifizierung) den Helfer häufig dazu führt, sich über die Grenzen seiner physischen und seelischen Leistungsfähigkeit hinaus zu überarbeiten, entsteht 1. aus einer frühkindlichen Entwicklungsstörung des Selbstgefühls, 2. durch die Einschränkungen, welche das Über-Ich dem spontanen Verhalten auferlegt, und 3. durch die Vermeidung von Gegenseitigkeit in Beziehungen. Auf gegenseitiger Spontaneität und Intimität beruhende Gefühlsbeziehungen sind die sicherste, wahrscheinlich die einzige wirklich sättigende Quelle narzisstischer Bestätigung, weil hier die Wenn-dann-Situation weitgehend aufgehoben ist, die den Wert der narzisstischen Bestätigung durch Leistung (in einem Beruf, in künstlerischer Arbeit, in der Hilfe für andere) für den Betroffenen immer wieder unsicher macht, ihn weitertreibt. Clemens lebt in einer Situation, die diese Zusammenhänge beleuchtet: Er ist mit großem Einsatz und entsprechendem Verdienst in der Klinik tätig, sein Privatleben ist äußerlich geordnet, für ihn jedoch ganz unbefriedigend. Der Schwerpunkt seines Lebens liegt eindeutig im beruflichen Bereich, im Einsatz für andere. In der Analyse änderte sich das teilweise, doch nicht vollständig. Clemens beendete sie, als die für seine Ausbildung nötige Stundenzahl erreicht war. Sein Analytiker erhob keine Einwände, weil er die weitere Entwicklung abwarten wollte und es für wenig sinnvoll hielt, einem äußerlich nicht gestörten Klienten wider dessen Willen eine längere Analyse anzuraten. Er vereinbarte mit Clemens, dieser könne jederzeit ein Stück weiterarbeiten, wenn seine Lebenssituation das nötig erscheinen lasse. Da die Identifizierung mit dem Über-Ich ein gesellschaftlich häufig sehr erfolgreicher und anerkannter Abwehrmechanismus ist, fehlt der für eine Veränderung notwendige Leidensdruck. Der sozial anerkannte und erfolgreiche Klient mit einem Helfersyndrom zögert, seine Form der Anpassung zugunsten eines erneuten Entwicklungsschrittes in Frage zu stellen. Seine Befriedigungsmöglichkeiten sind eingeschränkt, das Risiko einer psychosomatischen Erkrankung ist relativ hoch, doch tritt keine deutliche neurotische Symptomatik auf, die gebieterisch eine Änderung verlangt. Die Zeit ist durch Arbeit ausgefüllt, die aus den wenig bedrohlichen, einseitigen Beziehungen gewonnene narzisstische Befriedigung tröstet immer wieder über Enttäuschungen, Ängste und Selbstzweifel hinweg, die sich aus den Schwierigkeiten ergeben, sich zu erholen und ein befriedigendes Privatleben zu führen.

Die indirekte Aggression. Clemens kann keine aggressiven Gefühle ausdrücken. Er fühlt sich dann vollständig blockiert, verspürt eine starke Neigung zu beschwichtigen, zu kitten, wenn eine aggressive Auseinandersetzung droht. Diese Aggressionshemmung, die zur Zeit seiner Analyse merklich nachließ, machte sich schon in der Kindheit bemerkbar. Clemens stand bei den Streichen seiner Schulkameraden abseits. Er hatte das charakteristische Gefühl, dafür noch nicht alt genug und gleichzeitig schon zu alt zu sein. Die kindliche Trennungsangst einerseits, die Identifizierung mit dem Über-Ich andererseits führen dazu, dass das nicht mehr Kindliche sogleich vergreist, erstarrt. Der Helfer erlebt seine Gefühlsbedürfnisse meist als etwas «Kindisches», er spürt die Verpflichtung, «darüber zu stehen», über solche Dinge erhaben zu sein. Weil er seine Wünsche nicht äußern kann, ohne sich kindlich und in dieser Kindlichkeit abgelehnt zu fühlen, gibt er sich souverän, während dahinter seine Bedürftigkeit wuchert – auch seine Bedürftigkeit, sich aggressiv durchzusetzen. Clemens träumte zum Beispiel von Orgien, von Gruppensex, aber auch von Prügeleien. Diese Aggressionen gelten meist den versagenden Eltern oder ihren Stellvertretern, auch dem Analytiker. Ein Traumbeispiel: «Wir sind eine Gruppe Jugendlicher, alle in Jeans und mit Lederjacken, ich bin mitten darunter. Wir schlagen Sie zusammen, weil Sie einen Vortrag gehalten haben und uns alle Fragen an Sie so zynisch zurückgegeben haben.» Das Ausleben der Aggression in der Gruppe zeigt sowohl die Menge der angestauten Wut als auch das Bedürfnis nach Entlastung: Wenn alle aggressiv sind, dann darf ich es auch sein (vgl. den Umgang mit Aggressionen bei Franz, S. 82f). Die durch den weitgehenden Verzicht auf phallisches Verhalten gekennzeichnete Reaktionsbildung gegen phallisch-sadistische und anal-sadistische Phantasien wird aus einem anderen Traum deutlich: «Ich schlafe mit meiner Frau. Auf einmal fängt sie an, fürchterlich aus dem Genital zu bluten, als ob sie ihre Periode hätte. Ich wache ganz erschreckt auf.»

An solchen Beispielen wird die Richtigkeit von Freuds Bemerkung deutlich, Helfenwollen sei sublimierter Sadismus. Wie bei vielen Aussagen Freuds ist es auch hier wichtig, sie unter einem Ich-Aspekt zu sehen, nicht unter einem Über-Ich-Aspekt. Gemeint ist die Reaktion des Lesers auf solche Aussagen. Er kann sie in sein Über-Ich aufnehmen und mit der moralisierenden Energie des Über-Ich gegen sie vorgehen, sie unsinnig, bösartig, unwissenschaftlich nennen. In diesem Fall wird eine aus der psychoanalytischen Arbeit gewonnene Einsicht in einen innerseelischen Zusammenhang mit Werturteilen vermengt und bekämpft wie eine umfassende, philosophisch-ethische Aussage. Doch ist mitmenschliche Hilfsbereitschaft ein viel weiteres Thema als der Zusammenhang zwischen Sadismus und Helfenwollen. Die Beobachtung eines solchen Zusammenhangs besagt nicht, dass Helfenwollen immer und überall, unter allen gesellschaftlichen und kulturellen Bedingungen, mit sublimiertem Sadismus verbunden ist. Zudem schwingt im Protest gegen solche Verknüpfung die Überzeugung mit, dass die Ableitung sozial hoch geschätzter Verhaltensweisen aus weniger respektablen Grundlagen den Wert des ethisch orientierten Handelns schmälert. Psychoanalytische Aussagen sind immer Hinweise, keine absoluten Gesetze. Grundsatz der Analyse ist die Annahme einer mehrfachen Determination. Der Wunsch zu helfen kann neben sublimiertem Sadismus auch durch eine vorgegebene, nicht weiter ableitbare Hilfsbereitschaft, durch die Suche nach narzisstischer Bestätigung, durch eine verantwortungsvolle ethische Entscheidung oder durch die Absicht, mit einer vielseitigen Tätigkeit Geld zu verdienen, motiviert sein. Keine dieser Motivationen schließt die andere aus. Nur wenn sie alle zusammen in Betracht gezogen werden, kann das Verhalten des Helfers wirklich verstanden werden. Es ist eine von Freud begründete und sehr achtenswerte Tradition in der Psychoanalyse, von keiner Aussage anzunehmen, dass sie die mehrfache Determination menschlichen Handelns erschöpfen könne.

Sabine

Sabine ist Krankenschwester. Sie sucht wegen Angstzuständen, Depressionen und Menstruationsbeschwerden mit Unfruchtbarkeit psychotherapeutische Hilfe.

Das abgelehnte Kind. Sabines Vater ist Beamter, sehr ehrgeizig, leistungsorientiert; er braucht viel Bestätigung und neigt zu Depressionen, in denen er durch seine Klagen und seine Ansprüche, gestützt zu werden, Frau und Kinder überfordert. Die Mutter schildert Sabine als schwach, unsicher, unreif und launisch. Sie hat ständig Mahnungen im Ohr, sie doch nicht aufzuregen, nicht zu lärmen – «Wenn ihr so laut seid, Kinder, wenn ihr ungezogen seid, bekomme ich Herzschmerzen». Das Gefühl, letztlich nicht angenommen zu sein, nur dann toleriert zu werden, wenn sie etwas für andere tut, hat Sabine bis zu ihrer Analyse verleugnen können. Sie erlebt sich nur unter dem Zwang, für andere zu arbeiten. Wenn Gäste kommen, kümmert sie sich um sie. Wenn sie selbst zu Gast ist, kann sie es nur schlecht ertragen, dass andere sie umsorgen. Die Ängste und Schwierigkeiten ihrer Freunde sind auch Sabines Probleme, sie hört geduldig zu, nimmt Anteil, rät und hilft. Ihre eigenen Ängste und Depressionen bekämpft sie auf einsamen Spaziergängen. Zu Beginn der Analyse weinte sie sich auf solchen Spaziergängen vor der Stunde aus und erschien äußerlich ausgeglichen – «ich kann Ihnen doch nicht zumuten, dass ich hier weine ... ich kann mir nicht vorstellen, wie Sie das schaffen, sich den ganzen Tag mit solchen Leuten abzugeben». Sabines Berufswahl wurde durch zwei Einflüsse bestimmt: Die Mutter wollte rasch die Verantwortung für das Kind loswerden, die sie überforderte. Sie drängte deshalb auf eine frühe Berufsausbildung, während der Vater – selbst Akademiker – Sabine lieber studieren lassen wollte. Andererseits hatte aber der Vater als Soldat im Lazarett eine schwärmerische Beziehung zu einer Krankenschwester, von der er Sabine manchmal erzählte. Hilfsbereitschaft, Bedürfnislosigkeit und Rücksicht auf die kleineren Geschwister waren die wichtigsten Mittel, mit denen Sabine Zuwendung bekommen konnte. In ihrem Beruf und später in ihrer Ehe mit einem stark auf narzisstische Bestätigung und sexuelles Entgegenkommen angewiesenen Mann wiederholte Sabine diese Formel: «Ich helfe euch allen und brauche selber nicht viel.»

Die Identifizierung mit dem Über-Ich. Beim Helfersyndrom identifiziert sich das Kind mit den von den Eltern oder anderen Bezugspersonen bewusst oder häufiger unbewusst an es herangetragenen Idealen, wobei diese Identifizierung sehr starr festgehalten wird, weil sie die einzige Möglichkeit zu emotionalem Überleben bietet. Der Helfer lernt elterliche Fürsorge kennen – nur ganz selten findet sich massive Vernachlässigung des Kindes –, doch kann er sich in dieser Fürsorge nicht als Kind mit den alterstypischen Bedürfnissen akzeptiert fühlen, sondern muss hier Zurückweisung und Einengung empfinden. Narzisstische Bestätigung erhält er nur für die Identifizierung mit dem Idealbild, das sich die Eltern aufgrund ihrer eigenen, ungestillten narzisstischen Bedürfnisse schufen. Im Fall von Sabine war die Krankenschwester mit ihren Nebenbedeutungen der Garant des emotionalen Überlebens. Diese Identifizierung wurde von ihr unbewusst hartnäckig verteidigt, während sie absichtlich immer wieder Fluchtversuche unternahm. So versuchte sie zu Beginn ihrer Ehe, das Abitur nachzuholen. Nachdem sie die schriftliche Prüfung bestanden hatte, erlitt sie vor dem mündlichen Examen einen schweren Anfall von Angst und Selbstentfremdung und bestand nicht. Später begann sie eine Ausbildung als Kindergärtnerin, doch sobald sie aufgehört hatte, halbtags im Krankenhaus zu arbeiten, und sich voll dem Studium zuwenden wollte, begannen erneut Ängste, Depressionen und Arbeitsstörungen. Sie konnte kein Buch zu Ende lesen, fürchtete, deshalb erneut zu versagen, und gab den Versuch auf. Sowie sie wieder im Krankenhaus arbeitete, ging es ihr wesentlich besser. Auch Sabines Sterilität zeigte im Verlauf der Analyse deutlich eine Abwehrfunktion. Sie diente dazu, die

Rolle der Krankenschwester zu schützen. Diese darf sich ja nicht für ein eigenes Kind interessieren, sondern soll ihre ungeteilte Liebe den Kranken zuwenden, wie Sabine als Älteste sich um ihre jüngeren Brüder und Schwestern kümmern musste.

In der analytischen Bearbeitung der psychosomatisch bedingten Kinderlosigkeit erwies sich, dass dieses Symptom Sabine viele innere Auseinandersetzungen ersparte. Sie war vorher über ihre Sterilität unglücklich, glaubte aber, dass sie gerne Kinder hätte und eine sehr gute Beziehung zu ihnen aufnehmen könnte. Im Lauf der Therapie wurde deutlich, dass Sabine Kinder keineswegs nur liebte, sondern dass sie oft von archaischem Hass gegen kindliche Ansprüche überschwemmt wurde. Ebensolche Hassgefühle erlebte Sabine später auch den von ihr betreuten Patienten gegenüber, was sie früher nie für möglich gehalten hatte. Als später ihr Arzt Sabine mitteilte, sie könne mit Unterstützung durch eine hormonelle Medikation Kinder bekommen, kam es zu einem intensiven Konflikt mit starkem innerem Druck, sich jetzt den lange gehegten Kinderwunsch zu erfüllen, zugleich aber wachsender Unsicherheit, ob sie überhaupt ein Kind wollte. Das psychosomatische Symptom der Sterilität hatte Sabine vor diesen Ängsten bewahrt, unter denen sie nun heftig litt. Sie entschloss sich endlich, vorläufig auf Kinder zu verzichten und ihre weitere Entwicklung abzuwarten.

Die verborgene narzisstische Unersättlichkeit. Narzisstische Unersättlichkeit entsteht dadurch, dass der Betroffene die Ablehnung vitaler Bedürfnisse seines kindlichen Selbst in eine vorwegnehmende Ablehnung der eigenen Person umgesetzt hat. Sie veranlasst ihn, von außen die stabilisierende, sein Selbstgefühl aufbauende Bestätigung in einer indirekten Form zu erwarten, die er sich unmittelbar weder selbst geben noch von anderen erbitten kann. Der am Helfersyndrom Leidende kann gewissermaßen im narzisstischen Bereich kein Fett ansetzen. Er ist nicht in der Lage, einen Vorrat an narzisstischer Libido zu speichern, der ihm über schlechte Tage hinweghilft, ihm das Gefühl vermittelt, zwar manchmal zu versagen, manchmal abgelehnt zu werden, doch im Großen und Ganzen tüchtig, beliebt, liebenswert und wertvoll zu sein. Er muss dauernd trachten, sich diese narzisstische Zufuhr von außen zu verschaffen, und erfährt einen Zusammenbruch seines Selbstgefühls mit heftigen Aggressionen gegen sich selbst und gegen andere, vermeintlich Schuldige, wenn der Zustrom an Bestätigung von außen zu versiegen droht, Kritik sich bemerkbar macht und so weiter. Wichtig ist hier, dass die Kritik unerwartet kommt. Durch seine Selbstkritik und seine ständigen Selbstzweifel schützt sich der Helfer häufig vor solcher nicht schon vorweggenommener, sein narzisstisches Gleichgewicht gefährdender Kritik. Da die Hauptquelle narzisstischer Zufuhr für den Helfer nicht die Befriedigung von Triebbedürfnissen oder gegenseitige soziale Beziehungen sind, sondern die dankbare Zuwendung, die er für seinen scheinbaren Verzicht auf eigene Bedürfnisbefriedigung erhält, ist er oft sehr stark von seinen Klienten abhängig, ohne doch diese Abhängigkeit offen äußern zu können. Unbewusst erwartet er eine großartige, schier ozeanische Belohnung, die durchaus der Rückkehr zu den ozeanischen Gefühlen des primären Narzissmus entspricht. In der Dankbarkeit und Anerkennung seiner Schützlinge verschmilzt er insgeheim mit dieser bestätigenden Zuwendung, während er offen die Bedeutung dieser Dankbarkeit herunterspielt, sie ignoriert oder beschwichtigend sagt, er habe nur seine Pflicht getan.

Sabines narzisstische Unersättlichkeit wurde in einer schweren Krise während ihrer Gruppenpsychotherapie deutlich. Sie kam pünktlich in die Gruppe, ließ stets den übrigen Gruppenmitgliedern den Vortritt, ging unbefriedigt, äußerte aber diese Unzufriedenheit nur sehr selten und so zaghaft, dass die restlichen Gruppenmitglieder alsbald wieder zur Tagesordnung übergingen. Nach anderthalb Jahren kam es zu einer heftigen Krise in ihrer Ehe: Sabine trennte sich zeitweise von ihrem Mann. Wenig später setzte sich Sabine zum ersten Mal kritisch und aggressiv mit ihrer darüber völlig verblüfften Mutter auseinander. Diesen Schritten zu einer Befreiung von der lastenden Über-Ich-Identifizierung folgten heftige Ängste und Depressionen, in denen sie nicht mehr schlafen konnte und zeitweilig daran dachte, in eine psychiatrische Klinik zu gehen. Sie suchte sogar einmal einen befreundeten Arzt in einer solchen Klinik auf und blieb über Nacht dort. Parallel dazu wurde sie in der Gruppe und in den Einzelstunden, die ihr der Therapeut gewährte, anklagend und fordernd. Ihre innere Leere, ihr Gefühl, ständig zu kurz zu kommen, zu wenig zu erhalten, wurden ihr schmerzlich bewusst und äußerten sich in heftigen Selbstanklagen, die sie zögernd und auf entsprechende Deutungen hin in Angriffe gegen die abweisenden Gruppenmitglieder und vor allem gegen den Therapeuten umsetzte, der ihr nicht genug Einzelstunden gewähre. Diese Situation klärte und beruhigte sich, sobald Sabine sah, dass sie in ihren Beziehungen zur Gruppe und zum Therapeuten die Beziehung zu ihren Eltern – vor allem zur Mutter – wiederholt hatte: Identifizierung mit einer Helferrolle, Zurückstellen eigener Bedürfnisse, dahinter aber die Erwartung einer vollständigen, passiven Befriedigung. So stand hinter Sabines Furcht, den Therapeuten zu langweilen oder zu überanstrengen, hinter ihrer ständigen Angst, in der Stunde nicht pünktlich Schluss zu machen, der Wunsch nach ständiger, ununterbrochener Aufmerksamkeit, nach einer Verschmelzung, die sie durch ihre ständige Rücksicht (tatsächlich, im ursprünglichen Sinn, ein Zurückschauen und Zurückerinnern an die durch die Mutter erlittenen narzisstischen Verletzungen) abwehrte.

Die indirekte Aggression. Wie häufig beim Helfersyndrom, sind Sabines Aggressionsäußerungen vom Typ «Verteidigung des Dritten». Sie greift zum Beispiel in der analytischen Gruppe kaum je ein anderes Mitglied unmittelbar an, sondern wartet, bis sie diese Gefühle in die Verteidigung eines anderen Mitglieds einbauen kann. Also nicht: «Ich finde es unerträglich, dass ihr euch nicht mit mir beschäftigt», sondern: «Ich finde es unerträglich, dass ihr so schnell von den Schwierigkeiten von Peter, Hans und so weiter ... abgekommen seid, dass ihr so von einem zum anderen springt.» In den Krankenhäusern, in denen sie arbeitet, kommt es oft zu Auseinandersetzungen mit anderen Schwestern, weil diese nicht rücksichtsvoll genug auf die Bedürfnisse der Patienten eingehen, sondern sich nach ihrer Bequemlichkeit richten. In der Therapie erzählt sie oft lange und mit nachdrücklicher Kritik von Ärzten oder Psychotherapeuten, die sich nicht genügend um ihre Patienten kümmern würden. Allmählich erkannte Sabine, dass sie hinter ihrer rücksichtsvollen, zuvorkommenden Höflichkeit voller infantiler, archaisch-ungestalter Wut war, von der sie gelegentlich überschwemmt zu werden drohte. Dann traten als Notfall-Abwehr die Angstzustände und gelegentlich auch Zwangsgedanken auf – ob sie den Patienten auch die richtige Medizin und keine tödliche Überdosis gegeben, die Infusion wirklich kontrolliert habe.

5 Mehr als helfen wollen

Aus den Anfängen der Psychotherapie ist vor allem *eine* Beobachtung zum Bestandteil unserer Alltagstheorie geworden: dass menschliche Emotionen Elementarereignisse sind, welche nicht ohne Schaden für die Person auf Dauer unterdrückt werden können. Diese Trivialisierung der Lehre vom Unbewussten ist unvollständig, aber nicht unrealistisch. Sie ignoriert die Möglichkeiten der Sublimierung, die Freud für so wesentlich gehalten hat: den wilden Affekt nicht auszuschließen, aber ihm auch nicht nachzugeben, sondern ihm standzuhalten und ihn auf eine höhere, sozial anerkannte Ebene zu transformieren.

Kritische Beobachter der wohlwollenden Aufnahme von Freuds Gedanken in die Konsumgesellschaft haben seit den dreißiger Jahren auf eine «repressive Entsublimierung» (Herbert Marcuse) hingewiesen. Gemeint ist die Tendenz, nicht mehr den Verzicht auf sexuelle Befriedigung hochzuschätzen, aber die Libido auch nicht wirklich freizulassen, sondern ihre Befriedigung in eine Art Lust-Leistung hineinzukanalisieren. Die Liebenden der Jahrhundertwende durften nicht miteinander schlafen; taten sie es doch, so war es ihre Sache, was geschah. Die Liebenden der siebziger Jahre waren über kleinbürgerliche Vorurteile erhaben und konnten sich ihre Emanzipation im Bett beweisen. Aber es gab eine Art Orgasmuspflicht und sehr besorgte Gespräche in einem keineswegs leidenschaftlichen Klima, wenn «es» nicht geklappt hatte.

Vielleicht hängt die Kritik an der repressiven Entsublimierung beziehungsweise an den unterdrückenden Qualitäten der scheinbar freigesetzten Triebhaftigkeit durchaus mit den Wahrnehmungsverzerrungen zusammen, welche gegenwärtig an den Debatten über sexuellen Missbrauch kritisiert werden. In den Achtundsechzigern war es eine beliebte und zumindest von den wenig wehrhaften Partnerinnen der männlichen Protagonisten akzeptierte Aussage, dass sexuelle Verweigerung kleinbürgerlich sei und widerwärtige Verkrampfungen ausdrücke. Ähnliche männliche Rhetorik wird heute im Extremfall mit einer Anzeige wegen sexueller Belästigung quittiert.

Beide Aussagen stehen für ein drittes Phänomen: Gesellschaftlich produzierte Normierungen dringen in die Intimsphäre ein – ob sie nun die Erotik erzwingen oder dämonisieren. Es darf nicht mehr geschwiegen werden; in ihrer moralischen Forderung, «das Schweigen zu brechen», stimmten die 68er mit den 88ern überein, sosehr sich ihre Inhalte widersprechen. Es ist, als ob mit den Wissenschaften der Pädagogik, Psychologie und Soziologie die moderne Gesellschaft in ihrem Innern Kolonien entdeckt hat. In diesen gibt es Palastrevolutionen, die ihren Ebenbildern in der äußeren Geschichte insofern gleichen, als dort, wo einmal kolonisiert wurde, auch die «Befreiung» vom ersten nur einen zweiten Kolonisator an die Macht bringt.

Unbeantwortbar scheint mir die Frage, ob die psychoanalytisch «befreite» Sexualität glücklicher ist als die viktorianische, die von Missbrauchsvorwürfen umzingelte der politischen Korrektheit moralisch geordneter als die rebellische der Kommune I. Die Therapie kann das neurotische Unglück vermindern; ist es behoben, macht sie niemanden glücklich. Vielleicht stimmt etwas Ähnliches für die gegenwärtigen Versuche, den einst gegen die Privilegien des Adels gerichteten Straftatbestand der «Unzucht mit Abhängigen» auszuweiten, bis der Zölibat in den Hierarchien der Arbeitswelt durchgesetzt ist.*

Ob es den Interessen der Betroffenen dient, wenn es unmöglich wird, sich ohne moralische Fußangeln aus einer professionellen Abhängigkeit heraus zu lieben, scheint ebenso ungewiss wie die Herstellung sexueller Tugend durch Strafdrohungen. Wo es um Lust und Abhängigkeit geht, sei es bei Drogen, sei es beim Sex, ist es gegenwärtig kaum möglich, den Grundsatz aufrechtzuerhalten, dass dort, wo es keinen Geschädigten außer dem Täter beziehungsweise der Täterin gibt, der Staatsanwalt nichts zu suchen hat. Ich will im Folgenden einen Fall schildern, der vielleicht hilft, eine politisch korrekte Dämonisierung zu entzerren, eben weil ich es für sinnvoll halte, in einem von Bewertungen zugekleisterten Feld einfach eine Geschichte zu erzählen und eine Betroffene sprechen zu lassen.**

* Gut gemeint ist nicht immer gut; das scheint in keinem Bereich mehr zu gelten als in dem Versuch, durch Normierungen die menschliche Sexualität konstruktiver zu machen. Es geschehen schreckliche Dinge durch die Sexualität, sowohl mit Kindern wie auch mit Abhängigen. Aber dieser Schrecken gehorcht keiner Norm. Diebstahl ist immer Diebstahl, Körperverletzung immer Körperverletzung. Sexualität schillert zwischen Leidenschaft und Missbrauch, sowohl in dem Erleben der Beteiligten wie in den Geschichten, die nachher erzählt werden können. Wer das leugnet, weil er die Opfer verteidigen will, ist Anwalt, nicht Wissenschaftler – und sollte sich nicht als Richter gebärden. Eine Klientin, die als Kind schwer missbraucht worden war, aber dieses Trauma gut verarbeitet hatte und ein normales Sexualleben mit ihrem Partner (einem Psychologen) wünschte, gestand mir einmal, sie bereue es sehr, ihm von diesem Missbrauch erzählt zu haben, denn er behandle sie seither wie ein rohes Ei. Unangebrachte Metaphern wie «Seelenmord» oder «Auschwitz für die Seele» leugnen die Tatsache, dass ein psychisches Trauma sehr wohl überwunden werden kann. Wer in diesem Feld politisiert, sollte die Einfühlung in die Opfer niemals durch Parteinahme ersetzen und darüber vergessen, wie sich Traumatisierte fühlen, wenn ihnen Experten erklären, sie seien innerlich zerstört. Das gilt zum Beispiel auch für Heimkinder, für Scheidungs«waisen», für Adoptierte – immer wieder erschrickt der Leser über die Gedankenlosigkeit, mit der psychologische Wichtigtuer die schwärzesten Voraussagen machen. Es ist vielleicht die puritanische Tradition, die hier wieder auflebt, eine schwarze Pädagogik, welche den Teufel durch seine ständige Austreibung erst erschafft. Vgl. Katharina Rutschky, Erregte Aufklärung, Hamburg 1992

** Wobei ich die Geschichte chiffriert nacherzähle, sodass die beteiligten Personen nicht identifiziert werden können.

«Ich habe mich so gefreut und hatte so viel Angst, als sei ich nicht vierzig und geschieden, sondern siebzehn und das erste Mal verabredet. Bevor ich ihn traf, habe ich mich fünfmal umgezogen. Beim Essen zitterte ich so, dass ich kaum das Weinglas halten konnte. Dann wurde ich aber ruhiger. Er hat mir erklärt, dass er verheiratet ist und einen vierzehnjährigen Sohn hat, dass er aber mit mir befreundet sein will und sich weiter mit mir treffen möchte. Aber er will keine Komplikationen und Verwicklungen mit seiner Ehe, und er arbeitet viel und hat wenig Zeit.

Ich habe bei Freundschaft gedacht, das ist etwas ohne Sexualität, aber er hat den ganzen Abend mit mir geflirtet. Dann wollte ich ihn nach Hause fahren. Auf dem Parkplatz hat er mich in die Arme genommen und geküsst und mir gesagt, er spürt mich so gerne, und für mich wäre die Schwelle fast weggewesen, mit ihm zu schlafen. Aber ich hatte zwei Gläser Wein getrunken, und ich vertrage nicht mal eines, ich wollte nicht, dass ich dabei halb weg bin, wenn es schon nach zwei Jahren das erste Mal ist, dass ich mit einem Mann schlafe.

So habe ich ihn nach Hause gefahren und mit ihm vereinbart, dass er am nächsten Wochenende zu mir kommt. Ich habe dafür gesorgt, dass meine Tochter zu dieser Zeit bei Verwandten war, und auf seinen Anruf gewartet. Ich wollte ihn nicht anrufen, ich darf nicht aufdringlich sein und es für ihn schwierig machen. Aber er rief das ganze Wochenende nicht an. Ich dachte abwechselnd, es bedeutet gar nichts, oder es heißt, dass er im Krankenhaus liegt, während der Therapie hatte er immer wieder Sportverletzungen, er achtet nicht auf sich. Am Montag habe doch ich ihn angerufen, weil ich mir Sorgen machte. Er war ganz anders als sonst, nicht so, wie ich ihn als Therapeuten kannte, sondern eher wie ein Manager, er habe so viel zu tun gehabt, es sei nicht gegangen, es sei sonst nicht seine Art, er müsse verreisen, er werde nächste Woche wieder anrufen.

Jetzt weiß ich nicht, ob ich etwas falsch gemacht habe. Es geht mir sehr schlecht, ich glaube, ich werde nie wieder einen Mann finden, der mir gefällt. Am liebsten würde ich mir die ganze Sexualität wegmeditieren. Ich habe ihn doch immer gleichzeitig als Mann und als Therapeuten gesehen. Und der Mann hat mir sofort gefallen. Ich entscheide das bei Männern immer in den ersten Minuten - küssbar oder nicht küssbar. Und er war von Anfang an küssbar. Er hat mir während der Therapie gesagt, ich sei eine Frau, die Männern sehr viel geben kann. Aber wenn er eine Frau und ein Kind hat, was braucht er dann davon?

Ich habe meiner Freundin gesagt: Neben dem kannst du den Kevin Kostner glatt vergessen, so gut sieht der aus. Sie sagte: Du spinnst, der ist doch ein ganz normaler Mann.

Aber er hat mir sehr geholfen, mich von meinem früheren Freund zu trennen. Er hat mir klargemacht, was das für eine masochistische Beziehung war. Ich musste immer um alles betteln, ich habe die Wohnung bezahlt und das Essen, er hat gemacht, was er wollte, kam oft nächtelang nicht nach Hause, dann stand er wieder da, und ich musste ihm alles verzeihen. Er hat mich von allen früheren Freunden weggebracht, weil er mit keinem zurechtkam. Nach vier Wochen musste ich sagen, dass ich jetzt langsam Kopfweh bekomme, dann hat er sich herabgelassen, mit mir zu schlafen. Seit der Therapie bin ich wirklich frei von ihm, ich konnte mich abgrenzen. Jetzt war ich die Stärkere und habe ihn weggeschickt. Aber die letzten Monate der Therapie hab ich immer nur darauf gewartet, dass sie endlich vorbei ist und wir uns privat treffen können. Er hat auch immer gesagt, dass das möglich wäre. Er müsse allerdings noch warten, mindestens drei Monate.

Manchmal denke ich, ich müsste sagen: Rutsch mir den Buckel runter! Dann denke ich, ich habe einen riesigen Fehler gemacht, nicht gleich am ersten Abend mit ihm zu schlafen – jetzt ist er beleidigt. Ich meine, ich muss ganz vorsichtig sein und darf ihm nichts zumuten, er hat schließlich gesagt, er will keinen Ärger.»

Die 43-jährige, sportliche und sehr gutaussehende Frau, die Rat suchte, weil sie sich in ihren Therapeuten verliebt hatte, war beruflich erfolgreich, aber in ihren Liebesbeziehungen wenig selbstbewusst, was sie zum Teil durch forsches Verhalten ausgleicht. Sie stellte sich unterwürfig, teilweise masochistisch auf ihre Partner ein und suchte dadurch Selbstgefühlsmängel auszugleichen und Aggressionen zu binden, die entstehen mussten, wenn ihre liebevollen, aufopfernden Bemühungen nicht erwidert werden. Sie akzeptierte mein Angebot, in einer analytischen Therapiegruppe mitzuarbeiten. Ich ärgerte mich über den Kollegen, hielt mich aber zurück, da die Klientin mich nicht um meine Meinung fragte. Ich erklärte ihr, dass eine zweite Einzeltherapie gleich nach der ersten nicht sinnvoll sei, eine Gruppe aber ein guter Weg, mit Störungen der Aggressionsverarbeitung und Depressionen besser umzugehen. Ein Nebengedanke von mir war, dass in der Gruppe auch Frauen waren und meine Klientin dort Rückhalt angesichts der problematischen Beziehung zu ihrem früheren Therapeuten finden würde.

Ich erinnerte mich an Freuds Hinweis, dass es einen Widerstand gegen die Arbeit am eigenen Unbewussten ausdrückt, sich in den Analytiker zu verlieben. Hatte der Therapeut meiner Klientin etwas übersehen? Er hatte mitgeholfen, dass sich seine Patientin von einem Mann trennte, der sie schlecht behandelte. Dadurch hatte er ihr etwas genommen. Hatte sie mit ihrer Verliebtheit in den Therapeuten Aggressionen überspielt? Sie hätte sich mit der Enttäuschung auseinandersetzen müssen, dass der Therapeut die masochistische Beziehung beenden half, dass damit aber auch die befriedigenden Seiten dieser Partnerschaft verloren waren. In dieser Situation wehrte sie ihre negativen Gefühle ab, indem sie sich in den Therapeuten verliebte und ihn so zwingen wollte, den Verlust zu ersetzen.

Statt diese Verliebtheit zu deuten und auf ihre Widerstandsqualität hinzuweisen, fühlte sich der Therapeut geschmeichelt und bot an, sie zu erwidern, wenn erst die Therapie zu Ende sei. Die Patientin «wusste» nicht, dass er verheiratet war, das heißt sie wollte es nicht wissen. Die so verstärkte Hoffnung führte dazu, dass sich die Patientin größte Mühe gab, die Therapie schnell abzuschließen, um die ersehnte posttherapeutische Erfüllung zu finden. Sie machte sozusagen nur noch Fortschritte, einen allerdings nicht: Sie konnte in keine neue Liebesbeziehung finden, sondern wartete auf den idealisierten Helfer-Geliebten.

Unter diesen Umständen war die Eröffnung des Therapeuten, dass er verheiratet sei und nicht mehr bieten könne als eine «unkomplizierte» Freundschaft, bereits eine herbe Enttäuschung. Die Patientin war jedoch trotz der Pause nach der Therapie und ihrer oberflächlichen Bereitschaft, zwischen dem «Mann» und dem «Therapeuten» zu trennen, zu sehr mit dem Geliebten und seiner Sicht der Situation identifiziert, um sich zu wehren.

Sie steigerte ihre Bereitschaft, dem geliebten Mann alles zu verzeihen und die Beziehung anzunehmen, die er ihr anbot. Das heißt, sie inszenierte mit dem Therapeuten die masochistische Beziehung erneut, die sie in die Behandlung geführt hatte. Sie versuchte, an der Hoffnung festzuhalten, diese neue Liebe erfülle endlich die in der Behandlung unerfüllt gebliebene Sehnsucht nach einer idealen, aufwertenden, alle Mängel des

Selbstgefühls lösenden Beziehung. Allerdings war sowohl im Verhalten des Therapeuten, der eine Denkpause forderte, wie im Verhalten der Patientin, die eine neue Therapie aufsuchte, auch ein Stück Abstand und Reife zu beobachten.

Durch sein taktierendes Entgegenkommen hat der Therapeut sie behindert, sich wirklich aus ihrer masochistischen Einstellung zu befreien. Der weitere Verlauf dieser Beziehungsgeschichte überraschte die Therapiegruppe, die während einer ersten Sitzung zu diesem Thema an den Illusionen und Ängsten der Verliebten gearbeitet hatte. Sie ging danach etwas ruhiger in die nächste Begegnung.

«Ich sagte mir, er hat ja auch was von mir, ein schönes Essen, guten Wein und mich! Und ich habe mir vorgestellt, dass jetzt wirklich nur ein Mann kommt und nicht mein Therapeut. Er hatte auch erst ein schlechtes Gewissen und hat gesagt, dass es ein Fehler war, sich überhaupt auf diese Sache einzulassen. Dann ist er aber doch die halbe Nacht geblieben, und es war wunderschön. Ich habe mich auch nachher so gut gefühlt wie schon lange nicht mehr. Es war mir egal, wie es weitergeht, ich wollte das jetzt einfach haben, und wenn ich später leiden muss, habe ich wenigstens etwas Schönes gehabt.

Wir haben kein neues Treffen verabredet, sondern nur einige Male telefoniert. Aber es geht mir immer noch gut damit, dass es passiert ist. Ich hatte Angst, ich hätte es ganz verlernt, so lange hatte ich mit keinem Mann geschlafen. Aber ihr hattet schon recht: Es ist wie mit dem Skifahren, man verlernt es nicht.»

«Es gibt da ein Buch», sagte ein Gruppenmitglied. «‹Als hätte ich mit dem lieben Gott geschlafen›, oder so.»

«Das kenne ich, das habe ich gelesen. Aber da geht es um Verführung während der Therapie, nicht ein halbes Jahr später.»

Die Entwicklung meiner Gruppenpatientin zeigt, wie schwierig es ist, Folgen in diesem Feld zwischen Übertragung und realer Beziehung abzuschätzen. In diesem Fall führte die therapeutische Bearbeitung nicht dazu, dass die Patientin sich endgültig von dem früheren Therapeuten trennte, obwohl ich – ohne ihr nun direkt zu raten – diesen Ausgang durch meine Deutungen nahelegte und ein Gruppenmitglied nach dem Staatsanwalt rief.

Sie blieb dem früheren Therapeuten treu und riskierte es, sich auf die sexuelle Beziehung einzulassen. Zwei Jahre nach dieser Szene hatte sich diese Beziehung gefestigt. Der Therapeut hatte sich von seiner Frau getrennt. Meine erste Vermutung, dass die posttherapeutische Liebe angesichts ihrer Selbstwertprobleme und masochistischen Einstellungen scheitern müsse, hat sich nicht bestätigt. Die Patientin: «Ich musste einsehen, dass er ein ganz gewöhnlicher Mann ist, wie jeder andere auch, und dass ich dann schon sehe, ob ich ihn genügend liebe. Und er ist derselben Meinung!»

Die Einsicht der Patientin, sie müsse – wenn sie schon den früheren Therapeuten zum Liebhaber nehme – mit einem anderen Therapeuten weiterarbeiten, hat wohl viel zu dieser Entwicklung beigetragen. Sie hat die Ent-Idealisierung des Therapeuten erleichtert.

Ich schildere jetzt eine Szene aus dieser analytischen Gruppe.

«Er ist immer so fertig, wenn er nach Hause kommt, und will dann gar nichts mehr von meinen Problemen hören. Ich muss dann einfach Rücksicht nehmen», sagte die Patientin einmal in der Gruppe, als sich die Beziehung schon zu größerer Nähe entwickelt hatte.

«Vielleicht willst du besonders viel von ihm, weil er einmal dein Therapeut war?»

«Kann schon sein. Aber ich wüsste wirklich gerne, ob alle Therapeuten so fertig nach Hause kommen, dass sie gar nicht mehr ansprechbar sind.»

«Wir haben ja einen Therapeuten hier. Fragen wir ihn!»

«Also, Herr Schmidbauer, es geht nicht anders. Sind Sie auch so fertig, wenn Sie nach Hause gehen?»

«Sie kennen mich doch schon eine ganze Weile, Sie sehen mich an einem Abend jede Woche, was haben Sie denn für einen Eindruck? Sieht es so aus, als ob mich die Arbeit total fertig macht?»

«Wenn ich Sie so anschaue, nein, eigentlich nicht. Ich hab den Eindruck, dass Sie nicht erschöpft nach Hause kommen. Das muss also nicht sein. Ich glaube, ich muss mich da mit ihm streiten, weil – das kenne ich ja: Wenn man etwas nicht gerne hört, dann ist man plötzlich ganz müde von der vielen Arbeit; wenn es aber etwas Schönes gibt, hat man den Stress vergessen.»

Diese Geschichte ist eine unter mehreren, die mich gelehrt haben, die posttherapeutische Liebe nicht immer unter einem Missbrauchs-Aspekt zu betrachten. Verglichen mit der masochistischen Beziehung zu einem Mann, der sie finanziell ausnützte und als Frau entwertete, ist der verheiratete oder überarbeitete Therapeut die weniger masochistische Variante.

Zur Zeit dieser Gruppenszene war die Klientin mit ihrem früheren Therapeuten zusammengezogen und erwartete ein Kind, auf das sie sich sehr freute, obwohl die Schwangerschaft angesichts ihres Alters nicht einfach war. Sie entschloss sich bald danach, die Gruppe zu beenden. Ich habe sie viele Jahre später nicht ganz zufällig getroffen*; es ging ihr nach wie vor gut.

* Sie kam zu einer Lesung in eine Buchhandlung an ihrem Heimatort.

Ich erinnere mich an eine Therapeutin, die während einer Fernsehdiskussion kategorisch feststellte: «Selbst wenn die Patientin sich vor ihm nackt auszieht und auf den Teppich legt, muss der Therapeut auf Sex verzichten!» Wenn es ausreichen würde, Therapeuten gegen derart grobe Verführungsversuche zu wappnen, wäre die Aufgabe leichter lösbar. Auf solche Szenen kann sich ein Mensch vorbereiten, in ihnen kann er klare Entscheidungen treffen.

Die legalistische Metapher geht davon aus, dass therapeutisch-abstinentes und egoistisch-triebbefriedigendes Verhalten klar unterschieden werden können. Aber die Situation ist erheblich komplizierter. Die Analyse konkreter Abstinenzverletzungen zeigt meist einen langen Prozess der Entgleisung, der misslungenen Einigung über die Inhalte und die Form der Therapie, eine intensive Wechselwirkung zwischen den an der Situation Beteiligten.

Von außen sieht die Therapie noch ganz «normal» aus. In Wahrheit hat sie schon ihre Struktur verloren. Die legalistische Betrachtungsweise geht davon aus, dass Abstinenz eine Art stählernes Gitter ist, das Therapie und Privatleben trennt. Der Bruch der Abstinenz gleicht dann dem Versuch, dieses Gitter mit Metallsäge oder Schweißbrenner durchlässig zu machen. Aber die reale Entwicklung sieht eher so aus, dass in einem subtilen Zusammenspiel zwischen den zwei Personen, welche dieses Gitter trennen soll, ein Stab nach dem anderen durch Attrappen ersetzt wird – ähnlich dem Vorgehen des Gefangenen, der durch ein Gemisch aus Staub und Brotteig durchgefeilte Stellen in seinen Fesseln ersetzt.

Gemessen an solchen subtilen Distanzverlusten ist der sexuelle Übergriff eher klärend; er schließt etwas ab, macht ein Scheitern deutlich, das sonst vielleicht noch länger im Dunkel geblieben wäre. Ich sprach einmal mit einer Psychologin, deren Analytiker ein Verhältnis mit ihr begonnen hatte. Dass er schließlich mit ihr geschlafen hatte, nahm sie ihm viel weniger übel als die Art, mit der er in den drei Jahren zuvor, während einer formal noch abstinenten Therapie, mit ihr umgegangen war.

Sie hatte während dieser ersten Phase ihrer Behandlung über ihre heftige Abneigung gegen eine Schwangerschaft gesprochen. Statt diese Einstellung zu untersuchen, hatte ihr der Analytiker geschmeichelt. Es sei ebenso selten wie kostbar, dass eine Frau ihre geistige Entwicklung höher schätze als die Mutterschaft. Hinter diesem subtilen Abstinenzverlust, der sich als narzisstische Bestätigung der Patientin tarnte, verbargen sich – wie die Analysandin später erfuhr – Ängste ihres Therapeuten, auf einen Kinderwunsch seiner Ehefrau einzugehen.

Zum Zeitpunkt unseres Gesprächs fühlte sie sich zu alt für eigene Kinder. Sie hatte in einer zweiten Therapie die Einsicht gewonnen, dass ihre «Entscheidung», keine Kinder zu haben, auf neurotischen Ängsten beruhe. Nun fühlte sie sich von dem Therapeuten beraubt, der nach dreijähriger Behandlung die Analyse beendet und eine Beziehung mit ihr begonnen hatte.

Diese zerstörte seine Ehe, weil er seiner Frau «gestand», er habe die Liebe einer Frau gebraucht, die über dem primitiven weiblichen Wunsch nach einem Kind stehe und eine spirituelle Erotik suche wie er auch. Der Missbrauch in diesem Fall war sehr viel umfassender und zugleich subtiler, als es eine sexuelle Beschreibung erfassen kann. Der Therapeut hatte die in der Therapie gefundene Geliebte als Symbol missbraucht, sie zu einer Gegenrede gegen seine Ehefrau gemacht, die sich von ihm ein Kind wünschte. Diese Verwendung einer Liebschaft als narzisstisches Symbol, als Mittel der Auseinandersetzung mit einem bedrohlichen Selbstobjekt, wird als typisches Verhalten von hilflosen Helfern in ihren sexuellen Beziehungen im nächsten Kapitel beschrieben. (S. 170 ff.)

Abstinenzverletzungen beginnen nicht beim Petting. Eher ist das Petting als Versuch zu beurteilen, den kritischen Blick auf eine unbefriedigende Therapie durch erotische Illusionen zu trüben. Dort, bei dieser ihrer Grenzen unkundigen, illusionsfördernden Therapie müsste die Kurskorrektur ansetzen. Der Ruf nach Strafe für den Missbrauch signalisiert die Hoffnung auf Abhilfe, wenn das Kind schon in den Brunnen gefallen ist.

Es ist für uns immer leichter zu erkennen, was wir haben wollen, als zu akzeptieren, worauf wir verzichten müssen, um es zu bekommen. Für den Klienten von Psychotherapie ist dieser Grundkonflikt verschärft. Er kann in der Regel besonders schlecht erkennen, was er notwendigerweise verliert, wenn er unbedingt etwas anderes haben will. Diese Dynamik ist es, welche die Liebe während und nach einer Therapie zu einem so riskanten Geschehen macht.

Die sexuelle Befriedigung lockt, sie entfaltet einen mächtigen Schub, in dem zunächst alle Beteiligten glauben, dass er sie zum Besseren bewegen wird. Der Therapeut glaubt, er könne das professionell Erreichte - den Respekt vor seiner Arbeit, die Besserung der Symptome, die Hochschätzung seiner Männlichkeit - allesamt behalten, ja steigern, wenn er sich auf die erotische Szene einlässt. Die Patientin ihrerseits hofft ebenfalls, dass die Verlässlichkeit, die Rücksichtnahme auf ihre Bedürfnisse und die hohe Einfühlung, welche sie während der Behandlung schätzen lernte, erhalten bleiben, ja sich steigern lassen.

Beide werden in den meisten Fällen enttäuscht, wobei einsichtig ist, dass der Wechsel von einer erotisierten Therapie zur therapeutisch verbrämten Erotik umso problematischer ist, je weniger reflektiert er stattfindet. Denn der Therapeut, welcher sein Draufgängertum bewundernswert findet, ist gewiss am wenigsten in der Lage, mit den Enttäuschungen umzugehen, die seiner vorschnellen Aktion folgen. Wer in der Liebe nicht nachdenklich und rücksichtsvoll sein kann, ist es auch nicht im Hass. Hass aber bedroht immer den, welcher den Traum einer idealisierten Beziehung nicht aufrechterhalten kann.

Die Intensität der Abhängigkeit bestimmt das Gewicht einer Abstinenzverletzung

Patienten entwickeln einen autodidaktischen Umgang mit ihrer seelischen Störung. Sie entspricht der Reparatur eines defekten Schiffes mit Bordmitteln. Die Aufnahme einer Therapie lässt sich damit vergleichen, dass der Kapitän dieses Schiffes, von vergeblichen Anstrengungen ermüdet, in eine Werft einläuft. Die Versuche zur Selbsthilfe werden jetzt gegenüber dem Wunsch nach einer Fremdhilfe zurückgestellt.

Sobald das Schiff in der Werft liegt, kompliziert sich die Lage. Vordem gab es nur einen Kapitän, und seine Erklärungen waren, ob nun gültig oder nicht, nur von ihm bestimmt und von dem, was er für die günstige Sicht der Dinge für sein Schiff hielt. Jetzt gibt es zwei Autoritäten, den Kapitän und den Leiter der Werft, zwei Träger von Interessen.

Wenn auch ein Therapeut versucht, im Interesse des Patienten zu handeln, so ist nicht zu leugnen, dass er eigene Interessen hat – Geld zu verdienen ist das normalste davon, Erfolg zu haben, anerkannt zu werden, seine Neugier zu befriedigen wären andere legitime Interessen. Die Erklärungen des Therapeuten folgen – anders als die Erklärungen des Patienten – also zwei Kräftezentren. Der eine Pol ist die Realität des Patienten, mit dem der Therapeut arbeitet, den er beeinflussen will, dessen

Störung er sich selbst begreiflich machen muss, um kunstgerecht einzugreifen. Der Patient hat einen Teil seiner Autonomie abgetreten und wartet nun in verschiedenen Schattierungen von Zu- und Misstrauen ab, was geschieht.

Der zweite Pol sind die Interessen des Therapeuten. Sie richten sich darauf, die Behandlungssituation so zu gestalten, dass er damit leben kann. Wenn wir von dem ethischen Überbau absehen, ist das materielle Interesse des Therapeuten so angelegt, dass er den Patienten nicht so sehr belasten oder gar schädigen darf, dass dieser einen anderen Therapeuten aufsucht oder die Behandlung beendet. Andererseits hat der Therapeut aber kein egoistisches Interesse, die Behandlung eines Patienten zu beenden, der willig ist, ihn zu bezahlen oder ihm andere Annehmlichkeiten (wie Erfolgserlebnisse) zu verschaffen.

Der therapeutische Diskurs wird also von einer Unterströmung beeinflusst, die Behandlung angenehmer Patienten auszudehnen, die unangenehmer zu verkürzen, Störungen des Therapieverlaufs möglichst zu eliminieren und dem Therapeuten ein Höchstmaß an Kontrolle über diese Situation zu verleihen. Das klingt zynisch, muss aber nicht zum Schaden des Patienten führen. Im Gegenteil: In der Regel verlaufen soziale Interaktionen dann besonders stabil und befriedigend, wenn beide Seiten Vorteile aus ihnen gewinnen.

In sozialen Beziehungen mit dieser Struktur herrscht eine ehrwürdige Tradition, die Interessen derer zu «objektivieren», welche Kontrolle über eine Situation wünschen. Der Werftdirektor wird dem Kapitän, der ihm sein Schiff anvertraut, sogleich erläutern, welche Maßnahmen der objektive Zustand seines Fahrzeugs unentbehrlich macht. Er wird ihm nicht sagen, welche eigenen Interessen im Spiel sind. Ähnlich behaupten Eltern, zum objektiv Besten ihrer Kinder, Politiker, zum Besten ihrer Wähler zu handeln.

Der Therapeut wird zunächst die Theorie des Patienten so entgegennehmen wie der Werftdirektor die Schadensdiagnose des Kapitäns: freundlich, aber skeptisch, Ausgangspunkt für Revisionen. Allerdings lässt uns die Metapher bald im Stich, denn das Schiff ist wirklich etwas anderes als der Kapitän. Kapitän und Werftdirektor können beide in den Maschinenraum hinabsteigen, ihn inspizieren und sich über das weitere Vorgehen einigen. Der Patient ist hingegen immer er selbst, er kann sich nicht völlig von sich distanzieren.

Die besondere Natur der menschlichen Persönlichkeit lässt eine Gleichzeitigkeit verschiedener Funktionsebenen zu; Freud hat sie in einem seiner archäologischen Gleichnisse mit einem Rom verglichen, in dem auf ein und demselben Platz etruskische Tempel, römische Paläste und christliche Kirchen stehen. Der Analytiker wird also die Erklärung des Patienten wie einen ersten Entwurf nehmen, eine Skizze, die noch nicht durchgearbeitet ist und deshalb ungeklärte Widersprüche enthält.

Intensive Beziehungen zwischen zwei Menschen sind immer durch das Risiko belastet, dass Aggressionen aufkommen und zu einer Situation führen, in der die positive Qualität des Austauschs in eine negative umschlägt. Wir alle fürchten diese Veränderung und versuchen, sie entweder zu vermeiden oder doch wenigstens den Umschlag selbst zu bestimmen. Dort, wo wir von Anfang an Feinde wissen, ist es leicht, sowohl auf der Hut zu sein als auch die eigene Aggressivität unterzubringen.

Angsteinflößend ist vor allem die Verwandlung von Liebe in Hass, der Ausbruch von Wut dort, wo man ihn nicht erwartet und wo man fürchtet, unentbehrliche Kontakte zu verlieren. Daher sind in allen engen Beziehungen einzelne Personen (oder eine Gruppe von ihnen) willkommen, die Hass auf sich ziehen und dadurch den Kontakt, den man aufrechterhalten will, stabilisieren. Aus diesem Grund werden Schwiegermütter zu Dämonen stilisiert.

Auch Therapeuten sind gefährdet, sich durch diesen Mechanismus von der beschwerlichen Aufgabe zu entlasten, die aggressive Komponente in der Beziehung zu ihren Klienten zu erkennen und sich mit ihr auseinanderzusetzen, um reifere Formen das Umgangs mit Aggression zu erarbeiten. Heute gilt es als unprofessionell, wenn Kindertherapeuten die Eltern ihrer Patienten zum Sündenbock machen oder wenn ein Therapeut in die Anklage eines verständnislosen Partners kritiklos einstimmt. Angesichts der Gefahr, angeklagt zu werden, nicht genug Gutes für den Kranken getan zu haben, sind sozusagen noch bösere Objekte ähnlich beliebt wie ein Blitzableiter auf dem Scheunendach.

Da wir eben angedeutet haben, wie seine materiellen Interessen den Helfer gefährden, die Schützlinge auszunützen, ist auch einsichtig, dass kein Teufel diese Aufgabe des Aggressionsmagneten besser erfüllt als der Elternteil oder Helfer-Rivale, der früher einmal eine Patientin noch mehr, noch schlimmer ausgenutzt, das heißt sie missbraucht hat. Mit ihm ist eine ideale Abfuhrmöglichkeit für alle in der Beziehung aufkommenden Aggressionen gefunden. Die Patientin soll sich beschützt und entlastet fühlen. Sie erlebt, dass der Helfer seine professionelle Haltung bewahrt. Aber sobald sich hier ein aufgeregter Ton einschleicht, sobald die Patientin beispielsweise einen Täter nicht anzeigen darf, sondern anzeigen muss, sehe ich ihre Entwicklung schon wieder gefährdet. Ein sachlicher Umgang, der es den Betroffenen überlässt, die Folgen von Abstinenzverletzungen einzuschätzen, und kein Urteil vorwegnimmt, scheint mir den Interessen aller Beteiligten besser zu dienen als moralische Erregung, Katastrophenstimmung und Intentifizierung mit Racheimpulsen.

Im Rahmen solcher Überlegungen habe ich einen persönlichen Überblick erarbeitet, der alle Fälle sexueller Kontakte zwischen Helfern und Schützlingen umfasst, von denen ich im Lauf meiner Praxis als Therapeut, Lehranalytiker und Supervisor von Selbsterfahrungsgruppen und Einzeltherapien persönlich erfahren habe. Das heißt, es handelt sich nicht um Berichte von Dritten und nicht um Ergebnisse von anonymen Fragebogenuntersuchungen oder durch Zeitungsanzeigen gewonnenen Interviewpartnern, sondern um Kenntnisse aus Therapien, Beratungen oder Supervisionen, in denen ich die Glaubwürdigkeit der Darstellung und die Folgen für die Beteiligten abschätzen konnte.

Ich kam auf dreißig Fälle, in denen das Ideal des Verzichts auf eine sexuelle Beziehung nach dem Eingehen einer professionellen Helfer-Schützling-Beziehung in irgendeiner Form verletzt worden war. In meinem Beobachtungsmaterial gibt es nur eine sexuelle Beziehung zwischen einer Helferin und einem Schützling. Die Mehrzahl der Beziehungen spielte sich nach Beendigung der professionellen Interaktion ab. Die häufigste Form war, dass sich zwischen dem Leiter einer Selbsterfahrungsgruppe und einer Teilnehmerin nach dem Ende der Gruppe eine intime Beziehung entspann.

Die Kontaktaufnahme nach dem Abschluss der professionellen Arbeit ging in diesen siebzehn Fällen fünfmal von der Klientin, zwölfmal von dem Leiter aus. Dieser häufigste Zwischenfall scheint gleichzeitig auch der harmloseste zu sein. Keine der Betroffenen berichtete über eine Verschlechterung ihres Zustandes im Zusammenhang mit dieser Beziehung. Sieben der Kontakte beschränkten sich auf ein einziges Treffen; sechs dauerten etwas länger (maximal fünf Treffen); zehn wurden über ein Jahr fortgesetzt. Die Intensität dieser Beziehungen war bei sechs Paaren durch größere räumliche Entfernungen eingeschränkt.

Die Struktur der gruppendynamischen Arbeit spielt hier eine Rolle. Die Gruppen finden häufig außerhalb der Großstädte in Klausur statt. Gruppenleiter reisen viel und finden so Gelegenheit, Bekanntschaften wiederzubeleben oder neu zu knüpfen. Häufig begegnen Frauen, die ein Leiter während seiner Arbeit kennenlernt, ihm später in anderen Funktionen (etwa als Koleiterinnen, Beobachterinnen, Leiterinnen einer Parallelgruppe); die Integration der Gruppenarbeit in das Freizeitverhalten führt dazu, dass in der Kultur der Selbsterfahrungsgruppen ähnliche Erscheinungen zu beobachten sind, wie es früher der «Kurschatten» während der traditionellen Badeaufenthalte war.

Es gab Gruppenzentren (zum Beispiel in Poona in Indien), wo sexuelle Kontakte der Mitglieder untereinander, aber auch mit Leitern oder Leiterinnen während und nach der Selbsterfahrung sehr häufig berichtet wurden und ein Beobachter den Eindruck gewinnen konnte, diese Zentren würden auch mit dieser Absicht aufgesucht.

Der typische Fall ist in dieser Situation das einmalige sexuelle Erlebnis. Die Frauen und Männer, welche nach einem einzigen Treffen die sexuelle Beziehung abbrachen, sagten durchweg, sie hätten eine eigene feste Bindung nicht gefährden wollen und es deshalb mit dem einen Mal bewenden lassen.

Ich vermute, dass gerade bei diesen flüchtigen Beziehungen die Dunkelziffer auch unter sorgfältig interviewten Personen groß ist. Sie gehörten in gewisser Weise zum Lebensgefühl der Gruppenbewegung, die Motive der politischen Befreiungsbewegungen der sechziger Jahre aufgriff und weiterführte. Viele dieser Kontakte verliefen ähnlich wie Kneipen- oder Urlaubsbekanntschaften; der Ort außerhalb des Alltags begünstigte kurzzeitige Begegnungen.

Idealisierungen von Helfern sind in einer Gruppensituation anders strukturiert als in einer einzeltherapeutischen Situation.

Durch die Möglichkeiten, Erlebnisse mit Gruppengeschwistern zu teilen und mit diesen gemeinsam gegen den Leiter Stellung zu beziehen, werden Übertragungen abgeschwächt, zumindest solange es sich nicht um sektenähnliche Bewegungen handelt, in denen der Gruppendruck auf die Idealisierung eines Gurus hinarbeitet.

Mein Erfahrungshintergrund sind vorwiegend psychoanalytische, psychodramatische und themenzentrierte Verfahren. In diesem Beobachtungsgut sind maligne Regressionen durch den Missbrauch von idealisierenden Übertragungen innerhalb von Selbsterfahrungsgruppen nicht aufgetreten, was nicht heißt, dass solche Gefahren bagatellisiert werden dürfen. Konflikte und Auseinandersetzungen der Beteiligten zentrierten sich um Ängste vor einer unerwünschten Schwangerschaft, in einem Fall um eine Abtreibung, in einem anderen Fall um die Unsicherheit, ob ein schließlich ausgetragenes Kind vom Ehemann oder vom Geliebten gezeugt sei.

Von den zehn Fällen, in denen sich eine längere Beziehung ergab, liefen sieben über einige Jahre nach dem Modell der heimlichen Geliebten. Die Beteiligten trafen sich in unregelmäßigen Abständen für einige Stunden oder eine Nacht, zogen jedoch nicht zusammen, in der Regel deshalb, weil entweder einer oder beide in festen Beziehungen lebten. Die längste dieser heimlichen Beziehungen dauerte fünfzehn Jahre und wurde von beiden Beteiligten als freundschaftlich-erotische Bereicherung empfunden, ohne dass sie eine feste Beziehung beabsichtigten.

Zwei der Liebschaften nach einer Therapie führten dazu, dass das Paar in einen gemeinsamen Haushalt zog. Eine dieser Beziehungen würde ich als ausgesprochen glücklich beurteilen. Das Paar hat geheiratet und zieht ein gemeinsames Kind auf. Die zweite Beziehung scheiterte nach einigen Jahren stürmischer Trennungen und Wiederannäherungen. Diese Trennungen gingen vom früheren Therapeuten aus, der es nicht ertragen konnte, dass seine einstige Patientin ihm Vorwürfe machte, er sei nicht in der Lage, ihre Wünsche nach Gemeinsamkeit zu erfüllen. Er zog sich dann von ihr zurück, interpretierte ihre Wünsche als maßlos oder infantil und wurde immer unnahbarer, je mehr sie sich an ihn klammerte. Wenn sie schließlich den Absprung vollzog und sich von ihm distanzierte, wurde sie wieder begehrenswert. Er unternahm große Anstrengungen, sie zurückzuerobern. Das gelang ihm über mehrere Jahre hin in Zyklen von einigen Wochen bis zu zwei Monaten. Schließlich lernte seine frühere Patientin einen anderen Mann kennen (übrigens wieder einen Therapeuten) und zog mit ihm zusammen. Der verlassene Therapeut erkrankte an einer Depression, die ihn dazu brachte, therapeutische Hilfe zu suchen.

In zwei Fällen bin ich nicht sicher, ob die früheren Patientinnen mit ihren Therapeuten zusammenleben oder nicht. In einem Fall brach die Hilfesuchende nach einem einzigen Vorgespräch die Behandlung ab, weil ich versuchte, ihr zu erklären, dass es nicht sinnvoll sei, eine Psychoanalyse mit dem Vorsatz zu beginnen, Wesentliches zu verschweigen. Sie war die Geliebte eines, wie sie sagte, sehr renommierten Kollegen, der um keinen Preis wollte, dass seine Identität einem anderen Therapeuten bekannt würde. In einem anderen brach die Patientin, die mit dem Leiter einer Körpertherapiegruppe zusammenlebte, nach zwei Vorgesprächen und einer Sitzung die bei mir begonnene Gruppentherapie wieder ab, wohl aus einem ähnlichen Grund.

Nach meinem Eindruck hatten die Abstinenzüberschreitungen der Helfer in fünf der untersuchten dreißig Fälle den Patientinnen erheblich geschadet. Dass in meinem Material die Schäden eher die Ausnahme als die Regel sind, widerspricht anderen Berichten erheblich, bei denen freilich nur jene Patientinnen zu Wort kommen, die ein Motiv verspüren, den Täter anzugreifen.

Ich bin allerdings überzeugt, dass Schäden häufiger wären, wenn nicht ein so großer Teil meines Materials Abstinenzverletzungen in Selbsterfahrungsgruppen beträfe, in denen die emotionale Abhängigkeit vom Leiterteam geringer ist und die (gemäß dem Anmeldungsbogen) nur von Personen besucht werden dürfen, die sich für seelisch voll belastbar halten.

Was löst die schädlichen Folgen aus? Es ist vor allem der Zusammenbruch einer Illusion, dass der Therapeut verlässlich als Selbstobjekt funktioniert. Die Erotik sollte ihn «sicherer» machen; in Wahrheit zerstört sie ihn. Das heißt, je weniger entwickelt das sexuelle Selbstgefühl von Täter und Opfer ist, je stärker sie sich primitiven Verschmelzungsphantasien ausliefern, desto gefährlicher wird das sexuelle Agieren. Daher sind auch die extremen Grenzüberschreitungen, in denen beispielsweise Therapie und sexuelle Beziehung gleichzeitig laufen, sexueller Kontakt als Therapiestunde in Rechnung gestellt wird, zwar selten, aber auch verhängnisvoll.

Es wird dann unmöglich, Verlassenheitsängste und Zerstörungsgefühle zu bearbeiten, weil der Therapeut (in einem Fall die Therapeutin) inzwischen ja Geliebter oder Geliebte ist und daher an den Mangelerlebnissen «schuld». In einem Fall wurde eine Expatientin, die der Therapeut als heimliche Geliebte wollte, so eifersüchtig auf die Ehefrau des Therapeuten, dass sie drohte, sich umzubringen. Sie brach einen Behandlungsversuch bei mir ab, weil sie zu viel über den immer noch idealisierten Therapeuten zu verraten fürchtete.

Eine von ihrem Therapeuten auf die Zeit irgendwann nach der Therapie und nach dem Abklingen der Übertragung vertröstete Patientin erkrankte an einer Depression, weil sie weder von ihm lassen noch sich ihm nähern konnte, zugleich aber für alle anderen Beziehungen blockiert war. Ein Therapeut, der an den Kontaktängsten einer Patientin gearbeitet hatte, machte seine Arbeit dadurch zunichte, dass er nach Abschluss der Therapie mit ihr schlief, dann aber die Beziehung abbrach. Sie brauchte viele Jahre, ehe sie nach dieser Erfahrung eine neue Therapie riskierte.

Ein letzter Fall, den ich verfolgen konnte, ist so verwickelt, dass man ihn im Rahmen der Abstinenzverfehlungen nur mit gewissen Erweiterungen dieses Begriffs diskutieren kann. Eine meiner Analysandinnen hatte in einer früheren Therapie auf dem Weg zum Behandlungszimmer den Ehemann ihrer Therapeutin kennengelernt und mit ihm ein heimliches Verhältnis begonnen. Dieses musste in der Behandlung verschwiegen werden (und wurde der Therapeutin auch nie bekannt). Man kann sich den Erfolg einer Analyse des Ödipuskomplexes in einem solchen Rahmen ausmalen.

Unter den Bedingungen einer psychoanalytischen Privatpraxis ist eine exakte statistische Dokumentation wenig sinnvoll. Ich habe diese Zahlen aus meinen Unterlagen rekonstruiert und bin mir der Einschränkungen bewusst, die gegen solche Formen der Datenerhebung gemacht werden können. Allerdings finde ich Selbstauskünfte auf Fragebögen oder Interviews mit Opfern, die sich aufgrund einer Zeitungsanzeige gemeldet haben, nicht aussagekräftiger.

Nach der ersten Veröffentlichung meiner Untersuchung zu diesem Thema bin ich wegen der Klarheit und Ruhe meiner Analysen gelobt, aber auch angegriffen worden, dass ich Täter rechtfertigen und das Problem bagatellisieren würde. Ich habe das erwartet, denn es ist in einem traumatisierten Feld kaum möglich, leidenschaftslos zu untersuchen, was geschehen ist.

Der Prophylaxe dient nicht mehr, wer lauter schreit als andere, wie böse die Täter sind und wie gemein die Tat. Den

Bedingungen destruktiven Handelns in einer Psychotherapie kommen wir nur näher, wenn wir dicht an der Realität bleiben und uns vor allem mit jenen subtilen Frühformen von Entgleisungen beschäftigen, welche noch korrigierbar sind.

Es gibt Paare, welche eine Abstinenzverletzung zu ihrer beidseitigen Zufriedenheit meistern. Das zu leugnen, um solche unerwünschten Ereignisse seltener zu machen, scheint mir psychologisch absurd und ähnlich töricht wie die Behauptung eines missionarischen Therapeuten, dass alle Liebesbeziehungen, in denen eine Abtreibung vorgekommen ist, zerstört sind, oder die Rhetorik von Drogengegnern, welche behaupten, wer einen Joint rauche, sei auf dem Weg in die Heroinsucht. Nicht die sachliche Einordnung ist Bagatellisierung, sondern die Übertreibung weckt in potenziellen Tätern bagatellisierende Tendenzen.

Wer gegen ein Verhalten argumentieren will, muss vor allem glaubwürdig bleiben. Ich persönlich finde Abtreibungen schrecklich und widerspreche doch der These ihrer absoluten Destruktivität; ich finde Drogen eine Gefahr für Gesundheit und Geist und halte doch ihre Dämonisierung für verfehlt. Und ich bin überzeugt, dass es die langfristige Befriedigung und Stabilisierung im Helferberuf festigt, wenn professionelle Rollen strikt eingehalten, therapeutische Verträge exakt erfüllt und Veränderungen erst nach sorgfältiger Prüfung zugelassen werden. Das heißt natürlich auch, dass ich die sexuelle Beziehung zu einem Klienten in einer Psychotherapie für einen Kunstfehler halte, auch dann, wenn die Therapie abgeschlossen wird, um eine solche Beziehung zu beginnen.

Unser Zugang zu anderen Personen ist die (Probe-)Identifizierung. Das gilt für den Alltag wie für die Arbeit der professionellen Berater. Ich versuche mich in die andere Person «zu versetzen» und zapfe dadurch einen Speicher an Vorerfahrungen an, der bei professioneller Arbeit größer sein mag als bei einem Laien, aber in jedem Fall auch Grenzen hat. Diese Grenzen hängen mit der eigenen Lebenserfahrung, mit Lektüre, Bildung, Phantasietätigkeit zusammen.

Die Alltagsaussage «das kann ich verstehen» ist ebenso wie ihr Gegenstück «das ist unverständlich» immer ein vorläufiger Entwurf – wissenschaftlich gesagt: eine Hypothese, deren Gültigkeit sich im weiteren Verlauf bewährt oder auch nicht. Verliebte glauben, sich «völlig» zu verstehen; Ehepartner in Scheidung «verstehen sich überhaupt nicht mehr»; einst Verliebte/einst Geschiedene und jetzt Befreundete können vielleicht irgendwann einen Konsens finden, was sie voneinander verstanden und nicht verstanden haben. Das heißt: Die Leidenschaft, mit der sie ihre Illusionen des Verstehens vertreten haben, ist verschwunden; damit ist die Chance gewachsen, sich auf eine gemeinsame Realität zu einigen. Es gibt keine bessere Möglichkeit als diese Einigung, komplexe, emotional fundierte psychische Zustände zu «erkennen». Die traumatische Qualität eines Erlebnisses liegt vor allem darin, dass es nicht möglich scheint, sich im Rahmen der alltäglichen Empathie in die entsprechende Szene zu versetzen. Wenn ich mit meinen im Alltag bewährten Mitteln versuche, Erfahrungen anderer Personen zu verstehen, muss ich mich mit Opfern/Tätern identifizieren. Dieses Vorgehen muss angesichts von Traumen scheitern. Die von der Einfühlung in ein Trauma bedrohten Ichgrenzen werden durch verstärkte Abwehr gesichert. Typische Abwehrformen sind:

1. Bagatellisierung des Traumas. Es ist harmlos, jeder Mensch wird damit fertig, man darf sich nicht gehen lassen, es ist ja vorbei, anderen geht es noch viel schlechter, sei froh, dass du davongekommen bist, reden wir nicht davon. Vielleicht war es alles nur Phantasie.

2. Dämonisierung beziehungsweise Idealisierung des Trau-

mas: Es ist unüberwindlich, der Ich-Kern ist zerstört, die Seele gemordet, man wird nie wieder «normal» sein können, seelische Funktionen sind für immer verloren.

Das erste Beispiel einer Spiegelung dieser Abwehrformen in der wissenschaftlichen Diskussion ist die Diskussion über «falsche Erinnerungen». Seit den siebziger Jahren gibt es eine soziale Bewegung, welche die Traumatisierung von Frauen durch Männer akzentuiert. In diesem Zusammenhang wurde auch der Missbrauch von Kindern – vor allem Mädchen – durch Erwachsene – vor allem Männer – betont.

In den USA ist eine Art therapeutischer Sekte entstanden, in der durch «Rückführung» Kindheitstraumen bis zur Zwangsteilnahme an einem Satanskult entdeckt und Eltern zu Sündenböcken gemacht werden. Andererseits haben sich auch die Angeschuldigten organisiert und dämonisieren ihrerseits jede Form von vergangenheitsbezogener Psychotherapie als Produktion von Monstern, Erinnerungsverfälschung und Verleumdung.* Ein Konflikt zwischen «realem» und «phantasiertem» Inzest, der sich seinerzeit allein in Freuds Forscher-Ich abspielte, spiegelt sich in dieser Polemik vergröbert und verschärft. Die Erinnerungsarbeit ist auf dem besten Weg, die berechtigte Kritik am Totschweigen von Missbrauch und Vergewaltigung in einer trotz formaler Gleichberechtigung nach wie vor patriarchalisch strukturierten Justiz zu diskreditieren.

In den USA haben vor allem zwei Fälle heftige Kontroversen ausgelöst. Der erste ist die Mordanklage gegen George Franklin aufgrund einer Zeugenaussage seiner Tochter Eileen Lipskin, die während einer Erinnerungstherapie «sah», wie ihr Vater vor

* Loftus, E., Ketcham, K., The Myth of Repressed Memory: False Memories and Allegations of Sexual Abuse, St. Martins, 1994. Vgl. auch Frederick Crews, The New York Review of Books 19/1994, S. 54 f. Crews nennt eine Schätzung von einer Million auf diese Weise «überzeugten» Inzestopfern in den USA seit dem Jahr 1988 «a conservative guess».

zwanzig Jahren ihre achtjährige Freundin vergewaltigte und dann deren Schädel mit einem Stein zertrümmerte. In dem Streit der Glaubwürdigkeits-Gutachter trug damals die Anklage einen Sieg davon; Franklin verbüßt eine lebenslängliche Haftstrafe. Nach Aussagen der Rückführungs-Skeptiker ist der Fall dubios. Die Tochter unterschrieb bereits vor dem Prozess Buch- und Filmkontrakte über ihre Geschichte. Ihre Aussagen waren widersprüchlich und tendenziell.

Ein zweiter Fall, den Lawrence Wright dokumentiert hat, zeigt die Problematik suggestiv «gefundener» Erinnerungen noch deutlicher. Es geht um die Geschichte von Paul Ingram, einem Polizisten in Olympia im Staat Washington. Die Ingrams galten als mustergültiges Ehepaar; Pauls Frau Sandy arbeitete als Tagesmutter. Beide gehörten einer fundamentalistischen Sekte an, der «Kirche des lebenden Wassers», in der persönliche Offenbarungen kultiviert wurden. Im August 1988 nahmen die beiden Töchter der Ingrams an einer örtlichen Veranstaltung dieser Kirche teil, auf der einige ihrer Altersgenossinnen von sexuellem Missbrauch berichteten. Jetzt schuldigte auch eine der Töchter ihren Vater an; die Polizei bekam Wind davon und verhörte Paul Ingram. Obwohl sich dieser an nichts erinnerte, bekannte er sich in Polizeiverhören schuldig, seine beiden Töchter und einen seiner Söhne unzählige Male vergewaltigt zu haben. Selbst als sich die Anklagen der ersten und später auch der zweiten Tochter ins Groteske steigerten, bemühte sich Paul Ingram, mitzuhalten. In Hypnose «erinnerte» er sich, die Mädchen an ganze Pokerrunden verkuppelt zu haben, sie und seine Frau grausam misshandelt und zum Geschlechtsverkehr mit Hunden und Ziegen gezwungen zu haben. Schließlich gestand er auch noch, er habe einen Satanskult organisiert und unzählige Säuglinge in kannibalischen Riten gemordet.

Keinem der an den Geständnissen der Mädchen und des

Vaters beteiligten Experten fiel auf, wie sehr alle diese Geschichten triviale Phantasien über eine verteufelte Sexualität ausdrückten. Der Sozialpsychologe Richard Ofshe, der Paul Ingram ebenfalls verhören konnte, stellt fest, wie leicht es war, ihn dazu zu bringen, sich an eine von Ofshe vorgegebene Szene zu «erinnern».*

Während die wissenschaftliche Beschäftigung mit dem Unbewussten fordert, Suggestionen strikt zu vermeiden, dominieren diese in den populären Konzeptionen** des «Unterbewussten», der «Tiefenschicht», in der sich die Monster räkeln. Amerikanische Kritiker der «wiedergewonnenen Erinnerungen» haben inzwischen eruiert, dass mindestens fünfzehn Prozent der Personen, die verlorene Kindheitstraumen «wiederfinden», von der Teilnahme an einem Satanskult berichten. Obwohl es keine Beweise für solche Riten gibt, sind sie ein sehr beliebtes Thema der Medien. Auch einige der auf die Rückgewinnung von traumatischen Erinnerungen spezialisierten Therapeuten glauben an ihre Existenz. In einem Zirkelschluss wird behauptet, dass Teilnahme an satanischen Riten eine zentrale Ursache der «Persönlichkeitsspaltung» oder der «multiplen Persönlichkeit» sei.

Seit die ersten Schadenersatzprozesse wegen falscher Inzestanklagen von den betroffenen Eltern gewonnen wurden, sind die Vertreter der Gedächtnisrekonstruktion vorsichtiger geworden. Besonnen sind auch die Gegner der «Recovery»-Therapie wie Frederic Crews, Elizabeth Loftus und Mark Pendergast nicht. Unbewusste Bilder sollen, wenn es nach den Sprechern dieser Kontroverse geht, entweder immer Humbug oder immer wahr sein. Besonnenheit und der Versuch, menschliche Ver-

* Lawrence Wright, Remembering Satan, New York (Knopf) 1994

** Ellen Bass, Laura Davis, The Courage to Heal: A Guide for Women Survivors of Child Sexual Abuse, New York (Harper Perennial) 1992. F. Crews, The Revenge of the Repressed, The New York Review of Books Dec. I. 1994, S. 49

strickungen geduldig aufzudröseln, bleiben auf der Strecke. Die Situation bestätigt das Sprichwort, wonach in jedem Krieg das erste Opfer die Wahrheit ist. Die Missbrauchsdiskussion signalisiert, wie das Trauma den Umgang der professionellen Helfer mit ihm einfärbt: Die meisten rechnen nicht mehr damit, dass es möglich ist, eine interaktionelle Wahrheitsfindung anzustreben, das heißt einen Prozess einzuleiten, in dem Opfer und Täter miteinander aushandeln und sich darüber einigen können, was geschehen ist. Wer jetzt missversteht, ich würde diese Formen einer Mediation beziehungsweise Familientherapie für gut und richtig, Polizei und Justiz hingegen für schlecht und falsch halten, drückt aus, wie sehr die Abwehr der Traumatisierung sein Denken prägt. Es geht gerade darum, zu differenzieren und zu entdecken, dass jede Lösung unvollkommen ist, dass es aber immer auch möglich ist, bessere Lösungen zu entwickeln, wenn man bereit ist, Grenzen und Fragwürdigkeiten des eigenen Standpunktes zuzulassen. Diese Möglichkeiten gehen angesichts einer Traumatisierung oft verloren. Dadurch entstehen neue, diesmal von den professionellen Helfern verantwortete Verletzungen.

Martin Ehlert-Balzer hat die These vertreten, dass jede Abweichung von der Abstinenz die Professionalität eines Therapeuten irreversibel und irreparabel beschädigt.* Folgerichtig fordert er (und gibt das als «männliche Perspektive» aus), dass der einzig mögliche Schluss aus einer sexuellen Abstinenzverletzung der ist, den überführten Therapeuten künftig an der weiteren Ausübung seines Berufes zu hindern – ähnlich einem erblindeten Chirurgen, der mit Gewalt daran gehindert werden müsse, zu operieren. Wenn sich Therapeut und Patientin in-

* Ehlert-Balzer, M., Sexuelle Grenzverletzungen im psychotherapeutischen Raum. In: Organisationsberatung, Supervision, Clinical Management 5, S. 85–91, 1998

einander verlieben und heiraten, muss nach dieser Ansicht der Therapeut ebenfalls seinen Beruf aufgeben; er soll geächtet werden, «durchaus in einem mittelalterlichen Sinn, wenngleich nicht bluttriefend».*

Die sexuelle Abstinenzverletzung ist zweifellos ein schwerwiegender Fehler. Aber sie rechtfertigt kein Pauschalurteil. Es verträgt sich nicht mit dem analytischen Vorgehen, zu behaupten, kraft eigener männlicher oder moralischer Überzeugung Situationen besser beurteilen zu können als die Beteiligten. Auch durch sein entschiedenes Missverstehen der abwägenden Position als «groteske Selbsttäuschung», in der «‹Liebesdienste› als ein ganz spezielles Therapeutikum» angedient werden sollen, zeigt Ehlert-Balzer, wie sehr abgewehrte sexuelle Erregung einen erregten Stil der Argumentation prägt.** In dieser Erregung opfert ein Psychoanalytiker, der an die Möglichkeit seelischer Entwicklung, an die Chance, dass Menschen aus Fehlern lernen können, von Berufs wegen glauben müsste, eine der zentralen professionellen Überzeugungen, um die Einfühlung in die schwarzen Schafe des eigenen Standes abzuwehren.

Das Berufsverbot, das Ehlert-Balzer unterschiedslos nach jeder sexuellen Grenzverletzung verhängen will, spiegelt einen traumatischen Verlust. Wo ist das für jeden Therapeuten unverzichtbare Vertrauen in die Entwicklungsfähigkeit von Personen geblieben? Weshalb müssen Therapeuten angesichts von ihresgleichen eine Hoffnung aufgeben, die sie doch keinem Klienten nehmen dürfen: die Hoffnung auf Besserung, auf Veränderung? Hat Ehlert-Balzer Beweise dafür gesammelt, unternimmt er ei-

* Ehlert-Balzer a. a. O., S. 90

** «Erregte Aufklärung» hat K. Rutschky in ihrem Buchtitel angesichts der Debatte um den Kindesmissbrauch diagnostiziert.

nen Versuch, nicht zu behaupten, sondern zu argumentieren, dass Analytiker, die – wie es von so vielen Pionieren erzählt wird – Analysandinnen geheiratet haben, schlechter gearbeitet haben als jene, die es nicht taten? Die Verzweiflung des Autors, ob eine verlorene analytische Haltung wiederherstellbar ist, spiegelt die Traumatisierung – die Phantasie, dass ein Opfer, wie es Jean Améry* nach seinem Foltererlebnis sagt, «nicht mehr heimisch werden» kann in der Welt. Wenn der analytische Prozess stockt und die Idealisierung zu kippen droht, wird sie oft im sexuellen Agieren vermeintlich «gerettet», in der Tat aber gänzlich ruiniert. Indem Ehlert-Balzer die Analyse der Abstinenzverletzung plötzlich abbricht und nach einem von ihm selbst «mittelalterlich» genannten, theokratischen Verständnis von Moral greift, rettet er die bedrohte Idealisierung der psychoanalytischen Haltung, indem er eben diese opfert. So spiegelt seine Position der Achtung den sexuellen Übergriff, in dem ebenfalls eine höhere und differenziertere Kultur (die der analytischen Arbeit) vom Analytiker der sexuellen Befriedigung geopfert wird. Er spricht als empörter Mann, nicht als Psychoanalytiker, der gelernt haben müsste, dass Normalität aus einem prekären Gleichgewicht zwischen dem Unbewussten und dem Ich entsteht und der Übergang zwischen Störung und Normalität auch bei professionellen Helfern fließend und wandelbar ist. Ich bin mit ihm der Meinung, dass es Therapeuten gibt, die lieber nicht mehr arbeiten sollten. Wo die Möglichkeiten der interaktionellen Lösung erschöpft sind, bleiben nur juristische Schritte. Aber

* Jean Améry tötete sich 1978, weil er weder die Deportation nach Auschwitz noch die ihr vorangehende Folter durch die Gestapo in Belgien vergessen konnte: «Wer gefoltert wurde, bleibt gefoltert ... Wer der Folter erlag, kann nicht mehr heimisch werden in der Welt. Die Schmach der Vernichtung lässt sich nicht austilgen. Das zum Teil schon mit dem ersten Schlag, in vollem Umfang aber schließlich in der Tortur eingestürzte Weltvertrauen wird nicht wiedergewonnen.» Zit. n. P. Levi, Ist das ein Mensch? Die Atempause, München (Hanser) 1989, S. 6

die Rückbesinnung auf die Theokratie wird nur denen nutzen, die sich vor den Gefahren einer traumatisierenden Empathie schützen müssen.

Ein vielfach vernachlässigter Bereich der Untersuchung von Helferfehlern ist die Konsequenz für die Therapeuten, Supervisoren oder Gruppenleiter selbst. Es ist nicht sinnvoll, Schädigungen von Opfern und Tätern zu vergleichen oder gar aufzurechnen. Aber das muss nicht bedeuten, den Schaden für den Täter zu verleugnen, zumal dieser auch wiederum Nichtbeteiligte treffen kann.

Ein Hypnotherapeut, der an einer Beratungsstelle in einer Universität arbeitete, wurde von einer Soziologiestudentin wegen ihrer Arbeitsstörungen konsultiert. Er entwarf für sie ein Programm, konnte ihr helfen und verliebte sich in sie, ohne dass es während dieser Phase zu einem Übergriff kam. Nach Abschluss der Behandlung (seine Version) / in einer Behandlungspause (ihre Version) lieh er ihr ein Buch. Später rief sie an und lud ihn zum Tee ein, um ihm das Buch zurückzugeben und zu plaudern. In dieser Situation kam es zum Petting (seine Version) / fiel er über sie her, betastete ihre Brüste und Genitalien und küsste sie (ihre Version). Als sie sagte, sie wolle nicht, ließ er sie sofort los (seine Version) / erstarrte sie und konnte sich nur mit größter Mühe von ihm losreißen (ihre Version).

Als die Studentin ihn später anrief und mit ihm sprechen wollte, lehnte er das ab; er könne nach dem Vorfall bei ihrem privaten Treffen nicht mehr mit ihr therapeutisch arbeiten. Eine ganze Weile hörte er nichts mehr von ihr, bis er schließlich von einer feministischen Initiative gegen sexuellen Missbrauch in der Therapie ein Schreiben erhielt, in dem er von ihrer Version des Geschehens erfuhr.

Sie wollte ihn nur im Beisein ihrer Anwältin sprechen und kündigte an, seinen Arbeitgeber zu unterrichten. Der Therapeut reagierte panisch. Er besprach sich weder mit seiner Ehefrau noch mit einem Kollegen oder einem Anwalt, sondern unterschrieb eine Verpflichtung, ihr eine vierstellige Schadenersatzsumme zu zahlen. Die einstige Klientin verpflichtete sich im Gegenzug zum Stillschweigen. Dennoch sickerte etwas durch; der Therapeut verlor seinen Arbeitsplatz in der Beratungsstelle. Als er sich selbständig machte, tauchten anonyme Flugblätter auf, die Frauen abrieten, bei einem des sexuellen Missbrauchs Überführten eine Therapie zu machen. Der Therapeut war durch die Ereignisse sehr depressiv geworden, hatte längere Zeit Selbstmordabsichten und erholte sich nur sehr langsam. Seine Frau gewöhnte sich daran, die anonymen Flugblätter einzusammeln und zu vernichten.

Der sexuelle Übergriff macht den Therapeuten angreifbar. Das unterscheidet ihn von subtileren Formen des narzisstischen Missbrauchs, die ungleich schwerer aufzudecken sind. Wenn ein Therapeut zum Beispiel die Patientin niemals berührt, aber so manipulativ arbeitet, dass ihre Ehe scheitert, wird sein Fehler kaum je nachweisbar sein.

In einem juristischen Diskurs wird der Täter verurteilt und bestraft; das Opfer hat Anspruch auf Schadenersatz. In einem therapeutischen Diskurs geht es darum, Täter und Opfer besser zu verstehen und – wenn möglich – den Schaden zu mildern, den beide erleiden. Wenn es möglich ist, dass eine Intervention dem Täter und dem Opfer nützt, wird ein Richter sie verwerfen, weil der Täter keine solche Fürsorge verdient. Ein psychosozialer Helfer aber wird sie befürworten, es sei denn, er handelt ideologisiert.

Die Behandlung eines Helfers, der einem Schützling geschadet hat, darf die Gefahr einer Wiederholung nicht außer Acht lassen. Wer aber behauptet, jede Fürsorge für den Täter sei ein Schlag in das Gesicht der Opfer, vermischt Recht und

Rache. Niemand würde vermuten, dass ein Arzt, der einem erkrankten Vergewaltiger Penizillin gibt, dem Opfer schadet. Der verurteilte Verbrecher hat in einem Rechtsstaat Anspruch auf ärztliche Behandlung; der verdächtige Täter das Recht auf den vernünftigen Zweifel.

Wer eine parteiische Psychotherapie vertritt, läuft Gefahr, in das Faustrecht zu regredieren. Strafe und Verfolgung sind im Rechtsstaat geordnet und der primitiven Rachsucht entrissen; ein Therapeut, der glaubt, den Richter spielen zu müssen, opfert diesen kulturellen Schritt und schadet seinen Patienten. Er macht sich zu einer grandiosen Gestalt, die über dem Gesetz steht; so verständlich dieses narzisstische Bedürfnis des Helfers angesichts eines verunsicherten und gepeinigten Opfers ist, so wenig wird es diesem nützen.

Solche Fehlentwicklungen sind bedauerlich, aber sie scheinen in der Konsumgesellschaft unvermeidlich, in der die kurzfristige Erleichterung attraktiver erscheint als die langfristige Entwicklung. Diese kann nur durch eine möglichst realitätsorientierte Haltung des Therapeuten eingeleitet werden. Therapeuten, die beispielsweise aufgrund ihrer Parteinahme Missbrauchserinnerungen suggestiv manipulieren, schaden ihren Patienten langfristig ebenso sehr, wie sie diese zunächst entlasten.

Narzisstische und hedonistische Tätertypen

Meine eigenen Erfahrungen mit der psychotherapeutischen Behandlung von Tätern sind auf zwei Fälle begrenzt; eine Therapie dauerte dreißig Sitzungen, eine zweite erstreckte sich über mehrere Jahre. In Selbsterfahrungsgruppen, in Supervisionen, auf Kongressen oder ähnlichen Veranstaltungen lernte ich acht weitere Täter kennen.

Über die Problematik der Abstinenzverletzung sprachen wir dabei nur, wenn die Helfer das Thema von sich aus anschnitten; das war fünfmal der Fall. Bei den restlichen drei Therapeuten ergab sich eine Situation, die für die psychotherapeutische Diskretionspflicht typisch ist: Ich wusste von etwas, wovon die Täter nicht wussten, dass ich es wusste. Ich hatte von den Opfern erfahren, was geschehen war, aber ich war daran gebunden, die Täter nicht darauf anzusprechen. Dennoch glaube ich, dass meine Beobachtungen ausreichen, um die Motive der Täter um zwei Schwerpunkte zu gruppieren, die ich hier den narzisstischen und den hedonistischen nenne.

Der vorwiegend narzisstisch motivierte Täter leidet unter ausgeprägten Stimmungsschwankungen, die er durch eine eher zwanghaft anmutende Fassade kompensiert. Die Übergriffe erfolgen, wenn er die Phantasie entwickelt, dass sein Schützling genau dieselben Bedürfnisse hat wie er selbst. Die zugrunde liegende Persönlichkeitsstörung lässt sich mit dem von Kohut entworfenen Modell eines nicht hinreichend gemilderten Größenselbst verstehen.

Der narzisstische Täter kann die eigenen Bedürfnisse nicht hinreichend von den Anforderungen der therapeutischen Situation differenzieren. Er verwechselt die Bedeutung von Kenntnissen über die eigene Person für die therapeutische Arbeit mit einer naiven Annahme, dass das, was er fühlt, auch gut für andere sein muss. Dahinter steht eine tiefe Selbstunsicherheit. Die Verschmelzung mit den imaginierten Wünschen der Patientin sichert und stützt das eigene Selbstbewusstsein.

Aus diesem Grund ist der narzisstische Tätertypus auch besonders anfällig für die Sexualisierung einer idealisierenden Übertragung. Diese tritt häufig dann auf, wenn diese Übertragung ihre stabilisierenden Funktionen verliert. Da sexuelle Befriedigung ein starkes Mittel gegen Ängste ist, wird sie gesucht, um die Angst zu binden, welche durch das drohende Scheitern einer Therapie, durch das Risiko des Zusammenbruchs hochgespannter Erwartungen entstehen würde. In dieser Situation greifen die sexualisierte Übertragung der Patientin und die Kränkbarkeit des narzisstisch gestörten Therapeuten wie zwei Zahnräder ineinander. Der sexuelle Übergriff hilft beiden, erste Signale jener Krise zu betäuben, die später mit großer Wahrscheinlichkeit hereinbrechen wird.

Auch unter den narzisstisch gestörten Therapeuten gab es Unterschiede in der Verantwortung, die sie für ihr Verhalten übernahmen, und in der Voraussicht, welche sie entwickelten. Die am deutlichsten ausgeprägten Persönlichkeitsstörungen führten dazu, dass der Therapeut weder auf die Helferrolle noch auf die sexuelle Idealisierung verzichten wollte. Er setzte beispielsweise eine Behandlung offiziell fort, rechnete die Sitzungen mit der Krankenkasse ab, verwendete jedoch einen Teil dieser Zeit für seine sexuelle Befriedigung oder traf sich privat mit der Patientin.

Diese Therapeuten rationalisierten ihr Verhalten manchmal mit Konzepten von «Körpertherapie» oder «Ermutigung» emotional eingeschränkter Frauen. Sie behaupteten, dass ihre Arbeit besonders engagiert sei und Psychotherapie vom «Bauch» ausgehen müsse, in deutlichem Gegensatz zu den «verkopften» Ansichten der «Schultherapeuten». In einem Fall, den ich mitverfolgen konnte, geriet ein solcher Therapeut an eine Patientin, die mit einem Funktionär der Kassenärztlichen Vereinigung verheiratet war. Die Folge war, dass er die Kassenzulassung verlor und aus seinem Ausbildungsinstitut ausgeschlossen wurde.

Eine Gegenüberstellung des narzisstischen und des hedonistischen Tätertypus:

1. Narzisstisch
1.1 Vermischung von körperlicher und therapeutischer Beziehung. Auch die Sexualität soll «Arbeit» sein («Befreiung» der Patientin; Rettungs- und Erlösungsphantasien); umgekehrt werden übermäßige Ansprüche an Lust und Spaß in der Arbeit gestellt. Routine wird schnell als langweilig erlebt; die narzisstischen Täter-Therapeuten haben wenig Geduld und können mit Kritik nicht professionell umgehen.
1.2 Festhalten an der doppelten Idealisierung (als Therapeut und als Liebhaber).
1.3 Manipulation der Patientinnen, zu schweigen und keine andere therapeutische Hilfe zu beanspruchen. Auch wenn der Therapeut mehrere Patientinnen-Geliebte hat, soll jede einzig ihn respektieren, bewundern und lieben.
1.4 In der sexuellen Interaktion selbst lassen sich viele prägenitale Elemente beobachten (vor allem in der Gestalt sadomasochistischer Inhalte). Der narzisstische Therapeut wird, mit einem Übergriff konfrontiert, mit masochistischer Unterwerfung oder mit sadistischen Gegenangriffen reagieren. Er wird entweder alles zugeben und um Verständnis für seine eigenen Störungen werben, oder er wird drohen, eine Klägerin wegen Verleumdung anzuzeigen, sie auf ihren Geisteszustand hin untersuchen zu lassen und so weiter.

2. Hedonistisch:
2.1 Trennung von körperlicher und therapeutischer Beziehung. Beide schließen einander aus wie «Arbeit» und «Vergnügen». Wo das Vergnügen beginnt, ist die Arbeit zu Ende.
2.2 Bereitschaft, auf die doppelte Idealisierung zu verzichten. Wenn der hedonistische Therapeut ein Liebesverhältnis begonnen hat, ist es ihm recht, wenn er keine therapeutische Verantwortung mehr ausüben muss. Er ist eher erleichtert, wenn ein Kollege diese Seite der Beziehung übernimmt.
2.3 Die Manipulation der Patientin richtet sich vor allem darauf, keine Risiken einzugehen, zum Beispiel nicht von rivalisierenden Kollegen oder eifersüchtigen Ehemännern «bestraft» zu werden, die Kassenzulassung nicht zu verlieren und so weiter.
2.4 Die sexuelle Interaktion ist genital, weist aber phallisch-narzisstische Komponenten auf (Donjuanismus: Stolz, viele Frauen erobert zu haben). Der hedonistische Therapeut wird, mit seinem Verhalten konfrontiert, eher dazu neigen, zu behaupten, die Therapie sei längst vorbei gewesen oder noch gar nicht vereinbart.

Diese Typen erlauben eine erste Differenzierung, doch sollten sie nicht als trennschärfer beurteilt werden als etwa die Trennung der Liebesbeziehungen vom «narzisstischen Typus» und vom «Anlehnungstypus» in der Psychoanalyse. Obwohl sich in vielen Einzelfällen eine Zuordnung vollziehen lässt, ist doch davon auszugehen, dass die Typen ineinander übergehen. Menschliches Sexualverhalten hat beide Funktionen: den Gewinn von Lust und die Stabilisierung des Selbstgefühls. Das gilt auch für sexuelle Beziehungen an einem sozialen Ort, an dem sie nichts zu suchen haben.

Zwei Therapeuten in meinem Beobachtungsgut sorgten persönlich dafür, dass eine Patientin, in die sie sich verliebt hatten, einen anderen Therapeuten aufsuchte, sobald sie mit ihr eine Liebesbeziehung begonnen hatten. Ein solches angesichts der problematischen Situation verantwortungsvolles Verhalten unterscheidet sie erheblich von den narzisstisch viel tiefer gestörten Therapeuten, die ihren Patientinnen verboten, sich anderswo Hilfe zu suchen. Solche Unterschiede erscheinen für die psychischen Folgen von zentraler Bedeutung, während sie in einer rein formalen Bewertung untergehen.

Eine dritte Motivkomponente, die ich in der Literatur aufgefunden habe, ist in meinem Untersuchungsbereich nicht aufgetaucht: die sadistische Motivation, Menschen völlig unter die eigene Kontrolle zu bringen und ihre Unterwerfung, im extremen Fall auch ihren Schmerz zu genießen. Es muss sich hier um einen völligen Zusammenbruch der Reaktionsbildungen gegen die sadistischen Komponenten der Libido handeln, auf denen ein Teil der unbewussten Helfermotivation beruht.

Die beiden von mir analysierten Täter gehörten dem narzisstischen Typus an. Der hedonistische Typus entwickelt wohl in der Regel zu wenig Leidensdruck und Problembewusstsein. Nach meinen Beobachtungen wiederholt sich in der Abstinenzverletzung eine gestörte Mutterbeziehung. Die Mutter ist von den späteren Therapeuten sehr ambivalent erlebt worden; vor allem weckte es eine tiefe Wut, dass sie Geschwister vorzog. Die so entstandene Unsicherheit des Selbstgefühls, die sich in heftigen Selbstzweifeln und Versagensängsten ausdrückte, wurde dadurch verstärkt, dass der Vater entweder ganz fehlte oder von der Mutter und den Kindern vorwiegend als bösartiger Störenfried erlebt wurde, dem alles Wesentliche in der Familie verheimlicht werden musste.

Das bedeutete, dass die Kinder der gestörten Mutterbeziehung in hohem Maß ausgeliefert waren; in der Folge entwickelten sie eine Reaktionsbildung, die sie ihrerseits nach maximaler Kontrolle enger emotionaler Bindungen streben ließ. Die Wahl des Therapeutenberufs drückte diese Absicht ebenso aus wie der sexuelle Übergriff gegen eine Frau, die als schwache Patientin nur wenig Angst auslöste.

Der narzisstisch gestörte Therapeut kann seine Problematik während seiner Ausbildung verheimlichen, wenn er intelligent ist und es ihm gelingt, seine therapeutischen Lehrer durch seine Fähigkeit, sie zu idealisieren, über seine Defekte zu täuschen. Er funktioniert dort, wo er einem gleich starken und abgegrenzten Gegenüber begegnet – also in seiner Lehrtherapie und in der Supervision –, auf einem höheren Niveau und wirkt deshalb reifer, als er es schwächeren oder weniger abgegrenzten Personen gegenüber ist. In meinem Beobachtungsmaterial waren Therapeuten, die keine ausreichende Supervision hatten und allein in einer eigenen Praxis arbeiteten, am meisten gefährdet.

Schwerer erkennbar, aber noch wesentlicher ist die Beschaffenheit des Privatlebens. Wer seine Bedürfnisse nach Bestätigung und Kontakt in seinem Alltag, durch Freunde, Sexualpartner oder Kinder abdecken kann, reagiert besonnen auf die verführerische Qualität, welche dem idealisierenden Angebot vonseiten einer Klientin innewohnt. Wer sich hier im Mangel fühlt, greift eher nach allem, was sich bietet. Freilich ist die Unersättlichkeit unserer Wünsche nach Zuwendung und Bewunderung ein Teil der Conditio humana; das Erstaunen, wenn äußerlich wohlverheiratete Männer ihre wirtschaftliche und soziale Existenz in einer Liebschaft riskieren, gehört zu einem naiven Menschenbild.

Grundsätzlich gibt es zwei Wege, unerwünschtes Verhalten zu verhindern: Wir können es mit Sanktionen belegen, wie Scham, Strafe, Schuld, oder aber die Gegenkräfte so stärken, dass die Versuchung schwindet. Das Almosen für einen Armen verhindert den Diebstahl eher als der Ruf nach der Polizei.

So erscheint das wirksamste Mittel gegen die Abstinenzverletzung eine Psychohygiene des Helfers, welche ihn anleitet, genügend Bestätigungs- und Erfolgserlebnisse aus seiner Tätigkeit zu beziehen, unrealistische Allmachtsvorstellungen abzubauen, undankbare Klienten in Schach zu halten und den Erfolg seiner Arbeit von schwärmerischer Anerkennung durch seine Schützlinge unabhängig zu machen.

Auf den Segelschiffen gab es eine eiserne Regel für die Matrosen: Eine Hand für das Schiff, eine für mich. Umgemünzt auf die helfenden Berufe lautet sie: eine Hand für die Klienten, eine für mich – das heißt für meinen Beruf, meine Kollegen, mein Privatleben. Wer mit beiden Händen nach der Anerkennung durch die Klienten greift, stürzt leicht ab und nützt dann keinem von denen mehr, die er übereifrig retten wollte.

Schwer zu beantworten ist die Frage, ob sexuelle Übergriffe von Helfern zugenommen haben. Wie alle Formen einer Kriminalstatistik ist auch diese von den Bedürfnissen der Verfolger mitgeprägt, ihre soziale Geltung dadurch zu steigern, dass sie das von ihnen bekämpfte Delikt in seinen Dimensionen aufblähen. Solche Hintergründe der Polizeistatistiken werden in der Sozialforschung immer wieder diskutiert. Die kritische Forderung lautet dann, zwischen einem Wahrheitsinteresse und der Absicht zu unterscheiden, eigene Interessen durch scheinobjektive Behauptungen zu fördern.

Potenzielle Nutznießer des Glaubens, Missbrauch auf der Couch sei Routine, sind unter anderem Massenmedien, konkurrierende Therapieeinrichtungen (etwa die Befürworter von Psychopharmaka oder von feministischer Therapie, wonach Frauen nur von Frauen behandelt werden sollten), oder auch konkurrierende Interessenvertreter, denen die therapeutische

Innovation Ärgernis gibt (zum Beispiel Vertreter von Sekten oder von fundamentalistischen Richtungen der großen Religionsgemeinschaften, die ja sonst meist ihre Kompromisse mit der Psychotherapie geschlossen haben).

Seit das Ausleben der Triebe eine Komponente des Zeitgeistes der Konsumgesellschaft geworden ist, wird es immer schwieriger, die Psychotherapie davor zu schützen, dass sie falsche Versprechungen macht. In den Gesellschaften gibt es einen immensen Bedarf nach einfacher, schneller und kostengünstiger Therapie von dissozialen und regressiven Symptomen – von Sucht, Verwahrlosung, Kriminalität. Und es gibt, ebenfalls im Zug der Entwicklungen zur Konsumgesellschaft, eine wachsende Suche nach Sinn, nach narzisstischer Bestätigung, nach Geltung durch extreme Leistungen oder deren Vorspiegelung.

Daher ist es für die Helfer als Berufsgruppe sehr schwierig geworden, Vorkehrungen zu treffen, dass erstens nicht Einzelne von ihnen zu viel versprechen, also behaupten, sie könnten auch gegen die Störungen, die durch dissoziale Neigungen entstehen, rasch wirksame individuelle Dienstleistungen anbieten, und zweitens, dass nicht in ihren eigenen Reihen Personen auftreten, die selbst an solchen Störungen leiden. Eine geheime Pointe liegt nun darin, dass die Therapeuten, auf die das Zweite zutrifft, am bereitwilligsten Abhilfe für das unter Punkt 1 Erwähnte versprechen. Es stört sie wenig, mehr zu versprechen, als sie halten können, und eben diese Qualität des bedenkenlos gegebenen und dann nicht eingehaltenen Versprechens scheint mir auch eine wichtige Komponente der Abstinenzverletzungen.

Es ist einfach, vom Schreibtisch her ohne Trieb- wie Handlungsdruck dafür zu plädieren, vorausschauend zu handeln, auch in Therapie- beziehungsweise Liebesdingen. Solche guten Worte werden nicht zuletzt deshalb so oft ausgesprochen, weil sie so selten wirksam sind und häufig eher die Funktion haben, das Gefühl der (Selbst-)Gerechtigkeit beim Ratgeber zu stärken, als die Verwirrung des Betroffenen zu erleichtern. Mir scheint, dass es wichtig ist, früher anzusetzen, vor allem in einer Arbeit an der Selbstkritik und Selbstdistanz der Helfer, noch bevor sie Gefahr laufen, über die eigenen Größenvorstellungen zu stolpern.

Die Helfer-Kultur ist in sich gespalten und widerspruchsvoll. Einerseits, eben am Schreibtisch, wird betont, wie wesentlich es ist, Fehler machen zu dürfen und über Fehler offen sprechen zu können. Auf der anderen Seite erlebt jeder, der unter Kollegen, die er nicht sehr gut kennt, eben dieser Verpflichtung nachgeht, wie beliebt es ganz unabhängig von diesem Dogma ist, das eigene Selbstgefühl dadurch aufzubessern, dass dem Fehlerhaften vermittelt wird, dem Kritiker könne niemals geschehen, was er da verbockt hat. Wer selbstbewusst ist, wird dennoch seine Fehler eingestehen und seine Kritiker kritisieren, und er wird auch erleben, dass sich diese zurückziehen und er unerwartete Sympathisanten findet.

Aber – zynisch gesagt – wer, der wirklich ein festes Selbstvertrauen besitzt, wählt den helfenden Beruf? Es gibt sicher Ausnahmen, und die Bedingungen dieser Berufsentscheidung sind so vielfältig wie andere auch. Aber die potenziell konfliktträchtige, irrationale Komponente dieser Motivation ist doch die, dass ein primär unsicheres Selbstgefühl dadurch stabilisiert wird, Abhängigkeit und Bedürftigkeit nach außen zu delegieren.

Wer davon träumt, ein großer Helfer zu sein, signalisiert deutlich, dass er sich nicht eingesteht, wie verwundbar er ist und wie sehr auch er sich Liebe wünscht, ohne etwas dafür tun zu müssen – aber auch zu können. Der künftige Helfer träumt davon, etwas zu erwerben, das er von seiner Person abspalten kann, das er nicht ist, sondern das er hat, und mit dessen Hilfe er Liebe und Aufmerksamkeit gewinnt.

Man könnte sagen, dass der Helfer, weil er mehr als andere unsicher ist über die Liebenswürdigkeit seiner Person, sich ein zusätzliches Mittel wünscht, um Liebe zu erwerben oder, wenn das nicht gelingt, wenigstens die emotionalen Beziehungen zu kontrollieren, die er eingeht. Das heißt auch, dass er sich in der glückenden Interaktion mit einem Schützling manisch, grandios und überlegen fühlt, während ihn umgekehrt die scheiternde Interaktion depressiv stimmt und ihn mit Gefühlen der Wertlosigkeit erfüllt.

Ich würde hier die Funktion des Helfens ähnlich sehen wie die Ausübung der Kunst für den Künstler. Auch der Künstler verfügt ja über ein Mittel, soziale Zuwendung durch eine Art selbstgebastelter Prothese zu erwerben, auch er fühlt sich im Gelingen des Werks und in der Erfüllung der mit diesem verknüpften narzisstischen Phantasie überlegen und unangreifbar, erkauft diesen Überschwang aber durch akute Depressionsgefahr, sobald die Anerkennung seiner Kreativität nachlässt oder er selbst an ihr zweifelt. Dann sehnt er sich, wie es Goethe im «Faust» verschlüsselte, nach dem Leben von Philemon und Baucis, muss aber erkennen, dass er deren friedliche Hofstatt längst niedergebrannt hat.

Zurück zum Thema des Missbrauchs. Die Gefahr scheint hier darin zu liegen, dass der Helfer die manische Überschätzung, die in der engen Beziehung mit dem Schützling liegt, nicht in kritische Distanz rücken kann. Nach dem Motto: Was gut ist für General Motors, ist auch gut für Amerika, identifiziert er das Amalgam aus libidinösen Wünschen, so wie er es wahrnimmt, mit der Realität und handelt entsprechend. Vorbeugung scheint dann nicht mehr zu greifen, wenn die Situation schon so weit gediehen ist.

Sie könnte aber greifen, wenn zum Beispiel die erfahrenen Therapeuten offener über ihre eigene Verführbarkeit sprechen würden. Dieses Sprechen wird durch ein Klima der Tabuisierung und Dämonisierung unmöglich gemacht. So scheint es, dass – ähnlich wie in anderen Formen der Dissozialität – die Bekämpfungsmaßnahmen zu einer Mitursache des unerwünschten Verhaltens werden. Weil nicht über das Entgleisen der Abstinenz gesprochen werden darf, spaltet sich die therapeutische Kultur in einen Himmel, in dem gute Therapeuten alles unter Kontrolle haben, und in eine Hölle, in der verantwortungslose Helfer ihre Schützlinge missbrauchen.

6 «Das musst du doch verstehen!» Paardynamik und Helfersyndrom

Es gibt in der Moderne keine äußere Autorität mehr, die den Umgang mit dem regelt, was als sexuelle Treue gefordert werden darf. Der oder die Durchsetzungsfähigere bestimmt in unseren Liebesbeziehungen, wie mit der Treue und ihrem Wächter, der Eifersucht, umgegangen wird. Von den Reaktionen auf einen erlebten Treuebruch - gleichgültig, ob real oder phantasiert - ist die Eifersucht die aktivste und daher in der Psychologie auch bedeutsamste Reaktion.

Zu ihr gehört, wie das Aperçu von der «Leidenschaft, die mit Eifer sucht, was Leiden schafft» bereits andeutet, die aktive Suche nach Gründen, weshalb das Objekt unzuverlässig ist: Aggression, Jagd, Beweis, Verfolgung, Kontrollversuche unterscheiden die Eifersucht von der Verlustangst und der Trauer, den beiden anderen wichtigen Reaktionen auf die Verunsicherung in einer Liebesbeziehung.

In der Eifersucht geht es meistens um Sexualität in einer tieferen Bedeutung als der sozusagen abgezirkelten Möglichkeit, sich Lust zu verschaffen oder auszuprobieren, ob sich der Genitalkontakt mit A wesentlich von jenem mit B, C, D oder E unterscheidet. Da die sexuelle Beziehung geschaffen ist, Kinder zu zeugen, ist sie auch mit der Phantasie einer engen, unauflöslichen, haltgebenden Beziehung verknüpft. In dieser Nähe wurzeln auch wichtige Berührungspunkte, zu der Dynamik helfender Beziehungen. Eifersucht auf den «besseren» Helfer ist in allen Gruppen sozialer Berufe ein wichtiges Tabuthema. Die Krankenschwester, welche sich bei den Patienten (zu) «beliebt macht», wird so wenig unangefochten bleiben wie der (zu) freundlich zensierende Lehrer.

Wenn ein Paar in Eifersuchtskonflikte gerät, hängt das mit Unverträglichkeiten der Sicherheitsbedürfnisse zusammen. Es ist schwierig geworden, sich zu verständigen und Kompromisse zwischen den unterschiedlichen Bedingungen zu finden, unter denen Sicherheit erlebt werden kann.

Die eifersüchtige Extremreaktion, in der sich durch die Kenntnisnahme einer sexuellen Untreue der bisher geliebte Lebenspartner in ein Monster verwandelt, das hassvoll verlassen werden muss, hat diese Verhandlungsgrundlage verlassen; die verleugnende Gegenreaktion, wonach Eifersucht kindisch, bösartig-besitzergreifend, verschlingend oder auch nur kleinbürgerlich ist, sucht sie erst gar nicht auf. Wer seine Neigung zu solchen Extremen in Frage stellen kann, gewinnt eine Chance, die viel Lebensqualität retten kann.

Liebespartner sind in der Moderne füreinander die zentrale Garantie von Geborgenheit, das Versprechen einer eigentlich bedingungslosen Liebe und Fürsorge angesichts einer Welt, in der jedes Ding und jede Dienstleistung ihren Preis hat. Jede Beziehung von ähnlich verschmelzender (oder auch nur als verschmelzend phantasierter) Intensität wie die, welche als «meine Beziehung» erlebt wird, reißt eine Lücke in die schützende Außenhaut.

Je nachdem, wie stark sich das Paar bisher in wechselseitigen Idealisierungen gegen die Umwelt abgegrenzt hat, ist diese Lücke so unangenehm wie ein Rostloch in einer Autokarosserie, ein Riss in der Kabine eines Düsenflugzeugs oder ein Schaden in der Hülle einer Raumstation. Einmal dringt nur Regen ein.

Der Wert des Fahrzeugs sinkt; wird nichts unternommen, kann der Schaden um sich greifen und tragende Teile angreifen. Im zweiten Fall ist es eine ernstliche Havarie, in der die Passagiere mindestens mit Atemnot rechnen müssen und ein Absturz droht, wenn die Piloten nicht geistesgegenwärtig reagieren. Im luftleeren Raum ist das kleinste Leck tödlich.*

Die vom Eifersüchtigen eingeklagten Qualitäten der Beziehung werden von psychologisch Gebildeten häufig mit dem Wort «symbiotisch» versehen. Die Symbiose gilt nach einem psychoanalytischen Entwicklungsmodell als das erste Stadium der kindlichen Verbindung mit der Mutter. Das Kind erlebt die Mutter nicht als getrenntes, von eigenen Wünschen bewegtes Objekt, sondern als Teil der eigenen Person. Die Mutter umgekehrt ist überzeugt zu wissen, wie es ihrem Kind geht, was es fühlt. Sie spricht für es: «Jetzt gehen wir zu Bett, jetzt trinken wir, jetzt baden wir.»

Diese Vorstellung eines unzertrennlichen Wir gehört auch zu den Modellen der Liebesbeziehung. Es ist gut möglich, dass unser Bild der frühkindlichen Symbiose, von dem wir nicht durch eigene Erlebnisse, sondern nur durch Rekonstruktionen wissen, durch eine Rückprojektion unserer erwachsenen Liebesregressionen entstanden ist. Bereits Plato hat im «Symposion» den Eros mit solchen Sehnsüchten verknüpft, sich mit einer verlorenen Hälfte der eigenen Person zu verbinden.

Die Symbiose macht den Partner zu einer Provinz des eigenen Bewusstseins. Alles, was wichtig ist, soll gemeinsam sein, alles, was lustvoll ist, geteilt werden. Es darf keine Zeit geben, die schöner ist als die mit dem Partner verbrachte, kein Gespräch, das anregender ist, keine sexuelle Praktik, die ungewöhnlicher

* Vgl. die ausführliche Darstellung des Themas in W. Schmidbauer, Die heimliche Liebe, Reinbek 1999, S. 26 f.

ist. Diese Wünsche sind umso intensiver, je schlechter das Selbstgefühl der betreffenden Personen den Widerspruch zwischen Anspruch und Wirklichkeit überbrücken kann.

Mit großem Scharfsinn hat etwa Shakespeare in seiner Bearbeitung des «Othello» erfasst, dass die prekäre Position des Schwarzen unter einer weißen Mehrheit diesen dafür anfällig macht, seiner weißen Gemahlin zu misstrauen. Othello ist dort selbstbewusst, wo er durch Leistung seinen Rang beweisen kann. Wo es darum geht, sich liebenswert zu fühlen, erwacht sein Selbstzweifel. Ein Intrigant, dessen List der Feldherr in der Schlacht durchschaut hätte, hat leichtes Spiel.

Für die Disposition zur Eifersucht ist eine Stufe innerhalb der Persönlichkeit charakteristisch, eine Art Sollbruchstelle, die dann aufreißt, wenn die Illusion der absolut «festen» Partnerin (oder des Partners) in Frage gestellt ist.

Die oder der Eifersüchtige haben viele starke Komponenten in ihrer Persönlichkeit, die beispielsweise mit Fähigkeiten zusammenhängen, andere zu übertreffen, in einer Konkurrenz zu gewinnen, sich durchzusetzen. Diese kraftvollen Seiten verbergen eine tiefe Unsicherheit in der Geschlechtsrolle. Das spezifisch erotische, auf emotionale Bindungen gerichtete Selbstvertrauen ist schwach. Es bedarf dringend der Stütze durch eine idealisierte Beziehung – durch den Partner, der ganz und gar bewundert, der ausschließlich liebt, der in jeder Frage auf der eigenen Seite steht, der lieber Vater und Mutter, Bruder und Schwester verlässt und verrät als den Eifersüchtigen.

Der Eifersüchtige braucht die geliebte Person also nicht primär, um seine erotischen Wünsche, seine Bedürfnisse nach Zärtlichkeit oder nach Austausch im Gespräch zu befriedigen. Er ist sogar bereit, alle diese Einzelheiten, aus denen sich die lustvollen Mosaike des Alltagslebens einer Liebesbeziehung zusammensetzen lassen, preiszugeben, um ein Einziges zu gewinnen: die benötigte Stütze für sein Selbstgefühl.

Der Eifersüchtige ist immer in Gefahr, die für erwachsene Beziehungen charakteristische Orientierung an der Einfühlung in die realen Möglichkeiten des Partners zu verlieren. Er regrediert zu einer kindlichen Orientierung am Schmerz. Im Extremfall kann er gar nicht mehr über seine Leiden und Ängste sprechen, sondern nur sich selbst und/oder die Bezugsperson töten. In anderen Fällen wird das Objekt der Eifersucht drangsaliert, beschimpft, bedroht, bis es zurückschlägt, weggeht, kurzum bestätigt, dass die Liebe unzuverlässig und der Schmerz gewiss ist.

Der Eifersüchtige kann den Menschen, dessen Idealisierung ihn aufgewertet hat, nicht in dem Augenblick aufgeben, in dem er enttäuscht wird oder auch nur fürchtet, enttäuscht zu werden. Er kann ihn aber auch nicht in der bisherigen Funktion belassen. Es gelingt ihm nicht, was der selbstbewusste junge Liebhaber in einem jüdischen Witz sagt, als ihn ein schadenfroher Besserwisser auf die Untreue seiner schönen Geliebten hinweist: «Bin ich doch lieber beteiligt mit fünfzig Prozent an einem guten Geschäft als mit hundert an einem schlechten.»

Sich zu trennen, ehe idealisierte Personen einen enttäuschen können, ist eine andere Strategie, die vermutlich einer durchaus ähnlichen narzisstischen Bedürftigkeit entspringt, diese jedoch nicht als emotionalen Konflikt, sondern als scheinbar emotionslose Entwertung formuliert. Der Don Juan, der nur die uneroberte Frau idealisiert und die Eroberte in seinem Register zugleich verewigt und begräbt, kann niemals eifersüchtig werden, weil er keine Person so lange festhält, dass er fürchten muss, sie zu verlieren.

Eifersucht entsteht aus so viel Bindung, dass die geliebte Person auch dann festgehalten wird, wenn die Idealisierung der Beziehung nicht mehr möglich ist, und aus so viel Verlustangst, dass jede mögliche Entfernung panisch übersteigert wird. Der Eifersüchtige ist stark genug, um zu kämpfen, vorwurfsvoll zu sein, zu strafen, auf Rache zu sinnen, schwach genug, nicht seiner Wege zu gehen, sondern zu versuchen, durch gesteigerte Anstrengungen die geliebte Person wieder zu kontrollieren, in der vergeblichen Hoffnung, auf diese Weise zur früheren Idealisierung zurückzufinden.

In der Durchschnittsfamilie der traditionellen Gesellschaft ist es vernünftig zu sagen: Mein Partner / meine Partnerin ist vielleicht nicht treu, vielleicht erotisch nicht besonders attraktiv, aber wir arbeiten zusammen, versorgen uns und unsere Nachkommen, so gut es geht. In der modernen Familie gilt diese Haltung mindestens als Zeichen von Zynismus, wenn nicht als Signal einer seelischen Störung. Sie ist es auch insofern, als menschliche Liebesbeziehungen auf einen kulturellen Kontext bezogen sind und ohne ihn gar nicht gelebt werden können.

Inszenierte Symbiosen*

Im Folgenden geht es um einen besonderen Typus des Eifersuchtskonflikts, den durchweg Männer auslösen, die ein Helfersyndrom aufweisen. Sie waren im typischen Fall schon länger «glücklich verheiratet» und hingen sehr an ihren Kindern und ihrer Ehefrau.

Dieser Konflikt tritt an die Oberfläche, sobald die Betroffenen ihre Partnerinnen nicht nur in vielen Einzelheiten über

* Klaus Antons hat sich in einem schönen, sehr persönlichen Buch über «Helfen oder Lieben?» (Reinbek 1987) mit Trennung und Scheidung speziell in psychosozialen Berufen auseinandergesetzt.

eine manchmal reale, häufig aber nur phantasierte Liebesbeziehung zu einer anderen Frau unterrichten, sondern auch beschwörend um ihr Verständnis und ihre Zuwendung ringen. Diese Beziehung kann erst seit kurzem bestehen; manchmal gibt es sie auch schon seit geraumer Zeit, in der sie verheimlicht wurde. Die (Phantasie-)Geliebte wird als wunderbarer Mensch, als etwas ganz Besonderes geschildert, betont wird die Intensität der Faszination ebenso wie die Abwesenheit oder geringe Bedeutung von physischer Sexualität.

Die Erklärung für das Eingeständnis derart heftiger Gefühle für eine andere Frau lautet meist, die betroffenen Männer würden «es einfach nicht mehr aushalten», ihrer Partnerin etwas derart Wichtiges und Neuartiges zu verschweigen. Für die in ihrem Geständnis steckende Entwertung der Ehefrau, für die Tiefe der auf diese Weise entstehenden Kränkung haben die Männer wenig Einfühlung; sie sind häufig ehrlich erstaunt, dass ihr Geständnis weder honoriert («schließlich habe ich es mir nicht leicht gemacht!») noch ihr Anliegen, etwas Wichtiges über sich selbst zu sagen, «verstanden» wird.

Nicht selten wird eine Beteiligung der Partnerin an diesem Eingeständnis dadurch inszeniert, dass sich der Ehemann immer distanzierter verhält und depressiv wirkt. Wenn ihn die besorgte Partnerin dann befragt, was geschehen sei, erfolgt das Geständnis.

Ob die gekränkte Ehefrau allein in die Therapie kommt oder das Paar gemeinsam Hilfe sucht, immer ist das zentrale Thema Verwirrung auf beiden Seiten, verknüpft mit Wut und Verlassenheitsängsten. Die betroffenen Männer scheinen unfähig, sich klarzumachen, dass ihre Frau überfordert ist, wenn sie gleich einer guten Mutter der neuen Liebe ihres Partners Verständnis und Toleranz entgegenbringen soll. Oft behaupten die Männer, sie wüssten natürlich, dass sie solches nicht erwarten könnten, zeigen in ihrem Verhalten jedoch sehr deutlich, dass sie die Situation weder allein noch mit Hilfe ihrer Partnerin verarbeiten können. Spaltungsmechanismen dominieren: Der Mann, der alles gestanden hat, möchte am liebsten das Geständnis wieder rückgängig machen und wieder so tun, als ob nichts wäre. Der Mann, der bisher versucht hat, seine Gefühle allein zu bewältigen, hält das für unmöglich, für beziehungsschädlich, beschämend, unehrlich; alles wird besser, wenn er erst die Partnerin informiert hat.

Die Partnerin reagiert, wie von Mitteleuropäerinnen kaum anders zu erwarten, verängstigt und wütend. Sie fühlt sich entwertet und bedroht, versucht eventuell, eine Entscheidung herbeizuführen: entweder die idealisierte Geliebte oder ich! Wenn die Ehemänner auf ihr Drängen oder aus eigenem Entschluss ausziehen, fühlen sie sich elend und verlassen. Sie rufen ständig zu Hause an, wollen ganz viel mit den Kindern machen, beteuern abwechselnd die Einzigartigkeit der neu erwachten Gefühle und ihre feste Entscheidung für Ehe und Familie. Umgekehrt tun sich auch die Frauen sehr schwer, eine in erster Wut inszenierte Trennung durchzuhalten, schließlich war der Ehemann bisher ein verlässlicher Partner, die Kinder hängen sehr an dem liebevollen und fürsorglichen Vater, Bekannte und Freunde haben das «Traumpaar» bewundert.

Sobald die Männer nach einer vorübergehenden Trennung wieder einziehen, ist die Paarbeziehung nicht mehr das, was sie war. Oft beginnen die Konflikte erst jetzt in voller Schärfe. Die Ehefrau hofft, dass alles so ist wie früher, dass der Partner sich klar zu ihr bekennt und sich ihr intensiv zuwendet; schließlich ist er ihr etwas schuldig. Die Ehemänner hoffen, dass sie jetzt besonders liebe- und verständnisvoll behandelt und dafür anerkannt werden, dass sie ihrer Frau letztlich doch die Treue gehalten haben. Sie bestehen darauf, dass ihre Verliebtheit kostbar und einzigartig war beziehungsweise noch ist und nur eine böse oder uneinsichtige Partnerin sie dieser Kostbarkeit berauben wolle.

Da die Ehemänner in helfenden Berufen arbeiten, ist die (Phantasie-)Geliebte meist ein Schützling, freilich ein ganz besonderer: eine Patientin, eine jüngere Kollegin, eine Person mit Problemen, die verehrend zu dem Helfer aufgeschaut hat, die aber zugleich auch eine latente Phantasie des verliebten Helfers darstellte.

Oft ist die Geliebte selbst ambivalent gebunden und war deshalb besonders geneigt, in die Phantasiewelt einer idealisierten Traumbeziehung aufzubrechen, die beide dann festhält. Die Eröffnung gegenüber der realen Partnerin hängt damit zusammen, dass diese Phantasien und Sehnsüchte als bedrohlich erlebt werden, weil sie zu viel Energie aufsaugen; manchmal spielt es auch eine Rolle, dass die (Phantasie-)Geliebte sich aus einer Bindung befreit hat, jetzt erreichbar wäre, ein Ultimatum stellt.

Nach der Veröffentlichung der Beziehung kann die Geliebte häufig nicht damit umgehen, dass die entstandene Konstellation den bisher als souverän und stark idealisierten Mann derart verwirrt und schwächt. Die Geliebte wollte schließlich nie Verantwortung für die Kinder ihres Phantasiepartners übernehmen. Sie erklärt das ausdrücklich, manchmal sogar in Briefen oder Telefonaten an empörte und verbitterte Ehefrauen, die – anders als die verstrickten Ehemänner – partout nicht einsehen wollen, warum sie eine solche Geste auch noch schätzen sollen.

In den Augen der Männer gewinnen die Geliebten einen fast übernatürlichen Nimbus, weil sie so uneigennützig und großzügig sind. Anders als andere, kleinliche und egoistische Frauen (manchmal spürt die Ehefrau, dass damit sie gemeint ist) wollen sie niemandem etwas wegnehmen, beanspruchen keine Macht, würden niemals Kindern den Vater rauben. Für die ganz besondere Verbindung, die sich da entwickelt habe, könnten sie nichts. Warum, scheinen sich die Männer dann zu fragen, warum nur kann meine Frau die Dinge nicht so klar und schön sehen und annehmen wie meine Geliebte? *Warum ist sie nicht wie diese?*

Die Ehefrauen geraten durchweg in eine schwere Selbstgefühlskrise. Sie fühlen sich nicht nur betrogen und entwertet, weil ihr Partner plötzlich alle intensiven, berauschenden Gefühle mit einer anderen Frau verbindet. Sie fühlen sich auch verwirrt, weil ein bisher fürsorglicher, einfühlender, sie stützender Partner plötzlich keinerlei Verständnis für ihre Wut, ihre Angst oder ihre Verunsicherung aufbringt und gegen Versuche rebelliert, die gute Beziehung wiederherzustellen, welche die Frau bisher – kleine Mängel ausgenommen – als Basis ihrer Familie erlebt hat.

Der Mann klagt über das Unverständnis seiner Partnerin. Er will, dass die Ehefrau alles, was er ihr beichtet, auch verzeiht und ihm als freundschaftliche Beraterin zur Verfügung steht, wenn sich die Geliebte als kapriziös, launisch, abweisend oder untreu erweist. Darüber hinaus lässt sich oft bei den Ehemännern ein ungeduldiger, entwertender Umgang mit der Trauer, der Wut, dem eifersüchtigen Agieren der gekränkten Partnerin beobachten. Die Frauen meinen, ihre liebevollen, toleranten Partner von früher, die sich aufopfernd um die Familie gekümmert haben, nicht wiederzuerkennen. Die früher so hilfsbereiten Männer haben etwas entwickelt, das sich mit einem familienbezogenen Burnout vergleichen lässt. Sie sind gereizt, schnell empört, ungeduldig. Sie behaupten, während sie selbst nur einen kleinen Versuch der Selbstverwirklichung unternommen hätten, würden ihre Frauen schon ganz lange nur noch das tun, was ihnen Spaß mache, und jetzt unwürdig oder bösartig reagieren. Sie könnten es sich beispielsweise ganz und gar nicht vorstellen, einem geliebten Partner nachzuspähen, Schreibtischschubladen nach materieller, Handy und Computer nach virtueller Post zu durchwühlen. Sie sind pikiert, wenn die verzweifelte Frau zu unanständigen Mitteln greift, die Geliebte zur Rede stellt oder droht, deren Partner ins Bild zu setzen. In einem Fall äußerte ein Mann in der Paartherapie, er beneide seine Frau um einen Partner (nämlich sich selbst), der vor Jahren, als sie ihm von ihrer Irritation durch einen gemeinsamen Freund berichtete, ihr verständnisvoll zugehört habe, statt sie anzugreifen und schlechtzumachen.

Diese Szene empörte die Frau. Sie hatte die Geschichte ihrer Versuchung als Zeichen ihrer Treue erzählt, während ihr Mann die Geliebte zu einem gemeinsamen Urlaub eingeladen hatte, weil er das heimliche Verhältnis nicht mehr ertrug. Er wollte seiner Frau auf diese Weise klarmachen, dass sie nichts zu befürchten habe, dass ihr die andere nichts wegnehme.

Der Mann äußert häufig das Empfinden, schon viel zu lange viel zu viele eigene Interessen für die Familie und die Partnerschaft geopfert zu haben. Die Geliebte hat ihn aus einem Dornröschenschlaf geweckt, ihn neu belebt. Statt das zu begrüßen, es mit ihm zu feiern, ihn darin zu unterstützen, will die Ehefrau ihm nicht nur die Zukunft mit dieser Geliebten rauben, sondern auch die Vergangenheit. Sie will seine Gefühle und damit auch ihn schlecht machen, ihn als böse, als ehewidrig darstellen. Das ist Unrecht, das hätte er nie getan! Also schärft er seine Aufmerksamkeit für ihre Fehler.

In diesen Fällen verwandelt er sich aus einem toleranten, hilfsbereiten und emanzipierten Partner in einen Haustyrannen. Der Mann überwacht den Einkaufzettel, klagt die Energieverschwendung im Haushalt an, schimpft über die unordentlichen Kinder, stöhnt über Ungerechtigkeiten in einer Aufgabenverteilung, die bisher gut funktioniert hat. Warum soll immer er den Installateur rufen, wenn die Heizung defekt ist, warum soll immer er die Steuererklärung vorbereiten? Er reißt sich alle Beine aus, die anderen machen es sich bequem ...

Männer, die bisher auf ihre kompetenten Frauen stolz waren, die deren Kochkunst und ihr Organisationstalent gelobt und sie weit über die Frauen der Nachbarschaft erhoben haben, behaupten plötzlich, ihre Frau sei schon immer egoistisch und inkompetent gewesen, ein überzähliges Kind, mächtig nur in ihrer Ungeduld und in ihren unersättlichen Ansprüchen.

In den Fällen, die ich überblicke, hatten zwei Drittel der Männer nach der Geburt des ersten Kindes darauf bestanden, dass ihre Frau zu Hause bleiben solle; sie idealisierten die «richtige» oder «heile» Familie und betonten zunächst, dass ihre Ehefrau und ihre Kinder ein schönes Leben haben sollten, schöner als das, was sie in ihrer eigenen Kindheit erfahren hätten. Jetzt hingegen fühlten sich die Ehemänner ausgenutzt und überfordert. Sie behaupteten, eine emanzipierte Partnerin, die ihr eigenes Geld verdiene, sei ihnen schon immer lieber gewesen, und loben oft die Geliebte als eine solche Frau, die nicht so abhängig, nicht so eingeengt sei wie die Ehefrau, die originelle Dinge tue, ein freies Leben führe und derart bereit sei, etwas von ihrer Freiheit zu teilen.

Der vom Helfersyndrom geprägte Mann ist in diesen Fällen nicht männlich, sondern mit einer idealisierten mütterlichen Rolle identifiziert, die er auf die Partnerin projiziert und einklagt. Wenn diese seine Zuschreibung nicht übernimmt, regrediert er auf die Rolle der bösen, kontrollierenden Mutterimago. Er erlebt sich von seiner Frau feindselig dominiert und handelt entsprechend gegen sie, kontrolliert und entwertet sie, findet sie untüchtig, infantil, dominant, missgünstig, kann aber selbst keine Struktur halten und keine Führung übernehmen, sondern fühlt sich ihren Launen ebenso ausgeliefert wie sie den seinen.

Die Partner beobachten sich misstrauisch, reagieren höchst empfindlich auf die leiseste Andeutung eines Vorwurfs und antworten mit heftigsten Gegenvorwürfen. Sie bestreiten einander jede konstruktive Absicht und sind ständig mit Trennungsphantasien beschäftigt, die sich in einem wilden Karussell mit Versöhnungs- und Verleugnungsphantasien abwechseln. Es müsste doch nur ein weniges geschehen, und alles wäre wieder gut, man könnte zusammen versöhnt alt werden. Aber genau dieses wenige wird zuverlässig verweigert.

Zur Vorgeschichte: Immer sind die Väter der betroffenen Männer entwertet und/oder geschwächt. Der Sohn hat kaum je erlebt, dass der Vater seine Aufgabe in der Familie freudig und energisch erfüllte. Unter den Vätern waren Alkoholkranke, Behinderte, Traumatisierte, sozial Deklassierte, Kriminelle. Weniger die väterliche Beeinträchtigung an und für sich schien ausschlaggebend, eher die Art, wie sie in der Familie und von den betroffenen Vätern selbst verarbeitet wurde: Humorlos, chronisch gekränkt, durch Rückzug, durch Sucht.

Die Mütter verwirrten die Söhne durch ein Wechselbad von Idealisierung und Entwertung. Sie bewunderten ihre kleinen Helden als Partnerersatz und ödipale Sieger, verhinderten aber auch autonomes Verhalten und förderten eine triebfeindliche Einstellung zur Sexualität. In einem Fall berichtete der betroffene Mann, die Mutter habe während eines gemeinsamen Urlaubs im Gepäck des Vaters ein Männermagazin entdeckt und gemeinsam mit den Söhnen den Vater als Wüstling blamiert. Ein Vater war beinamputiert, ein dritter durch einen frühen Schlaganfall pflegebedürftig. Die Söhne hatten ihre Väter ausnahmslos als in der Familie isolierte und resignierte Männer erlebt, von denen sich die Mütter nicht trennen konnten.

Der Burnout des Familienvaters

Wer die Geschichte der betroffenen Paare erfragt, findet eine frühe Phase intensiver, prägender und befreiender Verliebtheit. Die in ihrem Selbstgefühl und in ihrer Sexualität unsicheren Männer sind dabei, sich beruflich gut zu entwickeln. Sie sind intelligent, leistungswillig, aufmerksam und können im Leistungsbereich ihre narzisstischen Kränkungen kompensieren.

Gegenüber Frauen kompensieren sie ihre Ängste häufig durch Arroganz. Sie fürchten sich, die soziale Überlegenheit ihrer Rolle als Psychologe, Arzt oder Lehrer im Eingeständnis erotischer Bedürfnisse preiszugeben. Angesichts intimer Beziehungen machen sie sich viele Sorgen, sie denken sogleich an eine feste Bindung, grübeln darüber nach, was ihre Mutter zu dieser Frau sagen würde, rationalisieren ihre Ängste vor Sexualität in Projektionen, welche ihre Vermeidungsstrategien stützen: Diese Frau, die sich für sie interessiert, ist zu dick, jene zu groß, die dritte «nicht mein Typ».

Umso beglückender und lebensprägender wird daher die Beziehung erlebt, in der es einer Frau gelungen ist, diese Abwehr zu durchdringen und das schwache männliche Selbst zu stützen. Sie sorgt dafür, dass sich der Helfer plötzlich nicht mehr als ängstlich und anspruchsvoll erlebt, sondern als Teil eines Traumpaares, das keinen der Konflikte kennt, mit denen sich andere Paare herumschlagen.

Die wechselseitige Idealisierung ermöglicht dem Paar Entwicklungsschritte, die beide Beteiligte sich nicht zugetraut hätten. Die Auseinandersetzung mit der Mutter wird nachgeholt, der Sohn kämpft sich an der Seite seiner Partnerin frei. So fühlt sich das jedenfalls für ihn an; der Analytiker wird freilich den Verdacht nicht los, dass jetzt die Ehefrau an die Stelle der Mutter getreten ist. Allerdings, denkt er vielleicht weiter: In welcher

Ehe ist es denn anders? Übertragen Ehepartner nicht immer ihre erste, prägende, symbiotische Beziehung aufeinander, erleben sie nicht immer im anderen die Mutter?

In modernen Ehen setzt die Geburt des ersten Kindes die Beziehung regelmäßig unter Druck. Wir können das an dem ersten Gipfel der Scheidungszahlen ablesen, den die Statistik in dieser Periode anzeigt. (Der zweite tritt auf, wenn die Kinder den gemeinsamen Haushalt wieder verlassen).

Der soziale Hintergrund dieser Krise ist die Aufgabe, Kinderversorgung und Beruf zu integrieren, indem das Paar seine Rollen auf eine weit gründlichere Weise klären muss als bisher: Müssen beide die Elternschaft in ihren Beruf einbetten, oder wird diese Aufgabe an eine(n) delegiert? Wer verzichtet auf die Karriere? Wer organisiert die Betreuung, wer geht zum Elternabend? Der psychologische Hintergrund ist die Aufgabe, die bisher unbewussten narzisstischen und Abhängigkeitsbedürfnisse zu reflektieren und sich gegenseitig in den Elternrollen zu festigen.

Das Kind zieht wie ein Magnet die bisher im Verborgenen von den Partnern einander gespendeten Erfüllungen kindlicher Bedürfnisse an sich. Wenn die Partner nicht verarmen sollen, müssen sie neue Formen narzisstischer Bestätigung füreinander entwickeln. Wenn das nicht gelingt, wirft bald die Frau ihrem Mann vor, sie brauche einen Familienvater und kein zweites Baby, während der Mann seine Frau als sexuell unattraktives Muttertier entwertet und sich aus der Familie an Orte zurückzieht, an denen er mehr Bestätigung findet – im Beruf, in der Freizeit, bei anderen Frauen.

In den Fällen, die ich hier beschreibe, berichteten die Partner durchweg, sie hätten diese kritische Phase gut überstanden. Es sei ihnen gelungen, sich in den neuen Rollen narzisstisch zu bestätigen und zu festigen. Die Männer erklärten ihre Partnerinnen zu guten Müttern, die Frauen ihre Partner zu aufmerksamen, liebevollen Vätern, häufig mit einem Akzent darauf, wie vorteilhaft sich diese vom Durchschnittsmann unterscheiden würden.

Auffällig war vielleicht eine Neigung, auftretende Konflikte zu bagatellisieren, ein gewisser Mangel an der Fähigkeit, sich liebevoll zu streiten. Diesen Paaren war es ein wenig zu wichtig, sich über befreundete Paare zu erheben, die sich häufiger stritten oder gar scheiden ließen; sie neigten schon vor dem aktuellen Eifersuchtsdrama dazu, kränkende Differenzen lieber zu leugnen als sie humorvoll zu brechen.

Das Bedürfnis, nach außen und innen als perfektes Paar zu funktionieren, anderen Paaren als Vorbild und Halt zu dienen, überträgt das Helfersyndrom auf eine Partnerschaft, schließlich auch auf die ganze Familie. Die Eltern wollen alles besonders gut machen und können Eindrücke nicht verarbeiten, dass sie sich nicht vorteilhaft von anderen abheben.

In der Regel gerät diese perfekte Familie in eine Krise, wenn heranwachsende Kinder beginnen, in der Pubertät die Eltern kritisch zu sehen. Bei einem Therapeutenehepaar waren die Eltern stolz darauf, dass es im Haus nur einen Fernseher gab und die Kinder erfolgreich dazu motiviert worden waren, nur genau überwachte und vorher abgesprochene Sendungen zu sehen. Als die älteste Tochter in das Teenageralter trat, wollte sie sich nicht mehr bevormunden lassen, es gab immer wieder Streit.

Dieser Streit war einer der Gründe, die der Vater anführte, als er sich eine kleine Wohnung in der Nähe seiner Praxis nahm: Er brauche mehr Ruhe. Nachdem er bald seiner Frau gestanden hatte, er brauche den Abstand auch, um sich über die Ehe klar zu werden und seine Gefühle für eine von ihm schwärmerisch verehrte Expatientin zu ordnen, eskalierte eine bisher undenkbare Auseinandersetzung. Als der Mann wieder eingezogen war, löste sich die bisher einheitliche Haltung der Eltern gegenüber der Tochter auf. Während die Mutter nach wie vor versuchte, den Fernsehkonsum der Dreizehnjährigen autoritär zu regeln, kämpfte jetzt der Vater an ihrer Seite gegen die dominante, bevormundende Mutter. Das hinderte ihn aber nicht daran, an freien Vormittagen fluchtartig das Haus mit der Begründung zu verlassen, er ertrage es nicht mehr, dass hier ständig geglotzt werde.

Diese Widersprüche hängen damit zusammen, dass durch die Außenbeziehung eine bisher sorgfältig geregelte Abwehr von Regressionen beziehungsweise von kindlichen Bedürfnissen der Eltern zusammenbricht. Diese Abwehr von Regression ist für das Helfersyndrom charakteristisch: Die kindliche Seite wird delegiert; dadurch stärkt der Helfer die eigene Identifizierung mit einer perfekten Mutter. Sobald das Elternpaar diese perfekte Mutter nicht mehr als gemeinsame Rolle spielen kann, um regressive Tendenzen abzuwehren, bildet sich in der Interaktion des Paares ein schillerndes Mosaik aus infantiler Klage und moralisierender Kritik.

Der Vater, dem ich das Fernsehbeispiel verdanke, sagte manchmal mit einer Mischung aus Stolz, Vorwurf und Appell, er müsse jetzt so oft weinen, das sei ihm vorher viele Jahre nicht passiert. Diese Tränen vergoss er durchweg, wenn er an die Phantasiebeziehung dachte, welche er gleichzeitig gegenüber seiner Frau verteidigte, weil er schließlich mit dieser erheblich jüngeren Frau nie Sex gehabt habe. Seine Frau sei immer noch, obwohl er doch zu ihr zurückgekehrt sei, so verblendet zu glauben, er sei einer von den Männern, die während der Midlifecrisis wegen einer Jüngeren die Familie verlassen. Allerdings habe diese Frau in ihm Gefühle ausgelöst, die er während seiner Ehe nie erlebt habe und die er ihr leider nicht erklären könne, weil sie dann sofort wütend und unzugänglich reagiere. An den

Paartherapeuten gewandt setzt er hinzu: «Und jetzt verlangt sie von mir, ich müsste den Kontakt zu dieser Frau beenden. Das geht doch nicht, das will ich nicht, das ist, als sollte ich mir den Kopf abschneiden.»

Die narzisstische Bedeutung der Sexualität

Der Sexualtrieb ist in der christlichen Kultur unanständig. Ihn zu befriedigen, wenn er sich bemerkbar macht, wird auch von vielen jener Menschen als peinlich, würdelos und geradezu unmöglich erlebt, die sich von einengenden moralischen Traditionen der Kirchen befreit glauben. Ein erfülltes, stabiles und befriedigendes Sexualleben speist sich hingegen daraus, dass kindliche, polymorphe, manchmal als «pervers» abgewertete Lüste in einen lebendigen erotischen Dialog einbezogen werden.

Christlich geprägte Helfer glauben sich oft sexuell emanzipiert, haben aber ihre charakteristischen Ideal-Identifizierungen in ihr «freies» Liebesleben importiert. Erlaubt ist Sexualität, wenn Sexualität perfekt ist. Sie entscheiden sich in der Regel lieber dafür, auf Lust zu verzichten, als sie unter nicht idealen Bedingungen zuzulassen. Daher verarmt ihr Sexualleben im Alltag oft sehr schnell, vor allem, wenn sie eine Familie gründen.

Schwangerschaft und Geburt verändern eine Frau äußerlich und innerlich. Wenn in einer Ehe wenigstens ein Partner ein stabiles sexuelles Selbstgefühl hat, kann er darauf bestehen, dass solche Veränderungen kein prinzipielles, sondern allenfalls ein situatives Hindernis sind. Wo aber ein perfektionistisches Verhältnis zur Sexualität dominiert, wie es den Helfer charakterisiert, der seine regressiven Neigungen tabuisiert, bereitet es dem Paar gerade wegen der traditionell hohen wechselseitigen Idealisierung Mühe, Einbrüche an sexuellem Interesse, an erotischen Möglichkeiten, an wechselseitiger Anerkennung in der Sexualität und durch die Sexualität zu verarbeiten.

Ehe er etwas Unvollkommenes zulässt, verzichtet der Helfer lieber ganz. Der oben erwähnte Therapeut hatte schon bald nach dem zweiten Kind immer seltener mit seiner Partnerin verkehrt. Sie zögerte lange, das anzusprechen, wurde aber immer ärgerlicher, dass nur noch etwas passierte, wenn sie den ersten Schritt tat.

Dieser Ärger ist ein verlässliches Zeichen für eine latent triebfeindliche Einstellung. Zugelassene Triebhaftigkeit trägt ihren Lohn im Erfolg. Der gestohlene Apfel schmeckt nicht schlechter als der geschenkte, manchmal vielleicht sogar besser. Wenn Liebende sich beklagen, dass sie den ersten Schritt tun müssen, drückt das eine stärker narzisstisch, weniger triebhaft bestimmte Beziehung zur Sexualität aus. Wenn sich die Partnerin darüber beklagt, dass *immer* sie den ersten Schritt tun muss, schließen wir daraus, dass sie fürchtet, für den Partner nicht (mehr) interessant genug zu sein. Sie hat den Verdacht, dass er sich nach einer Schöneren, Jüngeren sehnt.

Aber was bedeutet es, wenn sie beginnt, sich nun ihrerseits rar zu machen, sich der eigenen Lust zu berauben, weil ihr Partner so selten den ersten Schritt tut, schließlich dafür zu sorgen, dass sie ihn seltener begehrt als er sie? Hier scheiden sich wohl die Geister; der psychoanalytische, triebfreundliche Geist würde sagen, dass sie im Begriff ist, sich in ein sadomasochistisches Geschehen zu verstricken, es für wichtiger zu halten, dem Partner in einem Machtkampf überlegen als gemeinsam mit ihm lustvoll beschäftigt zu sein.

Mit dem Helfersyndrom hat diese Situation insofern zu

tun, als sie den charakteristischen Versuch des narzisstisch bestimmten Helfens ausdrückt, kontrollierend und manipulierend zu verschlimmbessern, was ohne diesen Eingriff ganz gut funktioniert hat. (Ein Beispiel ist die Krankenschwester, die den schlafenden Patienten weckt, um ihm sein Schlafmittel zu verabreichen).

Das – gemessen an früher – nicht mehr so feurige, so bestätigende Sexualverhalten wird ganz gelähmt, wenn die Partnerin, welche bisher den Anstoß gab, ihre Bemühungen einstellt. Die Eheleute hören auf, miteinander zu schlafen. Bisher haben sie die Erotik leidlich am Laufen gehalten. Jetzt soll durch den Verzicht auf das Unvollkommene, Provisorische, Kindliche («ich will es haben, egal wie!») die Rampe gebaut werden, von der sich die Perfektion in den Himmel erhebt. Es soll erreicht werden, dass der Partner endlich einsieht, was er verschuldet hat, dass er sich bessert und auf diese Weise den idealisierten Zustand der frühen Verliebtheit neu belebt.

Leider ist ein weit weniger erwünschter Ausgang häufiger: Statt sich auf seine frühere Leidenschaft zu besinnen, fühlt sich der Partner zurückgestoßen und vollends entwertet, der bisher aus eigener Kraft nicht mehr den Weg zum Gegenüber fand. Es machte ihm selbst zu schaffen, dass er kein so guter Ehemann war, wie er sein müsste, und jetzt wird ihm auch noch unmissverständlich klargemacht, wie sehr er als Liebhaber versagt, wie wenig er es seiner Frau ermöglicht, sich als Frau bestätigt und sicher zu fühlen.

Bei dem erwähnten Therapeutenehepaar hatte die Frau schon übel genommen, dass ihr Partner so wenig Initiative entfaltete. Sie wollte mit ihm darüber sprechen, was ihn an ihr störe, was sie unattraktiv mache, was sie tun könne. Er wehrte ab. Er habe momentan eben wenig Lust, was gäbe es da zu diskutieren, er sei kein Rammler wie andere Männer, das habe ihr früher doch an ihm gefallen! Ihre Ehe sei doch etwas ganz Besonderes.

Dann entdeckte sie, dass er zwar mit ihr schlief, aber keinen Orgasmus hatte. Wieder wollte er sich darüber nicht aussprechen. Er wollte ihr doch nichts Kränkendes sagen. Merkte sie denn nicht, dass er das nur ihretwegen tat und selber mehr Lust bei der Selbstbefriedigung empfand? Er gab sich doch solche Mühe, aber nie war sie zufrieden.

Es wäre in einer solchen erotischen Pattsituation hilfreich, dem Partner von den Phantasien zu erzählen, welche die Selbstbefriedigung begleiten, und aus ihnen einen neuen Ansatz für die gemeinsame Sexualität zu entwickeln. Das Gegenteil geschieht, wenn der Mann anfängt, über seine Idealisierung einer Traumfrau zu sprechen. Das ist pervertierter Reparaturversuch und Aggression in einem. Die verlorene Sexualität wird in einer Weise in die Beziehung zurückgebracht, welche für die Partnerin unannehmbar ist, welche die Enttäuschung aneinander extrem verschärft, Hoffnung in Verzweiflung und Freundschaft in Hass verwandelt.

Unser sexuelles Selbstbewusstsein ist prekär und den Forderungen der individualisierten Gesellschaft nur bedingt gewachsen. Daher ist wohl kaum eine Frau so stark, nachzuvollziehen, was dem Analytiker des Paares als Deutung in den Kopf kommt: dass der Ehemann etwas wie einen Heilungsversuch startet, indem er die idealisierte Geliebte findet, seine Phantasie an sie bindet und an ihr belebt, aber nicht mit ihr schläft, sondern die Situation als Geschichte wieder zurücktransportiert in die Ehe.

Wenn wir uns ein wenig zynische Lebensnähe gestatten, können wir sogar denken: Wäre es nicht gut für die Ehe gewesen, wenn der Mann die neu erwachte Leidenschaft in das Ehebett brächte, ohne seiner Frau ihre Quelle zu verraten? Aber es befriedigt nicht, Ratschläge zu geben; wir wollen verstehen. Was motiviert den Mann, zu tun, was er tut? Ist es Rache? Er war schon längere Zeit gekränkt, konnte die Dominanz seiner Frau nicht ertragen, hatte die Vorstellung, er schufte, sei der Goldesel, welcher ihr und den Kindern ein bequemes Leben verschaffe. Er konnte sich diese hässlichen Gefühle nicht eingestehen, die so gar nicht zu seinem Selbstbild als liebevoller Partner und guter Vater passten. Er war über dieser Mischung aus Pflichterfüllung und Frustration depressiv geworden, ausgebrannt, hatte keine Lust und keine Kraft mehr in seinem Liebesleben, bis dieser Engel auftauchte, ihn aus seinen Fesseln befreite. Was er als nagelneue Gefühle, als nie dagewesen erlebt, ist eigentlich das Uralte, das auch mit der jetzt entwerteten Gattin einmal da war. Neu ist es, weil es so verloren, so verschüttet war, dass er sich gar nicht mehr daran erinnern kann. Sartre hat recht, wenn er in seinem Drama «Huis Clos» (dt. [Bei geschlossenen Türen] «Geschlossene Gesellschaft») sagt: «Die Hölle, das sind die andern!»

Abgewandelt für die Ehe: Die Hölle für das Liebespaar ist die Unfähigkeit, sich gleichzeitig an dieselben Dinge zu erinnern. Während der Mann in unserem Beispiel die Gefühle angesichts der neuen Frau als einzigartig neu und nie dagewesen idealisiert, fragt sich die Frau verzweifelt, was es denn für Gefühle waren, die sie während der eigenen Verliebtheit vor zehn Jahren so intensiv ausgetauscht haben. Und sie findet in sich keinen Halt, keine Struktur, die ihr sagen würde, dass es genau dieselben Gefühle waren, vielleicht sogar intensivere, denn immerhin hat sie damals mit ihm heiße Nächte verbracht, während er von solchen Nächten mit einer anderen nur geträumt hat.

Dem entgegen wirkt die narzisstische Wut auf beiden Seiten. Der Mann, welcher dem zynischen Ratschlag folgt und mit dem

Playgirl im Kopf zu seiner Frau ins Ehebett steigt, ist in unserem Fall vielleicht genau der verspottete Vater, der seinen Familienurlaub mit einer derart unwürdigen Zeitschrift verbringt.

Angesichts von Idealstrukturen, welche die sexuelle Legierung von würdig und schamlos, von Gier und Verständnis entmischen und rein darstellen wollen, muss ein Schuldiger oder eine Schuldige gefunden werden, wenn die Erotik nicht perfekt funktioniert.

Indem er die Geliebte idealisiert, ohne mit ihr zu schlafen, indem er die Intensität seiner Gefühle, das ganz Besondere an ihr betont und es nicht in eine reale Bindung umsetzt, spiegelt der schon lange gekränkte Perfektionist seiner Frau, dass nicht er es ist, der an der Misere schuld ist. Er könnte, wenn sie nur wollte, nein, nicht wollte, wäre: wenn sie so wäre wie die Geliebte, dann wäre diese schließlich überflüssig, und alles wäre gut. Da sie aber nicht so ist und nicht einmal versteht, was ihn mit der Geliebten verbindet, kann er nichts mehr machen, er hat das Seinige getan und muss jetzt leiden, ja zugrunde gehen, weil er nicht verstanden wird, weil niemand sieht, was er Gutes wollte und will.

Die Frau hat zu ihrem Helfer und Helden aufgeblickt, hat ihn gestützt, hat über seine kindischen Züge hinweggesehen. Sie dachte, ihm einen Gefallen zu tun, wenn sie ihn noch ein wenig ernster nahm als er sich selbst, und das war in jedem Fall schon viel zu ernst. Deshalb ist sie jetzt doppelt bedroht: Er hat an Ansehen, an Würde in ihren Augen eingebüßt, sie weiß nicht, was jetzt noch Schlimmeres geschehen kann, und bemüht sich in schlaflosen Nächten, das auszudenken. Es kann einfach nicht wahr sein, dass er, der doch so tüchtig ist, so anerkannt als Therapeut, in einer derart kindischen Phantasiewelt lebt! Es muss mehr dahinter stecken, die Frau, von der er erzählt, ist eine ernste Gefahr. Was kann sie nur tun? Soll sie sich gleich trennen oder noch abwarten? Die Freundinnen raten, ihn zu verlassen, aber was dann?

Die Partnerinnen sind in mehr als einer Hinsicht verstrickt und alles andere als reine Opfer. Sie haben sich auf die Scheinwelt eingelassen, welche durch ihre unkritische Teilnahme oder auch aktive Mitgestaltung (in der Hälfte der Fälle kam auch die Partnerin aus einem helfenden Beruf) aufgebaut wurde, haben die pharisäischen Vergnügungen geteilt, welche es bereitet, andere Paare für schlechter zu erklären, um besser dazustehen. Sie können auch jetzt nicht darauf verzichten, den Partner mit Vorwürfen zu verfolgen oder ihm nachzuspionieren. Auch ihnen scheint es nicht zu gelingen, Sexualität als triebhaftes Geschehen einzuschätzen, das nur in einer konstruktiven und freundschaftlichen Stimmung gemeinsam organisiert werden kann, das aber in allen anderen Fällen von jedem erwachsenen Menschen allein zu verantworten ist.

Diese Verstrickung der Partnerin hängt einerseits mit der Partnerwahl zusammen, andererseits mit den spezifischen Deformationen durch die lange Beziehung mit dem Helfer-Partner. Die Partnerschaft beruhte auf einer mächtigen und geraume Zeit stabilen Idealisierung, in der folgerichtig jene Anteile der Realität nicht erkannt, besprochen und verarbeitet werden konnten, welche diese Idealisierung hätten gefährden können. Konkreter: Im Augenblick der Krise wird deutlich, wie wenig sich die Partner bis zu diesem Zeitpunkt kannten, wie fremd sie sich im Grunde sind, wie vieles, was in ihnen enthalten war, durch die Dynamik der Beziehung verborgen bleiben musste.

Die Störungen in der Aggressionsverarbeitung

Ein wichtiger Aspekt des Helfersyndroms wurde ursprünglich als «indirekte Aggression» beschrieben. Aggressionen werden nicht ausgedrückt, wie sie im Erleben entstehen, sondern auf dem Umweg über die Durchsetzung eines Ideals, einer moralischen Norm. Der Helfer wird beispielsweise nicht sagen, dass er genervt ist, dass er sich von diesem Schützling ab- und einem anderen zuwenden möchte. Er weist eher darauf hin, dass bedürftigere Patienten draußen warten und er sich unbedingt diesen zuwenden müsse.

In den beschriebenen Eifersuchtskonflikten lässt sich diese Störung der Aggressionsverarbeitung ebenfalls an einem Umweg dokumentieren. Die Auseinandersetzung mit der Partnerin wurde vermieden. Der Mann hielt viel länger an der Rolle des der Partnerin bedingungslos ergebenen Ritters fest, der ihr alle Wünsche von den Augen abliest, als er das innerlich tragen konnte. Sie hat hingegen oft schon lange gemerkt, dass etwas nicht mehr stimmte, hat aber aus Rücksicht über die von ihr wahrgenommene Bedürftigkeit des Partners, ein untadeliger Ehemann und Vater zu sein, geschwiegen.

Die Phantasien von der idealen Geliebten, welche der Ehefrau schließlich serviert werden, gewinnen dann die Funktion der vergifteten Lanze, die sich das Opfer noch dazu selbst ins Fleisch stößt. War nicht die Ehefrau diejenige, die auf absolutem Vertrauen, auf Austausch über alle tieferen Erlebnisse bestanden hat? Hat sie nicht gefragt, hat sie nicht alles wissen wollen? Und jetzt dankt sie es auf diese Weise!

Unzufriedenheit in einer Liebesbeziehung mitzuteilen ist gefährlich und kreativ zugleich, in jedem Fall ein Test im Hinblick auf ihren Abstand von Perfektionismus, von primitiven Idealisierungen und Entwertungen. Wo schon bisher Regressionen zugelassen, kindliche und daher unreife, selbstbezogene Wünsche angenommen werden konnten, ist es auch leichter, zu jammern, dass der Partner gar keine Zeit mehr hat und gar nichts mehr tut, und sich dann schnell trösten zu lassen, dass dem doch nicht so ist, sonst hätte ich ja niemanden, dem ich mich mit solchem Gejammer anvertrauen kann.

Wo aber die Ansprüche groß und die Helfer-Ideale graniten sind, heißt es sogleich, dass es verfehlt sei, in einer Beziehung «immer» oder «nie» zu sagen, Vorwürfe zu äußern, dem anderen Unrecht zu tun. Wer nicht eine konstruktive Kritik vorzubringen weiß, der halte lieber den Mund, auch wenn er zehnmal denkt, dass Familie doch der Raum sein müsste, in dem man anders sprechen darf als im Kommunikationstraining.

Wer so vom eigenen Perfektionismus in den Rückzug getrieben wurde, der verliert die Sehnsucht nach einem Ort der Regression nicht, im Gegenteil. Er baut sich seine Traumwelt, pflegt seine Sehnsucht im Abseits und bemerkt zunächst vielleicht gar nicht, dass sich in diesem heimlichen Garten auch eine Gefährtin organisiert hat.

Einer der betroffenen Männer war seit zehn Jahren verheiratet und hatte zwei Kinder. Er hatte als Kind seine Mutter über ihre Trennung von dem alkoholkranken Vater getröstet. Aus einer schon längere Zeit von ihm als leer erlebten Ehesituation heraus verliebte er sich in die Leiterin eines Flamencokurses, den er zusammen mit seiner Frau besuchte.

Er gestand dieser Lehrerin seine Zuneigung und fragte, ob sie mit ihm ein gemeinsames Leben beginnen wolle. Sie verwahrte sich dagegen, sie sei mit ihrem Partner sehr glücklich. Dann berichtete er seiner Ehefrau von dieser Aktion. Diese zog sich von ihm zurück und begann später ein sexuelles Verhältnis mit einem gemeinsamen Freund, das der Ehemann sich – zwischen Wut und Resignation schwankend – gefallen ließ.

In einer Therapie festigte er sich so weit, dass er um seinen Platz in der Ehe kämpfte, die Zumutung durchschaute, der er seine Frau ausgesetzt hatte, und allmählich wieder zu ihr fand. Im Zug der Analyse seiner Distanz zu seiner Frau kam er auf eine Szene zu sprechen, die sich während ihrer ersten gemeinsamen Reise ans Meer abgespielt hatte. In einer Vollmondnacht am Strand hatte er sie gefragt, ob sie ihn heiraten wolle, worauf sie sagte, ihr sei kalt, sie wolle nach Hause gehen.

Er war enttäuscht, konnte aber über seine Kränkung nicht sprechen und setzte sich bis zu seiner Therapie nicht mit dieser Reaktion auseinander. Seine spätere Reaktion lässt sich so verstehen, dass sich das Bild der «richtigen», emotional auf ihn einschwingenden Frau im Hintergrund seiner Partnerschaft aufgebaut hatte. Die Flamencolehrerin kam dann diesem Bild entgegen.

Die Verliebtheit setzt ein, wenn wie bei der Bohrung eines Tunnels von zwei Seiten die eigenen, chronisch enttäuschten Sehnsüchte nach Verschmelzung einem Menschen begegnen, der sie gleich einem Resonanzkörper verstärkt und so für die Partnerschaft kommunizierbar macht. Die flüchtigen, «unwichtigen» kindlichen Bedürfnisse des Helfers dürfen erst dann Gestalt annehmen, wenn er einen Kristallisationskern gefunden hat, um den sie sich konkretisieren.

Dass dieser Kern eine andere Frau ist, wird von den Helfern zunächst mit einer merkwürdigen Neutralität erlebt. Das gilt vor allem dann, wenn keine sexuelle Beziehung entstanden ist und entstehen wird, wie auch in dem vorliegenden Fall, wo die ersehnte Geliebte sich verweigert hatte.

Die indirekte, ihnen selbst unbewusste Aggression der Helfer blockiert ihre Wahrnehmung für den Schmerz, den sie ihrer Partnerin zufügen. Sie scheinen nicht damit zu rechnen, dass ihre Ehefrau sich gekränkt und entwertet fühlt, weil sie eine andere Frau bewundern und sich mit ihr ein viel schöneres Leben vorstellen, als es die gegenwärtige Ehe ist.

Sie sind so mit sich und ihren «neuen» Gefühlen beschäftigt, dass sie gar nicht darüber nachdenken, wie ihre Geständnisse auf die Partnerin wirken werden. Sie orientieren sich, charakteristisch für jede narzisstische Störung, nicht an der Einfühlung, sondern am Schmerz: Wenn die beleidigte Partnerin zusammenbricht, weint, droht, zurückschlägt, erwachen sie aus ihrer Indifferenz und versuchen, die Ehe wieder gutzureden.

Das kann in der Regel auch deshalb nicht gelingen, weil die «neue» Frau nicht nur Gegenstand von Sehnsucht, sondern auch Waffe ist. Sie richtet sich gegen die «alte» Partnerin, straft für Jahre imaginierter Unterwerfung und Dienstbarkeit. In der unbewussten Phantasie war diese Frau in der Anfangsphase der Beziehung ein sexualisierter Aspekt jener idealen Mutter, die der Helfer ebenso sucht, wie er sie selbst verkörpern möchte. Mit ihr im Bund konnte er sich aus seiner Mutterbindung lösen. Aber indem er sich löste, band er sich auch, unterwarf sich sexuell, opferte den Vorstellungen der Partnerin und brachte eigene, abweichende Wünsche in sich zum Schweigen.

Der Knabe wird zum ödipalen Sieger, indem er eigene phallische Wünsche opfert, um der entsexualisierte, «gute» Diener einer Mutter zu werden, welche die Sexualität dämonisiert und den Vater entwertet, der sie verkörpert. Diese phallischen Kräfte fehlen dem Helfer, er ist ein zielgehemmter Don Juan, dem die Rücksichtslosigkeit mangelt, mit der das literarische Vorbild stets die schon eroberten Frauen ablehnt und nach einer neuen Eroberung greift.

Der Helfer in unseren Beispielen ist ein ödipaler Sieger, der seine Waffen der Mutter weihte. So ist ihm die Aggression ebenso wie die phallische Komponente der Sexualität abhanden gekommen. So kann er sich der übermächtigen Mutter nur dadurch erwehren, dass er ihr dient, und der Kränkung durch sein Dienen nur dadurch, dass er eine Rivalin zur Waffe gegen die Mutter schmiedet.

Die Eifersuchtskrise entsteht, sobald er dieses Manöver wiederholt, weil inzwischen aus der Rivalin der Mutter eine neue Mutter wurde. Während aber eine Mutter einsehen wird, dass ihr Sohn jetzt einer anderen Frau gehört, kann die Ehefrau, mit der (Phantasie-)Geliebten konfrontiert, weder für sich selbst noch für den Helfer eine solche Lösung finden.

Ein prominentes Beispiel für das Dilemma des ödipalen Siegers ist der amerikanische Expräsident Bill Clinton, dessen bizarre Rolle zwischen seiner Ehefrau und seiner Praktikantin viel Rätselraten bewirkt hat.

Hillary Clinton brach Ende Juli 1999 ihr Schweigen über die Affären des damaligen Präsidenten der USA und erklärte, Bill Clinton sei als Kind im Alter von vier Jahren von seiner Mutter und Großmutter missbraucht worden. Die beiden Frauen hätten den kleinen Bill in ihren Streit hineingezogen und an ihn Forderungen gestellt, die nur ein Mann erfüllen könne, an denen ein Kind aber scheitern müsse. Diese seelische Verletzung, so Hillary Clinton, habe dazu geführt, dass der spätere Präsident eine Art frauenspezifisches Helfersyndrom entwickelt habe. Er könne Frauen nicht «widerstehen»; tue alles für sie, wolle es ihnen recht machen, ihre Bedürfnisse erfüllen.

Die Geliebte als Sprache

Viele der betroffenen Frauen sind, wie Hillary Clinton in diesem Bericht, gerne bereit, das Verhalten ihres Partners mit seinem Mutterkomplex zu verbinden. Es entlastet sie zu glauben, dass er ihnen etwas antut, was er seiner Mutter ersparen wollte, dass er sich nicht von ihnen lösen will, sondern in Wirklichkeit von der Mutter, dass es sich um eine verspätete Pubertät handle, der endlich, hoffentlich ein reiferes, gefestigtes Verhalten folgen werde.

Aber das Geschehen lässt sich besser verstehen, wenn die Phantasien, die realen und projizierten Erlebnisse in dem Komplex «ich habe eine andere Frau kennengelernt» als Sprache verstanden werden. Der Ehemann sieht in der Beschreibung dieser anderen Frau die einzige Möglichkeit, seiner Partnerin mitzuteilen, was ihm fehlt und was er sich wünschen muss, um nicht depressiv zu werden.

Hier lässt sich auch der Zusammenhang mit der Mutter nachweisen. Die Kommunikation auf dem konkretistischen Weg der Idealisierung einer Person und der Entwertung einer zweiten entspricht der Szene des ödipalen Siegers, in der die Mutter den «primitiven», alkoholkranken, sexsüchtigen Vater entwertet und den Sohn idealisiert.

Der Sohn kann den Vater nicht ersetzen, er weiß das ebenso wie die Mutter. So ist klar, dass diese konkretistische Lösung nur eine Verleugnung der Realität aufbauen kann, keine Entwicklung eröffnen. Der reale Vater bleibt entwertet, der idealisierte Sohn kann nicht an seine Stelle treten, die Mutter verharrt im Defizit und kann allenfalls einen trügerischen Trost darin finden, dass sie ihre Schwiegertochter in ihr System einzubeziehen sucht.

Die Mutter eines der Klienten (eines Arztes), der nach fünfzehn Ehejahren seine Partnerin durch eine Phantasiebeziehung drangsalierte, hatte ihrer Schwiegertochter während der Verlobungszeit erzählt, der Schwiegervater sei ein Wüstling und habe es einmal in einer Nacht fünfzehnmal mit ihr getrieben. Die Ehefrau des Sohnes hatte den Auftrag erhalten, sie müsse von Anfang an darauf achten, dass sich der Sohn, den sie zu einem «ganz anderen» Mann erzogen habe, sich in dieser Richtung weiterentwickle.

Die junge Frau hatte diesen Auftrag zuerst erstaunt zur Kenntnis genommen und ihn dann vergessen. Sie erinnerte sich wieder an ihn, als nach der Geburt der beiden Kinder das Sexualleben immer dünner wurde und sie den Eindruck hatte, ihr Mann habe keine Freude mehr daran, mit ihr zu schlafen. Sie beklagte sich vorsichtig, schließlich wollte sie nicht wie eine Frau erscheinen, die «das» allzu dringend braucht. Aber je mehr sie ihre Wünsche anmeldete, mit ihm über ihre «gemeinsamen sexuellen Probleme» zu sprechen, desto zugeknöpfter, müder, überarbeiteter wurde er.

In der Paartherapie wurde deutlich, dass der Arzt seine Verliebtheit als Mittel erlebte, seiner Frau mitzuteilen, welche Gefühle ihm fehlten. Seine Panikzustände und Depressionen hingen damit zusammen, dass sie ihn nicht verstand und ihm nicht helfen wollte, den Konflikt zu bewältigen, in den er dadurch geraten war, dass er versucht hatte, wie ein braver Junge die verlorene Sexualität zu finden und sie ihr zu bringen.

Statt sich über die Hilflosigkeit solcher Kommunikationsversuche zu erheben, scheint es mir sinnvoller, sich darüber zu wundern, dass Menschen so häufig glauben, sie könnten sich «wirklich» über ihre Gefühle verständigen. Dadurch gewinnen wir mehr Abstand zu dem ebenso häufigen wie anmaßenden Vorwurf «Du verstehst mich nicht!». Anmaßend ist diese Rede, wenn in ihr der Anspruch mitschwingt, es sei die Pflicht des Gegenübers, mich zu verstehen. Wer sich verstanden fühlt, drückt aus, dass er eine Synthese von Geborgenheit und Kommunikation gefunden hat, die ihn mit dem Partner verbindet. In der Realität heißt das, mein Partner widerspricht dem Bild nicht, das ich mir von ihm mache. Im Grunde verstehe ich nur mich selbst (und selbst das misslingt manchmal); die intensivsten Gefühle des Sich-Verstehens treten während einer Idealisierung des Partners auf: jenem seligen Zustand, der meist als Verliebtheit beschrieben wird.

Diese Gefühle sind keine Illusionen, so wenig wie das starke Gefühl der Wahl- und Willensfreiheit. Sie werden freilich zu Illusionen, wenn wir glauben, sie seien mehr als starke Gefühle, als Erlebnisse in unserem Inneren, die uns prägen und leiten, die aber eine ganz andere Qualität haben als etwa die Gesetze der Logik oder der Mathematik. Zwei plus zwei ist immer vier, solange Menschen gedacht haben. Aber das Gefühl, in einem Menschen den einzigartigen Seelenzwilling gefunden zu haben, kann sich vollständig verändern, ebenso wie das Gefühl, von einem anderen verstanden zu werden. Liebes- und Freiheitsgefühle entfalten sich in einem Bereich, in dem die Gesetze der Mathematik zwar gelten, aber nicht benötigt werden, ähnlich wie ein Flugzeug keine Flugplätze benötigt, solange es sich in der Luft halten kann. Was hat das nun mit den hilflosen Helfern zu tun? Recht viel, sobald wir uns klarmachen, dass es nur eine nicht traumatisierte Psyche ertragen kann, sozusagen fliegen zu können, aber auch landen zu müssen. Das Szenario des abgelehnten Kindes hängt damit zusammen, dass die betroffenen Kinder überhaupt nicht fliegen dürfen, weil sie ja landen müssen. Ihre Emotionen, ihr Überschwang und ihre Bereitschaft, sich zu verlieben, finden kein Echo, werden nicht gespiegelt. Es ist eine typische Helfer-Erinnerung aus der Generation der Nachkriegszeit, dass der traumatisierte Vater den spielerischen Exhibitionismus des Sohnes oder der Tochter mit dem Konzept einer «Vorbereitung auf die (böse) Realität» ablehnt, etwa mit dem Satz «Im Krieg ist es uns noch viel schlechter gegangen!» oder «Das Leben ist grausam, darauf kannst du dich gar nicht früh genug vorbereiten!».

Den hilflosen Helfer charakterisiert eine spezifische Bewältigung dieser narzisstischen Traumatisierungen. Er verarbeitet sie teilweise, indem er andere vor ihnen schützt. Das gelingt aber nur unvollständig. Das Helfersyndrom ist - verglichen mit Sucht oder Kriminalität - zwar eine sehr viel stabilere und sozial in der Regel erwünschtere Entwicklung eines abgelehnten Kindes. Aber das heißt nicht, dass die Defizite lösbar sind; das Beste, was Aufklärung und Therapie erreichen können, ist es, mit der Grundstörung leben zu können, die durch diese frühen Beeinträchtigungen der emotionalen Selbstheilungskräfte des Organismus entsteht.

Diese Qualität scheint mir einerseits von zentraler Bedeutung, andererseits aber auch so diffus, dass sie den bisherigen Versuchen widerstanden hat, ähnlich plakative Ursachen für Depressionen oder Neurosen zu finden, wie sie die Erreger der Tuberkulose darstellen. Auf der anderen Seite wissen wir gerade aus der Lehre von den Infektionskrankheiten, wie immens wichtig die Selbstheilungskräfte des Organismus sind: Viele Erreger gibt es überall, sie bleiben harmlose Gäste, solange sie von der Abwehr in Schach gehalten werden. Aber wenn die Immunsysteme zusammenbrechen (wie bei Aids), dann können sonst unschädliche Pilze, Hefen und Bakterien tödliche Erkrankungen bewirken.

Die Beziehungskrisen der «unverstandenen» Helfer hängen mit ihrer Unfähigkeit zusammen, angesichts des ebenso schmerzlichen wie trivialen Problems einer Liebesenttäuschung Humor, Einfühlung und Kreativität zu entwickeln. Sie versuchen die Situation durch Leistung zu lösen - wenn sie es selbst schon nicht gut machen können, dann müsste das doch ihrer Partnerin möglich sein.

Der Arzt, der nicht mehr mit seiner Frau schlafen kann und versucht, die Distanz dadurch zu überbrücken, dass er ihr von seiner Verliebtheit erzählt, sucht «ein Eheproblem zu lösen», wobei er nach dem Eifersuchtsausbruch seiner Partnerin erkennt, dass er «einen Fehler gemacht hat». Gefühle werden nicht in ihren Widersprüchen erlebt und dann bedacht mitgeteilt, sondern entweder gleich mitgeteilt oder unterdrückt.

Angesichts des Schützlings kann der Helfer mit gutem Gewissen und sozial anerkannt seine eigenen Gefühle zurückstellen und «technisch richtig» auf die Gefühle des Unwissenden, des Kranken, des Bedürftigen reagieren. Er muss sich im Idealfall weder eigenen erotischen noch aggressiven Wünschen stellen, darf sogar in berechtigtem Zorn gegen den Kollegen toben, der sich nicht in dieser professionellen Weise zurückhält, sondern seine Schützlinge sexuell ausnutzt oder seine Wut an ihnen auslässt. Aber diese Delegation der Emotion macht den Helfer hilflos, wenn er in eine Beziehung gerät, in der er als Partner gesucht wird, in der er emotional – nicht professionell – agieren soll. Diese Männer wollten gute Ehemänner sein, wie sie gute Ärzte oder Lehrer waren. Und genau deshalb gerieten die Ehen in einen Teufelskreis. Durch den Vorwurf mangelnder Gefühle, fehlender erotische Präsenz wurden die Partner immer weiter in den Rückzug getrieben, fühlten sich immer mehr von ihren Frauen unterdrückt, während diese doch alles zu tun glaubten, um es dem Mann gemütlich zu machen und die Familie nach seinen Wünschen zu gestalten. Man könnte die Dynamik als verdoppeltes Helfersyndrom beschreiben, wobei es mich nicht stört, dass der Begriff wieder einmal seine Kontur verliert: Die Ehefrau stellt sich auf den Mann so ein, wie sie denkt, dass es dieser wünscht, sie opfert eigene Wünsche, um die Beziehung schön zu gestalten, und ist enttäuscht, dass er sich immer mehr zurückzieht und klagt, er sei überarbeitet, er müsse sich ausruhen, er hätte keine Kraft mehr für die Erotik, die Familie sei mehr Aufgabe geworden als Lustquelle.

Wenn in den Paartherapien wieder ein wenig Humor möglich geworden ist, stelle ich manchmal eine rhetorische Frage: Wenn Ihre beste Freundin Sie nach einem Rezept fragt, um ihren erotisch müden Mann wieder munter zu machen – was würden Sie ihr empfehlen: ihm Vorwürfe zu machen oder einen Flirt mit dem Reitlehrer der Tochter? Dahinter steht die ernste Überlegung, dass die symbiotische Illusion zweier Mitspieler bedarf und dass der Glaube daran, es lasse sich die verschwundene Sexualität mit Hilfe von Diskussionen und Forderungen wieder finden, eher ein Teil des Problems ist als ein Schritt zu seiner Lösung. Derart frivole Vorschläge werden missverstanden. Die Aufklärung der Missverständnisse eröffnet den Weg zu einem tieferen Verständnis der Verluste, die auf der Ebene des abgelehnten Kindes entstanden sind. Um die schlimmsten Kränkungsschmerzen zu lindern, identifiziert sich das gequälte Kind mit dem einzig kontrollierbaren Teil des elterlichen Sadismus: mit den Normen, den Regeln, den Werten, dem Richtig und dem Falsch. Dadurch wird das Helfersyndrom vorbereitet: Du legst mir einen körperlichen oder seelischen Leidenszustand vor, und ich sage dir, was du tun sollst, um damit fertig zu werden.

Daher wird das Helfer-Paar, das mit der sexuellen Verarmung in seiner Beziehung ringt, den Vorschlag des Flirts mit dem Reitlehrer sofort so diskutieren, dass der Therapeut jetzt doch allen Ernstes sexuelle Untreue als Lösung ihrer Beziehungskrise empfohlen hat.

Und die Kunst der Therapie liegt darin, die Dinge wieder in die Schwebe zu bringen und sie dort zu halten. Hat er es getan, und wenn, mit welchen Worten? Hat er es nicht getan? Hat er eine Handlungsanleitung gegeben? Oder ist seine Anregung zur Gefühls- und Phantasiefreiheit missverstanden worden? Ist die Geliebte wirklich eine neue Frau, mit der eine neue Ehe geplant ist, oder eine Sprache, ein Versuch, Unsagbares mitzuteilen?

7 Die «neuen» Helfer

Der Ausgangspunkt der Arbeiten zum Helfersyndrom war die persönliche Situation von Menschen aus den sozialen Berufen, die als Klienten von Selbsterfahrungsgruppen oder als Patienten in analytischer Psychotherapie mit sich selbst und ihrer Arbeit nicht zurechtkamen. Als grundlegende Charakterproblematik ergab sich der Konflikt zwischen einer starken progressiven Fassade und unterdrückten «kindlichen» Bedürfnissen dahinter. Angst vor Offenheit und vor gegenseitigen Beziehungen, in denen jeder der Beteiligten einmal stark, einmal schwach sein kann, wurde deutlich. Indirekte Aggressionsäußerungen, Misstrauen und starre Orientierung an Regeln trugen zu diesen persönlichen Schwierigkeiten der «hilflosen Helfer» bei.

Der Aspekt der Selbsterfahrung enthält die Sorge um den «ganzen Menschen». Im sozialen Beruf ist die «Droge Arzt» (Lehrer, Sozialarbeiter, Psychotherapeut) vermutlich das wirksamste Instrument. Gleichzeitig ist es am wenigsten erforscht, eben weil dieser «ganze Mensch» auch das Gefühlsleben einbezieht. Er lässt sich nicht auf rationales Wissen und technische Fertigkeiten reduzieren.

Der «ganze Mensch» hängt sozialgeschichtlich mit dem «ganzen Haus» zusammen, also mit einer Lebenssituation, in der die produktiv-reproduktiven Einheiten überschaubar waren. In dieser Zeit brauchte man keine differenzierten Berufe. Die Großfamilie, die dörfliche Gemeinde, das Stadtviertel waren in Jahrzehnten zusammengewachsene Gemeinschaften. Die Gruppen reglementierten das Leben ihrer Mitglieder in einem für unser heutiges Bewusstsein wohl schwer erträglichen Ausmaß, aber sie boten auch Schutz und Hilfe in vielen jener Situationen, in denen sich heute ein leidendes, von fremden Nachbarn angefeindetes Individuum zu einem psychosozialen Fachmann begibt, um ihn um Hilfe zu bitten, oder aber von einer Ordnungsmacht (Polizei, Gesundheitsamt, Sozialamt) diesem Fachmann zugeführt wird.

Diese Entwicklungen sind als «Individualisierungsprozesse» in der Soziologie, in Gemeindepsychiatrie und Gemeindepsychologie bereits differenziert dargestellt. Was bedeuten sie für den Helfer? Der «soziale Beruf» war schon immer ein normativer Beruf. Der Zugang zu ihm setzte den Nachweis einer überdurchschnittlichen Fähigkeit voraus, Normen zu verstehen, sie zu erfüllen und sie weiterzugeben. Das gilt für die klassischen drei «großen» Professionen, den Arzt, den Pfarrer und den Rechtsanwalt, ebenso wie für ihre Institutionen: die Krankenhäuser, die Schulen und die Justizbehörden. Bis heute regeln die Angehörigen dieser drei Berufsgruppen das Zusammenleben in den entwickelten Gesellschaften. Wenn man die Umweltzerstörung und das zwischenmenschliche Chaos allenthalben betrachtet, kann man sie auch alle miteinander als hilflose Helfer ansprechen.

Die bürgerliche Gesellschaft hat in ihrer Entwicklung dieser Professionen auf die Rationalität gesetzt. Solange ihre Legitimation noch eine intakte Fassade hatte, die Naturausbeutung und der Kolonialismus noch nicht zum Himmel stanken, funktionierte dieses System leidlich. Es reichte aus, dass die Professionellen an die Fiktion ihres rationalen Expertentums glaubten und ihre Urteile über sich und die Welt danach ausrichteten. Der Arzt war für die Behandlung der körperlichen

Krankheiten zuständig, der Pfarrer und Lehrer für moralische und intellektuelle Erziehung der Kinder, der Jurist für die sogenannte rechtsstaatliche Regelung des Zusammenlebens. Es gab Menschen, die durch die Löcher dieses Systems hindurchfielen und die Normen nicht erfüllten. Sie wurden erkannt, abgestempelt und entweder (falls es sich um Angehörige der Oberschicht handelte) der Pflege ihrer Familien beziehungsweise bezahlter Diener überlassen oder in den Irrenanstalten und Zuchthäusern aus dem Verkehr gezogen. Ärzte, Pfarrer und Juristen lösten diese Probleme gemeinsam auf die vertraute, normativ-rationale Weise.

Diese allgemeinen Überlegungen sind notwendig, um die Veränderungen zu verstehen, die sich heute in den sozialen Berufen abspielen. Der Arzt, der einen Patienten mit Wahnvorstellungen als «Dementia praecox» bis an sein Lebensende in die Heilanstalt einweist, der Lehrer, welcher alle Schüler, die nicht aufmerksam zuhören, verprügelt oder aus dem Klassenzimmer schickt, der Pfarrer, welcher zerstrittene Eheleute mit Zitaten aus den Paulus-Briefen abfertigt – sie alle gehören heute der Vergangenheit an. Sie mögen sich als lebendige Fossilien noch gelegentlich in der Gegenwart finden, haben jedoch keinen Rückhalt in der Gesellschaft für ihr Vorgehen.

Warum muss denn der Arzt heute in eine Balintgruppe gehen, um zu erfahren, wie er als «ganzer Mensch» auf seine Patienten wirkt, nicht als medizinischer Techniker? Warum hat es der Lehrer nötig, seine Schüler zu motivieren? Warum soll der Pfarrer eine Ausbildung als Eheberater machen oder zumindest wissen, welche seiner Gemeindeangehörigen er in eine Beratungsstelle schicken muss? Warum gibt es eine ganze Palette von Berufen wie die Sozialarbeiter, Sozialpädagogen, Beschäftigungstherapeuten, Psychologen, Psychotherapeuten, Erziehungsberater, Familientherapeuten, die allesamt mehr oder weniger ausdrücklich zugestehen, dass die Beziehung zu ihren Klienten ein wichtiges, wenn nicht das wichtigste Instrument ihrer Arbeit sei?

Es gibt sicher mehr als nur einen Grund dafür. Ich will hier einige Gesichtspunkte zusammenstellen, sicher eine unvollständige Liste, die man auch systematischer fassen könnte:

1. Es wurden schlechthin zu viele «Unangepasste», «Unaufmerksame», «Neurotiker», «Nervöse»; die Arbeits- und Lebensbedingungen (über)forderten das menschliche Nervensystem mehr und mehr (siehe Punkt 4).

2. Mit steigendem Lebensstandard und wachsender industrieller Produktion konnte mehr Arbeitskraft abgestellt werden, um sich mit jenen Menschen zu beschäftigen, die einerseits die Normen nicht erfüllen konnten, anderseits aber unter besonderer Hilfe vielleicht einmal doch nützliche, produktive Mitglieder der Gesellschaft zu werden versprachen.

3. Dass sich menschliches Leiden normativ so wenig vermindern ließ, störte in einer fortschrittsgläubigen «Macher»-Gesellschaft und erzwang neue Hilfsmaßnahmen.

4. Die dörflichen und städtischen Gemeinschaften wurden immer funktionsuntüchtiger, desgleichen die Kleinfamilien, welche durch die Forderungen der industriellen Produktionsweise gebildet worden waren. Störungen wogen schwerer und fielen in der Kleinfamilie mehr auf als in den Großfamilien.

5. Durch die wachsende Bedeutung der inländischen Nachfrage verwandelten sich die sittlichen Normen der kapitalistischen Gesellschaft von der Mischung Sparsamkeit/Leistungserfüllung zu der Mischung Leistungssteigerung/sofortiger Konsum. Arbeiter und Angestellte wurden als Konsumenten aufgebaut. Damit steigerte sich auch die Nachfrage nach sozialen Dienstleistungen. Im Gegensatz zur zweckrationalen Arbeits- und Leistungswelt spielen in der Konsumwelt Gefühle

und persönliche Beziehungen eine wichtige Rolle. Dieser bisher vernachlässigte menschliche Bereich musste also entdeckt und erschlossen werden. (Daher auch die gegenseitige «Befruchtung» von klinischer und Werbepsychologie.)

Welchen Einfluss hatten diese Veränderungen auf die sozialen Berufe? Das Wachstum der wirtschaftlichen Produktion hatte dazu geführt, dass die Europäer große Erfolge in der Eroberung und Ausbeutung des Planeten hatten. Dahinter stand ein durch tönende nationalistische und kolonialistische Phrasen («Bürde des weißen Mannes») verdecktes schlechtes Gewissen. Der soziale Beruf stellt einen Kompromiss her. Er erlaubt es, an dem zweckrationalen Grundkonzept festzuhalten - schließlich ist es eine abgegrenzte, anerkannte Arbeit, die man leistet. - Zugleich wird das schlechte Gewissen beschwichtigt, das durch den Widerspruch der Ideale (Glück, Freiheit und Gleichheit für alle Individuen) zur Wirklichkeit entstehen musste. Der soziale Beruf bietet eine sofortige alltagsnahe Lösung dieser Widersprüche an, ohne Gewalt und Umsturz, im Einklang mit der Moral, ja selbst mit nationalem Empfinden.

Der Helferberuf hatte früher durchaus auch emotionale Bedürfnisse wahrgenommen und erfüllt. Durch die Entwicklung von Hierarchien* und später durch die Aufklärung verlor er diese Qualität weitgehend. Erst in den letzten Jahrzehnten gewinnt er sie zurück, wenn auch nur partiell, wie die ganze Zulassung von Emotionalität in der konsumkapitalistischen Gesellschaft von Anfang an begrenzt und reglementiert ist.

Der «Sinn» des menschlichen Lebens liegt in den emotionalen Beziehungen. Er liegt, wie uns die trivialsten Dichter und die erhabensten Theoretiker des Bürgertums versichern,

* Von einem Papst des Mittelalters stammt der dafür kennzeichnende Ausspruch, der Laie sei der geborene Feind des Klerikers.

nicht im Gelderwerb, im Gewinn von Macht und Ansehen, in großen Leistungen. Die Bestätigung durch Leistung, durch Geld, durch Macht befriedigt uns nicht wirklich, wird gesagt. Das gelingt nur in der wechselseitigen Bestätigung von Freundschaft und Liebe. Ich glaube, dass diese Beobachtung richtig ist, aber auch, dass die Situation, in der sie angestellt wird, bereits die Konflikte einer individualisierten Gesellschaft ausdrückt. Es ist wie in der Liebe, wo Schwüre und Geständnisse oft *auch* bedeuten, dass die gegenseitigen Gefühle einen Teil ihrer Macht eingebüßt haben. Für den «Primitiven», der nur in Beziehungen, mit Beziehungen lebt, der nie seine Gefühle berechnend zurückstellen würde, um ein vorteilhaftes Geschäft zu machen oder – wie Tamino in der «Zauberflöte» – in den Kreis der Eingeweihten aufgenommen zu werden, wäre eine solche Theorie albern und überflüssig. Für den Bürger, der immer in Gefahr ist, den abstrakten und quantifizierbaren Wert des Geldes höher zu schätzen als die labilen, lebendigen Gefühle, sind solche Mahnungen erbaulich. Aber für den Helfer gewinnt die angebliche Gegensätzlichkeit von «Äußerlichkeit» (Macht, Geld) und «Innerlichkeit» (Beziehung, Gefühl) eine besondere Pointe.

Die berufliche Form einer emotionalen Beziehung ist anders als die Form dieser Beziehung im Alltag. Die Abhängigkeit ist nicht gegenseitig, wie etwa in einer Familie, in der «gute» Kinder den Eltern das Gefühl vermitteln, «gute» Eltern zu sein, oder in einer Ehe, wo sich beide Partner darin bestätigen, dass sie eine «gute» Ehe führen.

«Operation gelungen, Patient tot» ist das Gegenbild in den beruflichen Beziehungen. Der Partner in der beruflichen Beziehung ist austauschbar. Die Helfer gehen mit diesem unleugbaren Zustand unterschiedlich um. Manche von ihnen, bei denen der Zwang eine große Rolle spielt, äußern sich ganz unverblümt: «Es gibt noch viel Kränkere als Sie!» «Wenn Sie mit dieser Behandlung nicht einverstanden sind – ich habe eine lange Warteliste!» Andererseits wird die subjektive Empfindung einer einzigartigen Beziehung immer dann bedeutungsvoll, wenn wirklich ein tieferes emotionales Engagement erwünscht ist, wie in den «neuen» Helferberufen – Psychologie, Sozialpädagogik, Sozialarbeit, Psychotherapie, Heilpädagogik. Öfters werden in diesen Berufen die Probleme der Austauschbarkeit so gehandhabt, dass sich Helfer und Schützling gegenseitig versichern, dass die berufliche Struktur ihres Kontaktes nur eine lästige Äußerlichkeit ist, solange eine wechselseitige narzisstische Bestätigung möglich bleibt. Erst wenn diese an ihre Grenzen gerät, werden wie in einem zerschlissenen Polstermöbel die harten Strukturen verletzend deutlich. Der Helfer hat immer die Möglichkeit, sich auf die «Operation gelungen»-Position zurückzuziehen. Er hat eine erlernte Technik der Gestaltung zwischenmenschlicher Beziehungen ausgeübt und ist an seinem ungünstigen Material gescheitert.

Der Träger einer Berufsrolle verfügt über eine äußere, gesellschaftliche Legitimation für sein Arbeitsfeld. Diese erhält er, weil er bestimmte Fertigkeiten nachweisen kann. Der Beruf verwandelt seinen Träger sozusagen in eine Gesellschaft mit beschränkter Haftung. Er muss in seiner Tätigkeit nur nachweisen, dass er sich nach den Regeln zum Beispiel der ärztlichen Kunst verhalten hat. Hat er das getan, ist ihm kein Versagen nachzuweisen. Der GmbH-Charakter der beruflichen Beziehungen tritt aber mit dem ganzheitlichen, im Augenblick der Hingabe einzigartigen Charakter emotionaler Beziehungen in einen schwer auflösbaren Widerspruch. Die technische Legitimation wird immer fragwürdiger, je deutlicher es gerade Aspekte des Alltagsverhaltens sind, die in der beruflichen Qualifikation eine Rolle spielen.

In den angesprochenen «intimen» Helferberufen ist es geradezu ein Ausdruck der Qualifikation, dass die technischen Seiten der Berufsarbeit verschwinden. Ich erinnere mich an mehrere Situationen, wo während meiner Tätigkeit an einem gruppendynamischen Institut die angehenden Gruppenleiter, die mit mir zusammenarbeiteten, wegen ihrer «professionellen» Haltung kritisiert wurden, während demgegenüber mein «natürliches» Verhalten in der Gruppe gelobt wurde. Dabei war ich weit eher ein professioneller Gruppenleiter als meine Mitarbeiter. Meine beruflichen Qualifikationen waren besser in eine alltagsnahe Fassade eingebaut als bei den Anfängern, die danach strebten, sich selbst als «analytische Leiter» zu beweisen.

Ich glaube, die Teilnehmer an solchen Situationen sind sich selten bewusst, für welche paradoxe gesellschaftliche Situation sie stehen. Üblich ist es doch schließlich, dass ein Professioneller, der seine rollenspezifischen Techniken gelernt hat, diese auch zeigen darf und gerade wegen seiner Vollkommenheit in ihrer Beherrschung aufgesucht und gelobt wird. Was geschieht denn da, wo es für den Erfolg der beruflichen Interaktion wesentlich ist, dass der Arzt nicht nur als Medizintechniker, der Lehrer nicht nur als pädagogischer Experte, der Sozialarbeiter nicht nur als Verwalter behördlicher Hilfsmaßnahmen auftritt? Was heißt es, wenn der Psychotherapeut eine ideale Verkörperung zwischenmenschlicher Beziehungsqualitäten ohne technische Verfremdung gerade zu seiner therapeutischen Technik macht?

1. Diese Veränderungen des klassischen GmbH-Charakters beruflicher Beziehungen sind da notwendig, wo gesellschaftlich ein Beziehungs- und Intimitätsdefizit besteht.

2. Klassisch-normative Maßnahmen sind in vielen Fällen von seelischen Störungen oder Erziehungsschwierigkeiten be-

ziehungsweise sozial störendem Verhalten unwirtschaftlich und wirkungslos. Mehr versprechen Formen der Nacherziehung, Betreuung und Psychotherapie, in denen die spezifischen Beziehungsdefizite der Kindheit oder der Gegenwart ausgeglichen werden. Dabei wird die Wirksamkeit von Psychotherapie, Sozialarbeit oder Eheberatung immer wieder bestritten. Sicher ist jedoch, dass eine Nachfrage besteht, das heißt, dass die Tätigkeit dieser Helfer als subjektiv erleichternd und deshalb nötig empfunden wird.

3. Die Entleerung des «ganzen Hauses» und die Entwertung aller «ungelernten» Tätigkeiten in der entwickelten Gesellschaft führen dazu, dass Kinder oder klagende, problembeladene Erwachsene nicht mehr auf ein selbstverständliches Interesse rechnen können, das ihnen «einfach so» zuteil wird. Die technische Vorstellung, dass man zum «richtigen» Fachmann, nicht zum «ungelernten Pfuscher» gehen muss, um Lösungen zu erhalten, wird wegen ihrer gesamtgesellschaftlichen Dominanz auch auf die intimen Arbeitsfelder übertragen. Umgekehrt wird dem «Reden über ein Problem» auch ein höherer sozialer Rang zugebilligt, wenn einer der Beteiligten ein akademisch ausgebildeter Spezialist ist, keine Hausfrau.

4. Die Professionalisierung der Intimität führt dazu, dass sekundäre Natürlichkeit höher geschätzt wird als primäre. Wenn ein ausgebildeter Psychologe in ruhigem Alltagston ein verständnisvolles Gespräch mit einer durch die Geburt von Zwillingen völlig überlasteten Hausfrau führt, drückt er eine hohe Qualifikation aus. Er verzichtet darauf, seine Fachsprache und seine Ausbildung «heraushängen zu lassen», aber er hat sie. Eine Nachbarin, welche dasselbe Gespräch führt, könnte darin keine ähnlichen Qualitäten beweisen. Die Natürlichkeit und Alltagsnähe des ausgebildeten Helfers ist deshalb wertvoll, weil er durch eine intensive Entfremdung und Alltagsferne hin-

durchgegangen ist, wie auch ein Stück Mondgestein wertvoller ist als ein chemisch gleiches Stück Erdgestein.

5. Der Verlust des «ganzen Hauses» führte dazu, dass eine Sehnsucht nach dieser alten Intimität entstand, die leistungsunabhängige Geborgenheit zu geben verspricht. Die durch das Leistungs- und Konsumstreben der Erwachsenen enttäuschten Kinder müssen sich, ob sie wollen oder nicht, mit den Bewältigungsmitteln dieser Eltern identifizieren. Sie wählen also einen spezialisierten und differenzierten helfenden Beruf, um alles «ganz anders» zu machen als ihre Eltern. Dieser Beruf legitimiert die Suche nach einem paradiesisch-intimen Alltag, indem er sie mit den Mitteln der Leistungsgesellschaft absichert. Die Sozialarbeiterin, die Obdachlose und Landstreicher betreut, der frühere Geistliche, der als Suchtkrankentherapeut arbeitet, der Lehrer, welcher eine familientherapeutische Zusatzausbildung absolviert, sind lebendige Beispiele für diesen Zusammenhang.

6. Die konservative Ideologie versucht, auf Teile dieser Situation dadurch zu reagieren, dass sie die Prozesse der Frauenemanzipation und der steigenden Zahl von Ehescheidungen moralisierend aufgreift. Dieses Verhalten ist ähnlich sinnvoll wie das Vorgehen des Arztes, der einem Fieberkranken moralische Vorhaltungen macht und als Lösung vorschlägt, doch das Fieberthermometer zu zerbrechen. Es besteht ein anderer Zusammenhang zwischen der Auflösung des «ganzes Hauses», der Frauenemanzipation und der wachsenden Bedeutung der helfenden Berufe. Industrialisierung, Verstädterung und die Entwicklung der beweglichen Kleinfamilie hatten die wirtschaftliche, soziale und emotionale Bedeutung der Frau zunächst vermindert. Ihr Streben aus diesen Einschränkungen heraus war eine Folge dieser Situation. Viele soziale Berufe professionalisieren einzelne Seiten der Rolle der «Hausmutter» im

ganzen Haus: Erziehung, Beratung in den emotionalen Lebensfragen, Gesprächsbereitschaft, «Sorge», wie sie Otto F. Kernberg in seiner Arbeit über die Borderline-Störungen als zentrales Merkmal des Psychotherapeuten beschreibt.*

Helfen als Droge

Kein Ding ist ohne Gift
Paracelsus

Der Vergleich einer bestimmten Berufsarbeit mit einer Droge ist nur scheinbar provokativ. Der Workaholic, der süchtig an seine Tätigkeit gebunden ist, wird bald – anfangs wohl noch in Anführungszeichen – Eingang in Lehrbücher der klinischen Psychologie finden. Das Suchtmittel ermöglicht eine Ersatz-Identität. Es ist ein Mittel, zu ordnen, in der Hand und unter Kontrolle zu behalten, was sonst unkontrolliert und bedrohlich wäre. Mir fehlt etwas. Wenn ich süchtig bin, *weiß ich genau*, was mir fehlt. Die Sucht ist eine subjektive Lösung des Sinnproblems in der Wohlstandsgesellschaft. Sie ist keine gute Lösung. Meist überwiegt auf lange Sicht ihr Schaden den Nutzen. Aber manchmal scheint mir, dass wir gar keine bessere haben. Dabei sind die «erfolgreichen» Arbeitssüchtigen («ich arbeite täglich 14 bis 18 Stunden ... Ich wüsst net, was i mit Freizeit anfang. I fühl mi da echt deplatziert»**) sicherlich gefährlicher als die von den Psychiatern behandelten Süchtigen. Ihre rastlose

* O. F. Kernberg, Borderline-Störungen und pathologischer Narzissmus, Frankfurt/Main (Suhrkamp) 1980

** Der Stern, Nr. 17/1982, S. 129 (über den Gründer der Grillhähnchen-Restaurantkette «Wienerwald», Friedrich Jahn [1923–1998])

Tätigkeit, die Anhäufung von Macht, Kapital und Profit sind eine der Quellen der Umweltzerstörung; ihre Angst vor Verlust und ihre Unfähigkeit, zu trauern und Angst zu ertragen, eine Vollzugshilfe der wachsenden Friedlosigkeit.

Die Parallele zwischen dem Helfersyndrom und süchtigem Verhalten kann verdeutlichen, was mit diesem Begriff gemeint ist. Für viele, die sich mit den hilflosen Helfern befassen, ist es schwierig, zwischen der spontanen, emotionalen Hilfsbereitschaft und dem Helfen «aus Abwehr» zu unterscheiden. Sie fürchten etwa, dass die innere Auseinandersetzung mit dem Helfen dazu führen könnte, dass sie herzlos werden und gar nicht mehr hinsehen, wenn sie Hilfsbedürftigkeit wahrnehmen. Sie verlangen immer wieder Vorschläge und Regeln, wie denn «richtiges» Helfen aussehen solle. Ich finde hier eine Dreiteilung nützlich:

1. Spontanes Helfen von der Art des «barmherzigen Samariters», der den Verletzten nicht liegen lässt, sondern ihn aus Mitleid aufnimmt. Er hat dafür keine Theorie, keinen Beruf (während Jesus in seinem Gleichnis ausdrücklich sagt, dass die beiden Judäer, die vorübergingen, religiöse Ämter bekleideten).

2. Helfen als rational gesteuerte, geplante Interaktion mit Tauschwertcharakter: Ich helfe dir, deine Ernte einzubringen, und du hilfst mir, meine Ernte einzubringen. Oder: Ich suche einen krisenfesten Beruf – Ärzte/Krankenschwestern werden immer gebraucht. Und es ist angenehmer, auf diese Weise Geld zu verdienen als hinter dem Schreibtisch oder am Fließband.

3. Helfen als Suche nach narzisstischer Befriedigung – nach Geltung, Macht, Ansehen, nach emotionaler Nähe bei gleichzeitig erhaltener Kontrollmöglichkeit.

In einer von Konkurrenz bestimmten Gesellschaft darf die spontane, unkontrollierte Hilfsbereitschaft nicht bestehen bleiben. Der Sinn der Leistungsgesellschaft liegt darin, andere zu übertreffen, um selbst nicht unterzugehen. Das heißt, es ist im Grunde kein Platz für Nähe, Wärme und Liebe als praktische *gesellschaftliche* Werte. Umso höher werden sie in der Ideologie geschätzt. Diese verweist die spontane, emotionale Hilfsbereitschaft in die «Intimsphäre». In ihr, in den Familien, den «privaten» Liebesbeziehungen sollen die von der Konkurrenz geschlagenen Wunden wieder heilen.

Die Identität des Helfers in einer solchen Gesellschaft kann nur problematisch sein. Es wäre ein Wunder, wenn sich nicht persönliche Konflikte im seelischen Innenraum der einzelnen Helfer finden ließen, welche mit diesen gesellschaftlichen Widersprüchen verknüpft werden können. «Normal» im Sinne dessen, was eine visionär fassbare, «menschliche» Gesellschaft von den Helfern verlangt und ihnen bietet, wäre etwas anderes als das Helfersyndrom. Dieses versucht ja den Bruch zwischen öffentlicher Erbarmungslosigkeit und privater Wärme, der mitten durch jeden Helfer hindurchgeht, durch die Ausbildung einer scheinbar perfekten Dienstfassade zu verdecken.

Berufsarbeit und Privatleben: Formen der Wechselwirkung

Zur spezifischen Situation von «neuen» Helfern scheint es zu gehören, dass sie zwischen Beruf und Privatleben schlecht trennen können. Dieser Konflikt enthält eine Chance, aber auch eine Gefahr: Einerseits verspricht er, die Entfremdung aufzuheben, welche eben diese Trennung ausdrückt. Andererseits droht er auch noch das Privatleben zu entfremden, das sich bisher als Intimsphäre einer solchen Verwertung entzog.

Wie sehen solche Schwierigkeiten und Störungen aus? Ich will hier vier Formen kurz skizzieren, denen sich Helfer zuordnen lassen, die ich in der analytischen Praxis und in der Arbeit mit Menschen aus sozialen Berufen (in Balintgruppen, Team-Entwicklungen und so weiter) kennengelernt habe:

1. Das «Opfer des Berufs», bei dem die berufliche Identität das Privatleben völlig auszehrt.

2. Der «Spalter», der sich in seinen persönlichen Beziehungen ganz anders verhält als in seinen beruflichen.

3. Der «Perfektionist», bei dem das Streben nach Leistung auf spontane, emotionale Qualitäten übertragen wird.

4. Der «Pirat», der die beruflichen Möglichkeiten, Beziehungen herzustellen und zu kontrollieren, für seine privaten Belange nützt.

Opfer des Berufs

Das Opfer des Berufs gibt sich mit Haut und Haaren der beruflichen Rolle hin. Es bleibt kein Raum für eine Sphäre, in der nichtberufliche Überlegungen eine wesentliche Rolle spielen. Die Lektüre beschränkt sich auf Fachbücher, der Kontakt auf Kollegen. Wenn es überhaupt länger dauernde emotionale Beziehungen gibt, stehen sie vollständig unter dem Diktat der Berufsrolle. Diese Umgangsform mit dem Beruf greift die Tradition der «Berufung» auf. Ferdinand Sauerbruch, selbst «mit Leib und Seele Chirurg», forderte das Opfer des Privatlebens von seinen Assistenten: Wer sich mit einer anderen Dame als mit der Chirurgie verlobte, wurde entlassen. Solche Eingriffe in das Privatleben von außen wären heute als private Willkür undenkbar. Als soziale Einrichtung haben sie sich zum Beispiel bei den Krankenpflegeorden (Diakone, Diakonissen, Barmherzige Schwestern und so weiter) bis heute erhalten, ebenso im priesterlichen Zölibat. Tatsächlich hat die Forderung nach völliger Hingabe an den Beruf einen religiösen Charakter. Sie widerspricht der bürgerlichen Forderung nach allseitiger «Bildung» der Person und nach einer Trennung zwischen Beruf und Privatleben, öffentlicher und intimer Sphäre.

Daher ist auch die Rolle des Helfers, der zum Opfer seines Berufes wird, umso problematischer, je weniger sie in den religiösen Traditionen ruht. Diese erheben das Opfer aus der bürgerlichen Alltagswelt in eine höhere, spirituelle, jenseitige Welt. Die nicht durch solche religiösen Gesichtspunkte gerechtfertigte Opferung der Intimität, des persönlichen Glücks wird zu einer schweren Last. Hier erhält der Helfer als Gegengabe nur den beruflichen Erfolg. Dieser wird ihn häufig auf die Dauer nicht zufrieden stellen. Andererseits entpuppt sich die Berufsrolle, wenn sie längere Zeit so gelebt wird, als schwer überwindbares Hindernis einer Veränderung.

Doris, eine bald vierzigjährige Krankenschwester, leitet mit Umsicht und Energie den Pflegedienst in einer ländlichen Klinik. Sie ist eine schöne, durchaus «weltlich» wirkende Frau, der keiner die Depressionen und Ängste anmerken würde, die sie veranlasst haben, psychotherapeutische Hilfe zu suchen. «Mein Leben ist völlig eingefahren. Es ist, als ob ich alle Zahnräder so geschliffen hätte, dass sie ineinander greifen, und immer nur etwas passieren kann, das mit Arbeit zu tun hat, oder etwas ganz Oberflächliches. Man redet über die Arbeit oder über neue Ideen dazu, und vielleicht darüber, wohin man in Urlaub fährt. Im Beruf habe ich eine ganz gute Identität, aber ich fühle mich wie gefesselt. Und es ist lächerlich: Wenn ich neben einem Mann sitze, den ich mag, dann muss ich mir ein Programm machen, was ich rede, damit er nicht enttäuscht ist, dass ich neben ihm sitze und keine andere. Wenn ich irgendwo zu Besuch bin und möchte gern telefonieren oder ein Glas Wasser oder aufs Klo, so selbstverständliche Kleinigkeiten, dann sitze ich eine Stunde da und quäle mich und bringe nicht die Kraft auf zu sagen, was ich möchte. In der Arbeit ist es den anderen auch schon aufgefallen, dass ich mir Kleinigkeiten, wie einen Teelöffel, selber hole, auch wenn grade jemand in die Küche geht und ihn mir mitbringen könnte.» Doris leidet darunter, dass ihr Tag vollgepackt ist mit Terminen, Organisieren, Besprechungen. Aber sie findet keinen Ausweg. Sie spürt unklar und dunkel, dass ihr etwas fehlt, und gesteht sich im Lauf der Gespräche mit dem Therapeuten allmählich ein, dass es eine intime, körperliche Beziehung zu einem Mann ist, die sie noch nie hatte. «Ich hab immer gedacht, ich hab ja im Beruf genug mit Menschen zu tun, das reicht mir.» Ihre Angst, Wünsche zu äußern, eine erotische Beziehung überhaupt zu erträumen, scheint auszudrücken, dass sie diese Teile ihrer Weiblichkeit als schwach und damit schlecht empfindet.

Für diese Entwicklung gibt es auch lebensgeschichtliche Gründe. Doris ist als Nachzüglerin während des Krieges geboren worden. Sie hat sich immer als Außenseiterin in ihrer Familie gefühlt, als jemand, der besonders viel tun muss, um akzeptiert zu werden, und doch immer etwas merkwürdig angesehen wird. Sie mochte ihren Vater lieber als die Mutter, die immer den mangelnden beruflichen Ehrgeiz und Erfolg des Vaters kritisierte. Als der Vater starb und sie bitterlich weinte, sagte ihr die Mutter auf dem Weg vom Begräbnis nach Hause: «Wein doch nicht so, er war ja gar nicht dein Vater.» So erfuhr sie, was sie schon immer geahnt hatte: Sie war «dieses Kind», von dem die Nachbarn munkelten, sie war die Schande der Mutter, in einer außerehelichen Beziehung während des Krieges gezeugt. Gerade deshalb bemühte sie sich so, die Forderungen der Mutter zu erfüllen – sie machte jene Karriere, die ihr Vater nicht gemacht hatte, und suchte doch in diesem beruflichen Erfolg auch die Befriedigung ihrer unerfüllten Wünsche nach Geborgenheit. Die Berufswahl drückt diese Suche ebenso aus wie die Angst, das Gesuchte wirklich zu finden. Die Erfahrungen mit den sogenannten «schizoiden» Abwehrformen in der Psychotherapie sprechen dafür, dass nur ein gewissermaßen «mittleres» Bedürfnis nach Geborgenheit lebensgeschichtlich erfüllt wird. Wer sich wegen eines großen Mangels an Geborgenheit sehr viel davon wünscht, scheint zugleich Ängste vor diesem Bedürfnis zu entwickeln. Vielleicht scheut er die Preisgabe, die Abhängigkeit, den Verlust der eigenen inzwischen als Notbehelf zurechtgezimmerten Identität («ich komme auch allein zurecht»). Der Helferberuf bietet Geborgenheit auf indirekte, gegenabhängige Weise: Sie wird anderen geschenkt, die Gefahr der Abhängigkeit kann vermieden werden, und doch wird ein Stück des eigenen Mangels in der Gabe an den anderen teilweise mitbeseitigt.

Das auf diese Weise erreichte innere Gleichgewicht der «Opfer des Berufs» wird freilich dann gestört, wenn die berufliche Identität stagniert. Doris kam in die Behandlung, weil sie alles erreicht hatte, was sie beruflich erreichen konnte: Sie war tüchtig, erfolgreich, beliebt, hatte eine Spitzenposition. Vorher konnte sie die innere Unzufriedenheit, die ihre Karriere begleitete, darauf zurückführen, dass sie eben jene Zusatzausbildung noch nicht abgeschlossen, diese Leiterposition noch nicht erreicht hatte. Jetzt, im Alter von fast vierzig Jahren, wurde ihr deutlich, dass ihre Unerfülltheit nicht auf Mängel in der beruflichen Entwicklung zurückzuführen war, sondern andere Ursachen haben musste. Gleichzeitig war es jetzt sehr viel mühevoller geworden, etwas zu verändern. Eine erotische Beziehung aufzubauen, gar eigene Kinder zu haben – um solche Wünsche zu erfüllen, so dachte sie, hätte sie zehn Jahre früher anfangen müssen. Aber damals glaubte sie ja noch an den Beruf und erwartete, dass er sie einmal ganz zufrieden machen würde.

Vielleicht kann dieses Beispiel verdeutlichen, was mit «Helfen als Droge» gemeint ist. Die durch weitgehenden Sexualverzicht, Ehe- oder Kinderlosigkeit bedingten Einschränkungen werden so lange betäubt, bis die entsprechenden Wünsche gar nicht mehr erfüllt werden können und der Beruf wirklich der einzige Lebensinhalt ist. Das «Opfer des Berufs» ist buchstäblich der Verlockung zum Opfer gefallen, die vom Beruf ausgeht, dem Versprechen, das er nicht einhalten kann. Er wirkt wie ein schmerzstillendes Mittel, unter dessen scheinbar wohltätiger Wirkung eine Grundstörung bestehen bleiben und sich entfalten kann, die sonst vielleicht schon viel früher die Selbsthilfekräfte des Betroffenen angestoßen und entfaltet hätte.

Ich bin mir bewusst, dass es leicht möglich ist, solche Überlegungen misszuverstehen. Ich maße mir nicht an, allgemeine Gesetze aufzustellen, wonach es «richtig» ist, eine zölibatäre Karriere in einem sozialen Beruf aufzugeben und dafür mehr persönliches Glück einzutauschen. Dieses Glück kann ebenso trügerisch sein wie die beruflichen Befriedigungen; wer auf Kinder und Sexualität verzichtet, erspart sich gewiss viele Konflikte in seinem Leben. Mir scheint keine Aussage darüber möglich, was nun für alle Menschen gut oder nicht gut ist. Aber ich finde es sehr wichtig, möglichst offen über solche versteckten psychischen Gefahren der sozialen Berufe nachzudenken und sie so gut es geht zu verstehen.

Spalter

Der «Spalter» trennt scharf zwischen Beruf und Privatleben. Er kann den Beruf als Job ansehen, der ihm sein Auskommen sichert, oder als Profession, die ihm einen sinnerfüllten Platz in der Gesellschaft gibt, oder als beides – jedenfalls trennt er seine private Existenz von seiner beruflichen Rolle so deutlich wie möglich ab. Er versucht, einen Bereich zu haben, der «niemanden etwas angeht», und ihn auch zu behalten. In diesem Bereich spielen seine beruflichen Qualifikationen keine Rolle. Er ist stolz darauf, wie gut er abschalten kann, wie wenig man ihm den Arzt, den Pfarrer, den Lehrer anmerkt.

Es gibt soziale Klischees, die sich auf die Angehörigen dieses Typs anwenden lassen: die Rollenverteilung Untertan/Haustyrann etwa – «Dienst ist Dienst, und Schnaps ist Schnaps». Die Familie erfüllt für den Spalter ihre tradierte Aufgabe. Sie bietet einen Gegenraum, eine heile Welt, die von den Forderungen der Arbeitswelt entlastet und den Mangel an Geborgenheit in der ganzen Gesellschaft ausgleicht. Der Preis dafür ist aber oft hoch.

Nora kam wegen schwerer Depressionen und Arbeitsstörungen in die Psychotherapie. Sie empfand das Leben als eine sinnlose Last, fühlte sich unfähig zu emotionalen Beziehungen, zweifelte an ihrem Beruf (sie war Lehrerin) und konnte sich nicht entschließen, ihr Abschlussexamen zu machen. Sie stammte aus einer Arztfamilie in einem kleinstädtischen Milieu, die sich nach außen hin untadelig darstellte. Für die Kinder war das Leben in dieser Familie eine schwere Belastung. Der Vater, nach außen ein energischer, tüchtiger Arzt, war privat völlig unfähig, sich gegen seinen alten Vater durchzusetzen, in dessen Praxis er arbeitete und von dessen Launen er abhing. Die Mutter kam aus einer Familie, die von ihren Schwiegereltern als unstandesgemäß abgelehnt wurde, und hatte hinter der Fassade der Großfamilie die Rolle eines unbezahlten Dienstmädchens, sodass Nora zwangsläufig später große Schwierigkeiten hatte, ein stabiles weibliches Selbstgefühl zu entwickeln. Dabei wurden die Außenanforderungen an die Arztfamilie ständig dazu benutzt, die inneren Konflikte zuzudecken. Die Patienten gingen immer vor. Die Kinder litten darunter, dass ihre Ansprüche anscheinend nicht zählten, während jedes Telefonat eines Kranken wichtig war.

Diese Beschreibung enthält einige Merkmale der Spaltung, zeigt aber auch Züge der «Opfer des Berufs»-Rolle beim Vater. Ich möchte auch nicht den Anschein erwecken, dass es sich bei meiner Einteilung um klar abgrenzbare Typen handelt – eher um thematische Schwerpunkte im Umgang mit der Helferrolle. Was in Noras Geschichte für die Spaltung typisch scheint, ist die Trennung zwischen «starker Arzt» in der Außenwelt, «schwacher Sohn» in der Familienwelt. Bei der Mutter war es «Arztfrau» in der Außenwelt, «Dienstmädchen» in der Familienwelt. Die Mutter starb später an einem Krebs, der nach Noras Ansicht vom Vater lange Zeit übersehen worden war. Ob diese Vermutung richtig ist oder nicht – es passt gut zu dieser Spaltung, dass der Arzt bei jeder seiner Patientinnen eher an eine solche Diagnose gedacht hätte als bei seiner eigenen Frau.

Die Wahl einer «niedrigen», nicht «standesgemäßen» Partnerin drückt die Abspaltung und Entwertung sexueller Wünsche aus. Freud hat die Einteilung der Frauen in verehrungswürdige «Heilige» und sexuell befriedigende «Huren» beschrieben. Ein Arzt, der an einer Therapiegruppe teilnahm, sprach von seinem «Hang zum Küchenpersonal». Die auf dem Weg zur medizinischen Qualifikation aus der Person ausgeschlossenen Gefühle von «Schwäche», Abhängigkeit, Intimitätsbedürfnis, Geborgenheit können nur gegenüber einem «niedrigen» Partner geäußert werden. Dadurch bleiben sie auch abgespalten. Der Helfer kann dann im intimen Raum seine eigenen «Schwächen» gegenüber einer nicht idealisierten Partnerin ausleben, während er sich in seinen Schützlingen im Außenraum als ideale Gestalt spiegelt. Die Partnerin übernimmt Kärrnerdienste, regelt die Finanzen, führt den Haushalt. Sie gewinnt beträchtliche, aber verborgene Macht, während sie nach außen eher hilflos und schwach auftritt. In einem Fall arbeitete eine Ärztin als Sprechstundenhilfe in der Praxis ihres Mannes und regelte seine Geldangelegenheiten. Die Ehe zerbrach, als sie aus ihrer dienenden Rolle heraustrat und nach eigenständiger beruflicher Geltung verlangte. In einem anderen Fall erschreckte und peinigte ein Arzt seine Frau mit Berichten aus der Selbsterfahrungsgruppe, an der er teilnahm. Er warf ihr vor, sie wolle sich nicht entwickeln, nicht auseinandersetzen. Endlich konnte sie sich dazu durchringen, mit ihm zusammen in eine Gruppe zu gehen. Jetzt stellte sich heraus, dass sie die Führung übernahm und er trotz seiner «größeren Gruppenerfahrung» hilflos verstummte. Es wurde auch deutlich, wie stark dieser beruflich erfolgreiche Mann, der Vater zweier heranwachsender Kinder, selbst in kindlich-symbiotischer Abhängigkeit lebte. Er «durfte» sich beispielweise keinen Stereo-Kassettenrecorder kaufen, weil seine Frau solches elektronische Spielzeug für eine lächerliche Verschwendung hielt.

Ein anderes Beispiel, wiederum aus einer Selbsterfahrungsgruppe für Paare: Der Ehemann, ein Facharzt für Nervenheilkunde, tritt zunächst als ruhiger, starker Partner einer unsicheren und anlehnungsbedürftigen Frau auf, die Angst hat, aus dem Schutz des Haushalts, den sie zehn Jahre lang führte, wieder in das Berufsleben zurückzukehren. Nach einiger Zeit kehrt sich das Bild fast um: Der Nervenarzt muss sich vorwerfen lassen, dass ihm zu Hause ständig die Nerven durchgehen, dass er die Beherrschung verliert, die Kinder anbrüllt, wenn sie fernsehen oder Comic-Hefte lesen. Seine Frau macht ihm sogar den geschliffenen und wegen seiner starren Helfer-Identifizierung auch treffenden Vorwurf, von einem normalen Menschen könne man ja derart verständnislose und unpädagogische Reaktionen auf die Kinder noch verstehen – aber von einem Psychiater! Der eine Sohn habe schon richtig Angst vor dem Vater, wo der doch geschult sei, mit Ängsten umzugehen.

Jeder Helfer ist in Gefahr, dass die von ihm geforderte Berufsrolle, in der er seine Gefühle überwachen und die emotionale Schwäche seiner Klienten in irgendeiner Form «bewältigen» muss, ihn selbst angreift. Der Zwang, kindliche Bedürfnisse zu unterdrücken, Jähzorn und Rückzugswünsche zu kontrollieren, eine progressive, «starke» Haltung aufrechtzuerhalten, gefährdet sein inneres Gleichgewicht. Beim «Opfer des Berufs» frisst die progressive Identifizierung im Lauf des Berufslebens nahezu alle regressiven Erlebnisweisen auf. Sie werden verdrängt und können sich nur noch indirekt, zum Beispiel als psychosomatische Symptome äußern. Beim «Spalter» werden die regressiven Bedürfnisse in der oben beschriebenen Weise ausgegrenzt und in der Entsorgungsanlage der Intimsphäre verarbeitet. Die Strategie des Spalters scheint auf den ersten Blick günstiger als die des Berufs-Opfers. Aber das gilt nur dann, wenn die Spaltung nicht so radikal ist, dass für die Intimsphäre wirklich nur noch die Bedürfnisse eines Babys im Körper eines Erwachsenen übrig bleiben. Die hinter einer progressiven, kontrollierten Helferfassade abgeschnittenen, ihrer Entwicklungsmöglichkeiten beraubten Regressionen können so weit gehen, dass der Helfer vom Spalter-Typus seinen Familienangehörigen unzumutbare Opfer abverlangt. Beruflich daraufhin orientiert, die Schwächen seiner Klienten zu erspüren und mit ihnen umzugehen, versagt er in dieser Hinsicht bei seinen Angehörigen völlig. Ja, er erwartet, dass *sie* sich um völlige Einfühlung in *ihn* bemühen. Sie müssen sich jede Laune, jede Aggression, jeden passiven Rückzug gefallen lassen. Die «hausarbeitsnahe» berufliche Arbeit führt dazu, dass der Familie und der Intimsphäre Elemente entzogen werden, die zu einem befriedigenden Privatleben unentbehrlich sind.

Der Spalter schüttet gewissermaßen das Kind mit dem Bade aus. Er weist - womöglich sogar mit dem Hinweis auf seine berufliche Rolle - alle Ansprüche in der Intimsphäre zurück und möchte nur nehmen, nehmen, nehmen. Aus dem starken Helfer ist ein ansprüchliches Baby geworden, das oft seine Wünsche nicht unmittelbar äußert, sondern nur durch seinen beleidigten Rückzug signalisiert, dass sie wieder einmal nicht erfüllt worden sind.

Rudolf ist ein Beispiel für die Zwei-Generationen-Seite dieses Problems. Er kommt aus einer Arztfamilie. Der Vater hatte immer wieder Verhältnisse mit anderen Frauen; die Mutter benutzte dann ihren einzigen Sohn, um sich bei ihm Trost und Unterstützung zu holen, die sie bei ihrem Mann nicht fand. Wenn der Vater dann zu ihr zurückkehrte, verlor Rudolf von einem Tag auf den anderen die besondere Rolle, die er so erhalten hatte. Rudolf suchte psychotherapeutische Hilfe, weil er die Selbsterfahrung einer Therapie für einen Zusatztitel brauchte. Erst im Lauf der Arbeit stellte sich heraus, dass er sein Privatleben immer als unbefriedigend und chaotisch erlebt hatte und zur Zeit gerade dabei war, sich von seiner zweiten Frau zu trennen. In der Therapiegruppe, an der er teilnahm, wurde er oft wegen seiner kalten, fast grausamen Art angegriffen, über seine Beziehungen zu Frauen zu sprechen. Er verhielt sich wie ein quengeliges, forderndes und doch nie zufriedenes Kind. An jeder Partnerin hatte er etwas auszusetzen - seine erste Frau hatte einen zu kleinen Busen und war sexuell nicht anziehend genug; seine zweite war sexuell abweisend und verdarb ihm damit den Urlaub, seine gegenwärtige Freundin konnte sich von ihrem Mann nicht trennen, auf den er eifersüchtig war, während er sich selber keine Aussage darüber zumuten ließ, ob er eine feste Beziehung wolle.

Sein Umgang mit intimen Beziehungen lässt sich mit dem

Vorgehen eines Autofahrers vergleichen, der nach Geräusch einparkt. Rudolf versuchte, so viel für sich herauszuholen, wie er nur kriegen konnte. Auf Absagen und Kritik war er dabei immer gefasst, aber er gab erst auf, wenn er wirklich auf Widerstand stieß. Sein Verhalten drückte aus, dass er ohnedies mit einer feindlichen, ablehnenden Haltung rechnete. Früher oder später würde es doch Schwierigkeiten geben – darum musste er immer den eigenen Einsatz kontrollieren. Er war dabei durchaus selbstkritisch und schonte sich nicht, solange er der aktive Teil sein konnte, der andere verletzte, selbst einsteckte, aber der Gefahr aus dem Weg ging, ohnmächtig Liebesverlust ertragen zu müssen, wie er es als Kind hatte erleben müssen. Einer der ersten Erfolge der Gruppentherapie war, dass Rudolf besser allein sein konnte und weniger hektisch eine Liebschaft an die andere reihte. Das drückte aus, dass er mehr Geborgenheit in sich selbst und in Beziehungen erlebte, die nicht an die unmittelbare Gegenwart des bedürfnisbefriedigenden Menschen gebunden waren. Aber seine zynische Art, seine vergebliche Suche nach der «richtigen» Frau zu schildern, erregte immer wieder den Zorn der Gruppenmitglieder.

Diese Skizze über Rudolf zeigt die Vielfalt der Einflüsse, welche die persönliche und soziale Problematik der helfenden Berufe bestimmen. Die Vorgeschichte, die familiäre Situation, die Berufswahl, die persönlichen Deformationen durch das Medizinstudium, welche die aus der Kindheitsgeschichte verständliche Angst vor «weicheren» Gefühlen (zum Beispiel Bindung im Gegensatz zu phallischer Sexualität) noch verstärkten, die gegenwärtige Berufsrolle mit ihren Fixierungen an Stärke und Kontrolle in der Arbeitszeit, sie alle tragen zur Ausbildung und zum Fortbestehen der persönlichen Schwierigkeiten bei. Rudolf nimmt seine Partnerbeziehungen auf einer Teil-Objektstufe auf. Die menschliche Ganzheit der Bezugsperson wird in einzelne, austauschbare Partialbefriedigungen zerlegt. Dieses Verhalten ist für den «Spalter» charakteristisch. Nur wenn er seine intimen Beziehungen auf diese (für das Berufsleben kennzeichnende) Art lebt, kann er die beschriebene Aufteilung wirklich vollziehen. Er bietet seinen Intimpartnern nur ein abgegrenztes Stück von sich selber an und beansprucht diese auch nur partiell. Doch macht es sicher für die Erlebnisqualität dieser Partialbeziehungen einen Unterschied, ob und wie sie im Beruf immer wieder als gültig, ja als einzig möglich bestätigt werden. Im Fall von Rudolf kommt noch eine Pointe dazu: Seine Mutter, mit der er sonst nichts zu tun haben will und die er emotional ablehnt, macht ihm immer noch die Kassenabrechnung. Sie ist in dieser Teilfunktion eben «praktisch».

Perfektionist

Der Perfektionist sucht die verlorene Ganzheit, mit deren Mangel sich der Spalter abgefunden hat, auf einem anderen Weg zu gewinnen als das Opfer des Berufs. Für ihn ist der Beruf ein Schritt näher zu einem Beziehungs-Ideal, das auch im Privatleben – und dort vielleicht mit noch größerem Ehrgeiz – angestrebt werden muss. Während beim Opfer des Berufs die scheinbar Intimitätsbedürfnisse erfüllende Arbeitssituation dazu führt, dass das Privatleben verkümmert und an Auszehrung einzugehen droht, sind es beim Perfektionisten eher qualitative Einflüsse, die sein Privatleben bedrohen. Er wird nicht so sehr durch das Wuchern der Berufsrolle beeinträchtigt wie durch die Übertragung beruflicher Vollkommenheitsansprüche auf seine intimen Beziehungen. Wesentlich für die berufliche Identität des Helfers ist, dass er seine Fertigkeit, die ihn legitimiert, korrekt angewendet hat. Nur dann kann er eine Interaktion zufrieden abschließen. Wenn nun diese Fertigkeit Qualitäten einschließt wie zum Beispiel die, warme, herzliche emotionale Beziehungen zu knüpfen und aufrechtzuerhalten, dann liegt es nahe, entsprechende Leistungsurteile auch dem Verhalten in den privaten, intimen Beziehungen zugrunde zu legen.

Diese perfektionistischen Umgangsformen mit dem eigenen Gefühlsleben lassen sich oft auch in Selbsterfahrungsgruppen beobachten. Sie führen zu mitunter paradoxen Situationen wie bei jener Psychologin, die seufzt: «Jetzt habe ich es immer noch nicht geschafft, mich wirklich anzunehmen!» In der psychoanalytischen Ausdrucksweise: Jeder Versuch einer Befreiung vom Über-Ich kann wiederum in den Dienst des Über-Ich gestellt werden. Der Psycho-Perfektionist kritisiert sich heute unbarmherzig dafür, dass er immer noch nicht spontan, emotional, authentisch genug ist, dass er es immer noch nicht schafft, seine Wut herauszulassen, seine Gefühle auszudrücken, sich selbst zu verwirklichen. An die Stelle des von allen Gefühlsregungen gereinigten, zu schrankenloser Anpassung fähigen rationalen Leistungs-Selbst tritt ein emotional bestimmtes «wahres Selbst». Dieses unterdrückt dann nicht nur die Freude am Nachdenken, Erklären, an der kritischen Distanz zu den Dingen (man darf ja nicht kopfig sein, kein *mind-fucking* machen), sondern auch die weniger psycho-standesgemäßen Gefühle wie Neid, Eifersucht, Verlustängste, Langeweile. Mit diesem Perfektionsideal im Nacken wird der Betroffene zu einem Dauerkunden der Vervollkommnungsangebote, die auf dem Psycho-Markt grenzenloses «emotionales Wachstum» versprechen.

Ich habe in letzter Zeit immer häufiger Helfer kennengelernt, die sehr selbstkritisch über ihr Helfersyndrom sprechen und sich von ihm ironisch distanzieren können. Sie achten auf die seelische Hygiene in diesem Beruf. Aber das Gewicht, das sie auf ihr Privatleben legen, bringt ihnen neue Schwierigkeiten. Es scheint für sie außerordentlich schwer, Trennungen und Enttäuschungen in ihren intimen Beziehungen zu verarbeiten. Diese Verarbeitung wird dadurch so problembeladen, dass diese Helfer sich selbst immer wieder sagen, sie wüssten doch eigentlich schon längst, was da gelaufen sei. Sie hätten vielleicht dies oder das anders machen können, aber das hätten sie eben nicht gebracht. Und es sei doch furchtbar dumm und schwach von ihnen, dass sie so hartnäckig und wider besseres Wissen an derart frustrierenden Beziehungen festhalten würden. Dennoch könnten sie es nicht lassen, immer noch auf die erneute Zuwendung eines Partners zu hoffen, der ihnen doch offensichtlich längst den Rücken gekehrt habe und mit dem sie, genauer überlegt, eigentlich auch gar nicht die Liebesbeziehung haben wollten, von der sie zwanghaft immer wieder träumen müssten.

In den Fällen, die ich genauer verfolgen konnte, handelte es sich um Trennungen von einem Liebespartner, welche nicht verarbeitet wurden. Der perfektionistische Helfer spaltete sich gewissermaßen auf. Er gab nach einiger Zeit äußerlich vor, «drüber weg» zu sein, und versuchte, auch ohne wirkliche innere Beteiligung, neue Beziehungen anzuknüpfen. Hinter dieser scheinbaren Bewältigung wucherten die alten Sehnsüchte weiter, blockierten alles, was in den neuen Beziehungen hätte geschehen können.

Der Betrachter gewinnt den Eindruck, die Betroffenen können es sich selbst nicht verzeihen, dass sie nicht in der Lage waren, ihre intimen Beziehungen so zu gestalten, wie es das professionell verfeinerte Ideal vorschreibt. Der «gewöhnliche» Mensch kann ja verlassen werden, sich in einen Partner verlieben, mit dem er dann doch nicht zurechtkommt, aber ein Psychologe, ein Therapeut, ein Theologe müsste doch anders mit solchen Problemen umgehen können! Natürlich werden solche Perfektionsansprüche auch von außen sehr verstärkt.

Der Klatsch in der Helfer-Szene hakt sich mit besonderer Vorliebe an Ereignissen fest, an denen sich das Thema der hilflosen Helfer auf ein boshaftes «Bock als Gärtner» reduziert. («Er macht Partnertherapie und ist selber zweimal geschieden!»)

«Pastors Kinder – Müllers Vieh / gedeihen selten oder nie» – dieses Sprichwort drückt nicht nur aus, dass Überfütterung (mit moralischen Idealen oder mit Getreideabfällen) nicht guttut. Der Privilegierte muss in der bürgerlichen Gesellschaft mit Neid rechnen. Ein solches Privileg ist auch eine Berufsrolle, die verspricht, mit Belastungen besser zurechtzukommen, unter denen wir alle zu leiden haben. Würden wir dieses Leid offen und gegenseitig teilen, bestünde die Gefahr, dass sich die verfestigten Rollen und die in ihnen kristallisierte Macht auflösen. So richtet sich der Anspruch des Helfers, mit Angst, Trauer, Depression, scheiternden Beziehungen, Krankheit und Tod «besser» umgehen zu können als seine Schützlinge, gegen ihn selbst. Wenn sich ein Pilot scheiden lässt, wird seine Luftfahrtgesellschaft nicht denken, dass er kein Flugzeug mehr bedienen kann. Wenn sich ein namhafter Partnerschafts- und Familientherapeut von seiner Frau trennt, heißt es rasch, dass doch mit seiner Therapie irgendetwas nicht stimmen kann. «Man» hat das ja schon immer geahnt.

Doch mit diesem äußeren Druck mag der Helfer noch eher zurechtkommen als mit seinem inneren Ideal. Er kann sich sagen, dass beispielsweise nicht die Tatsache der Scheidung, sondern der Umgang mit ihr entscheidend ist, und auf diese Weise ein Stück seines Vorsprungs zu retten versuchen. Aber gerade dem Perfektionisten ist diese Haltung nicht möglich. Auch wenn er nicht von außen angegriffen und in Frage gestellt wird, zweifelt er doch zutiefst an sich selbst, wenn er Ängste, Abhängigkeiten, Unvollkommenheiten nicht überwinden kann, so wie es seinem professionell ausgestalteten Menschenbild entspricht. Als Beispiel zitiere ich aus einem Brief einer Psychologin, die ich aus einer Selbsterfahrungsgruppe kannte. Ihr Freund hatte sich viele Monate vorher von ihr getrennt, was sie äußerlich «akzeptierte». Wie es in ihr aussah, deutet sie auch in ihrem Text nur an – es wurde ein halbes Jahr später auf eine bittere, alle ihre Bekannten und Freunde zutiefst verwirrende Weise klar, als sie sich – nach einem letzten, vergeblichen Kontaktversuch mit ihrem verlorenen Freund – tötete.

Lieber Wolfgang, es ist schon einige Zeit vergangen, seit ich Deinen Brief erhalten habe. Um es salomonisch auszudrücken, ich hatte keine Zeit und hatte doch Zeit zu antworten. Doch bevor ich das näher erklären möchte, möchte ich Dir sagen, dass ich mich sehr *über den Brief gefreut habe.*

Mein ‹Schweigen› hatte andere Gründe. Ich habe mich in den letzten Wochen einigermaßen miserabel gefühlt, ich habe den Konflikt, in dem ich lebe, so intensiv erlebt, dass es mir gar nicht mehr möglich war, zur Außenwelt wirklichen Kontakt aufzunehmen, und wie Du sicher an meinem unklaren Sprachstil erkennen kannst, gelingt es mir auch heute noch nicht so recht, nur habe ich mir vorgenommen, einen Anfang zu machen. Ich habe in den letzten Wochen immer wieder versucht, mein Verhalten und Erleben stärker von der Ratio lenken zu lassen, ich kann gleich hinzufügen, ich bin gründlich gescheitert, und je mehr ich gescheitert bin, desto mehr habe ich es versucht.

Ich bin in meiner Erkenntnis inzwischen da gelandet, dass ich die Diskrepanz zwischen Ratio und Emotio annehmen kann, dass ich mich daranmachen muss, nach einer Lösung zu suchen, dass ich diese Lösung aber nicht erzwingen kann. Was mich immer noch bedrückt, ist, dass ich für mich noch keinen akzeptablen Lösungsweg gefunden habe. Ich habe es mit ‹blindem Aktionismus› versucht, so in etwa wie wir Verhaltenstherapeuten es unseren Klienten raten. Die große Prämisse da besteht darin, dass man es tunlichst vermeiden muss, sein Gehirn einzuschalten, oder etwa das Verhalten zu reflektieren. Mein nächster Versuch bestand darin, in Klausur zu gehen. Vielleicht habe ich das falsch angefangen, aber das hatte noch viel fatalere Folgen. Während der Aktionismus dazu geführt hatte, dass ich mich irgendwie flach und schablonenhaft gefühlt habe, hat meine Selbstbesinnung dazu geführt, dass ich meine gesamte Existenz in Frage gestellt habe, dass mir mein Dasein ziel- und sinnlos vorkam. Ich habe meine Arbeit als entsetzliche Last empfunden, keinen Sinn mehr darin erkennen können, von anderen Sinnhaftigkeiten ganz zu schweigen. Ich überlege gerade, wo ich mich mit meinem momentanen Zustand platzieren würde, ich glaube, ich kann keine Antwort darauf geben. Und während ich am Ende dieses Blattes bin, muss ich daran denken, mit welchem Recht ich dazu komme, Dich mit meinen Schwierigkeiten zu belabern. Auch hier sieht die Bilanz negativ aus. Ich wollte Dich so gerne mal in München besuchen, doch ich fühle mich augenblicklich wie gelähmt, dass ich meine Anwesenheit als Zumutung für jeden ‹normalen› Menschen empfinde …»

Franziska arbeitete die ganze Zeit, während es in ihr so aussah, weiterhin als Therapeutin. Sie empfand das zwar als schwere Last. Aber sie war überzeugt, dass sie sich ihren Patienten eher zumuten konnte, als selbst Hilfe bei ihren Freunden oder einem Therapeuten zu suchen. Schließlich war sie *selber* Therapeutin. In ihrem Brief wird deutlich, wie sehr sie das Scheitern einer Beziehung als *ihr* Versagen aufnimmt, als Entwertung ihrer Person. Die Tatsache, dass sie beruflich mit der Behandlung solcher Schwierigkeiten zu tun hat, führt dazu, dass sie sich abschließt. Sie muss es selber schaffen. Der Kontakt zur Außenwelt bricht weitgehend zusammen. Der Konflikt wird hinter die Helferfassade verlegt, als innerer Widerstreit zwischen Verstand und Gefühl, als Gegenstand verzweifelter Selbstrezepturen, die nicht halten, was von ihnen erwartet wird. Als ich nach der Nachricht von Franziskas Selbstmord diesen Brief wieder las, fragte ich mich, ob ich nicht die Zeichen hätte richtig deuten können, die Gefahr wirklich erkennen, in der sie schwebte. Aber sie hatte mich einige Wochen später angerufen und mir gesagt, es gehe ihr jetzt besser, sie habe endgültig Schluss gemacht und ihren Freund gebeten, sie nicht mehr anzurufen. Diese Telefongespräche seien das Einzige gewesen, was die Bindung noch aufrechterhielt. So vergaß ich den Brief und erfuhr erst später, dass die Berichte über ihre Fortschritte in der Trennung nur ein Ausdruck ihrer Angst waren, den vermeintlich an sie gerichteten Forderungen ihrer Freunde nicht gerecht zu werden. Hinter dieser scheinbaren Ablösung konnte sich der mörderische Anspruch, die verlorene Beziehung doch wieder herzustellen, ungehemmt entfalten.

Hier lässt sich einwenden, dass viele Merkmale dieser Situation die depressive Verarbeitung allgemein beweisen: Objektverlust, Wendung der Aggression nach innen, Selbsttötung in dem Augenblick, in dem sich der Schleier der depressiven Hemmung etwas hebt. Die Depression ist allgemein *die* psychische Störung der helfenden Berufe, der Menschen, die unter einer großen Normen- und Ideallast die Industriegesellschaft am Funktionieren halten. Deshalb glaube ich, dass man auch hier dem Beruf als besonderem Einfluss auf die seelische und soziale Situation Aufmerksamkeit schenken muss. Vielleicht war es bei Franziska sogar noch ihre besondere Rolle als Verhaltenstherapeutin, auf die sie bisher so stolz gewesen war, die mit dazu beitrug, dass sie ihr inneres Leiden bis zum bitteren Ende verschleierte. Es gibt kein wirkliches Expertentum der Hilfe oder Erleichterung in Affekten, wie sie allen Menschen gemeinsam sind. Angst und Wut, Schmerz und Trauer müssen immer wieder durchlitten werden, wie neu: Alles, was den ganzen Menschen ergreift, ihn ganz erfüllt, widerspricht der Bewältigung durch einen Fachmann.

Wenn ich wirklich traurig bin und mich diesem Gefühl hingebe, dann lösche ich damit auch meine Möglichkeiten aus, gleichzeitig als Experte dieses Gefühl zu bewältigen. «Bewältigung» ist in unserer Gesellschaft als technische Herrschaft vorgeformt, und es ist sehr schwierig, sich von diesem Modell zu lösen, wie ja auch Franziskas Brief sehr deutlich zeigt. Tatsächlich kann der Experte – wenn er wirklich «gut» ist – genauso viel wie der liebevolle Freund: Er kann seine Überzeugung vermitteln, dass die Trauer irgendwann aufhören wird, wenn sie erst einmal zugelassen wurde. Leider haben die Experten nur sehr selten diese Möglichkeit. Oft halten sie nicht einmal die Begegnung mit solchen ganz von einem düsteren Gefühl erfüllten Menschen aus, weichen ihnen aus oder gehen die Situation technisch mit Psychopharmaka an.

In einem anderen Beruf hätten zwei Einflüsse Franziska ihre Situation erleichtert. Sie hätte sich aufteilen können in einen privat schwer angeschlagenen, beruflich aber trotzdem intakten Menschen. Und sie hätte ihre berufliche Kompetenz nicht damit in Frage gestellt, dass sie ihre leidvollen Gefühle nicht «bewältigen», über die Trennung nicht hinwegkommen konnte. Der intimitätsnahe und nach dem perfektionistischen Modell gehandhabte Beruf verstellte ihr diese Erleichterungen. Sie quälte sich unaufhörlich damit, dass sie selbst mit etwas nicht fertig wurde, was sie gegenüber ihren Klienten als verhaltenstherapeutisch angehbare Störung definierte. Es wird hier deutlich, wie das in der Szene der «neuen» Helfer viel zitierte Wort von der «Droge Arzt», von «ich selbst bin mein Instrument» auch sehr dunkle Seiten hat. Die Gefährdung des Selbstgefühls durch Krisen, mit denen man doch als Profi «besser umgehen müsste», durch unklare Beziehungen, «die man doch längst geklärt haben müsste», ist eine davon. Eine andere ist die, dass es sehr schwierig wird, die Arbeit eines solchen Helfers zu kritisieren. Er fühlt sich sehr rasch abgelehnt, eben weil seine Arbeit diesen ganzheitlich-intimen Charakter hat.

Noch eine andere Beobachtung möchte ich hier kurz erwähnen. Mir scheint, dass Menschen, die in den sozialen Beruf hinein aufsteigen, am meisten von dem beschriebenen Perfektionismus betroffen sind. Bei allen Fällen, die ich genauer kennenlernen konnte, handelte es sich um Psychologen oder Lehrer, die diesen Beruf als erste Akademiker ihrer Familie ausübten. In der analytischen Arbeit mit solchen Klienten habe ich gelegentlich den Eindruck, dass für sie die Arbeit in der Intimsphäre eine Bedeutung gewinnt, die sie bei Klienten aus bürgerlichen Familien nicht hat (diese sind eher «Spalter» oder «Piraten»; Unter- und Untermittelschichtkinder sind häufiger «Opfer des Berufs» und «Perfektionisten»). Je mehr an emotionalen Umgangsformen geopfert wurde, desto dringender ist später das Bedürfnis nach Ersatz. Der akademische Helfer aus einer Unterschichtfamilie muss geradezu sein nicht standesgemäßes Repertoire an sozialen Umgangsformen durch professionelle Bruchstücke ergänzen. Die professionellen Mittel, eine Beziehung zu gestalten, werden die einzigen, mit denen er sich in der neuen sozialen Welt behaupten kann.

Pirat

Der letzte Reaktionstypus «Pirat» lässt sich dadurch kennzeichnen, dass er in der Gegenrichtung zum Perfektionisten vorgeht. Während dieser Teile der beruflichen Rolle als belastende Ideale in sein Privatleben aufnimmt, missbraucht der Pirat die beruflichen Möglichkeiten, um sein Privatleben auszufüllen. Das häufigste und auffälligste Beispiel ist die sexuelle Beziehung zwischen dem Helfer und seinem Schützling. Aber es gibt sehr viel mehr Möglichkeiten des Piratentums. Die seelische Nähe, welche die «neuen» Helfer herstellen, verlockt in vielen Richtungen, dass der Helfer Interessen befriedigt, die über den ursprünglichen Vertrag hinausgehen. Der Pirat unterdrückt seine eigenen kindlichen Bedürfnisse im Beruf weniger als die anderen Helfer. Er kann Kompromisse finden, die er gerade durch die Entwicklung der intimitäts- und beziehungsbetonten Helfertheorien rechtfertigt.

Der Helfer wird in mancher Hinsicht verwöhnt. Beziehungen werden ihm viel leichter gemacht als dem Durchschnittsmenschen. Oft stehen Beobachter, die Qualifikationen in einem helfenden Beruf ähnlich sehen wie die eines Handwerkers oder Ingenieurs, ratlos vor zwei Psychotherapeuten, die einen erbitterten Ehekrieg führen. Sie verfolgen verwirrt die Auseinandersetzungen in psychosozialen Teams oder psychotherapeutischen Kliniken. Sie hätten erwartet, dass die Beziehungsprofis ihre Konflikte besser lösen als Durchschnittsmenschen, stellen nun aber fest, dass sie im Gegenteil besonders unfähig scheinen, miteinander umzugehen – empfindlich wie kleine Kinder, starrköpfig wie verbitterte Greise.

Ich erinnere mich, wie ich als Student fassungslos über die Berichte einer älteren Kollegin war, die ihre psychoanalytische Ausbildung machte. Die Therapeuten schienen sich nicht nur genauso autoritär, misstrauisch, ehrgeizig und untereinander rivalisierend aufzuführen wie die Verlagsangestellten, deren Arbeitswelt ich kannte. Sie trieben es eigentlich noch schlimmer. Später schrieb ich das meinen überhöhten Erwartungen zu. Ich bezog gewissermaßen die Spalter-Position: Der Therapeut ist in seinem Beruf daran orientiert, einfühlende Beziehungsarbeit zu leisten. Um das zu können, braucht er den entsprechenden Vertrag mit einem Klienten. Außerhalb dieses Vertrages wird er sich auch nicht «besser», einfühlender, mehr am Menschen orientiert verhalten, als es in unserer Konkurrenzwelt sonst üblich ist.

Heute sehe ich nach meinen eigenen Erfahrungen mit analytischen Lehrinstituten eine andere Gefahr. Der Therapeut geht ständig einfühlend mit Regressionen um, das heißt mit einem «Sich-Gehenlassen», das er für seine Zwecke nützt. Er ermöglicht seinen Klienten die Rückkehr in unbeschwertere, weniger eingeengte Welten der Phantasie, damit sie aus ihnen neue Impulse für die Bewältigung ihrer Gegenwart schöpfen. In dieser Arbeit ist der Therapeut nicht regressiv, sondern vernünftig, erwachsen, «progressiv». Aber wenn er diese seine andere Hälfte, den regressiven Klienten, nicht mehr vor sich hat, gerät er in Gefahr, dessen Rolle selbst zu übernehmen. Wenn er niemand anderen gehen lassen kann, lässt er sich selbst gehen.

Die Möglichkeit, in seinem Beruf die Rolle einer einfühlenden Mutter zu spielen, führt den Helfer dazu, dass er entsprechende Erwartungen auch auf Teile seiner Umwelt richtet, die dazu Anlass geben – ein Lehrinstitut etwa, oder die Leitung einer Helfer-Institution. In seiner Erwartung enttäuscht, wird der Helfer dann zum gekränkten Kind, das nur noch um sich schlagen oder sich vollständig zurückziehen kann. Während andere Berufstätige ständig damit konfrontiert sind, dass die Welt unseren Allmachtswünschen feindlich gesonnen ist, stimuliert seine berufliche Situation im Therapeuten immer wieder Allmachtsgefühle. Er erlebt, wie ein anderer Mensch ganz auf ihn bezogen ist, wie er die wichtigste Person in dessen Leben wird, der Erste und Einzige, der ihn versteht, ihm entgegenkommt. Und so fängt der Therapeut auch an, unbewusst eben diesen Anspruch an die Welt zu richten.

Der Pirat auf seinem Schiff, über sich den Himmel, unter sich das Meer, um sich die grenzenlose Freiheit, alles zu nehmen, was sich anbietet, ist ein Bild für diesen Hintergrund. Wissenschaftlich oder literarisch sublimiert drückt sich die Allmachtsphantasie der Therapeuten darin aus, dass sie oft dazu neigen, aus ihrem Blickwinkel die Menschheitsgeschichte und -zukunft neu zu fassen – von «Totem und Tabu» bis zu «Am Anfang war Erziehung», vom «Gotteskomplex» bis zum «Urschrei». Ein anderer Ausdruck davon ist, dass der Therapeut eine neue, einzigartige Flagge hisst und davonsegelt, um die Weltmeere der therapiebedürftigen Menschheit zu erobern.

Wer genauer hinschaut, entdeckt oft, dass die neue «Schule» der Psychotherapie eher durch die Plünderung alter Ideen als durch eigenständige Kreativität bestimmt ist. Tatsächlich handelt es sich meist mehr um eine soziale als um eine theoretische Neuerung. Die besondere Empfindlichkeit, die sich an Therapeuten beobachten lässt und die durch ihre spezifischen professionellen Deformationen bedingt ist, kann ein Therapeut unter anderem auch dadurch bewältigen, dass er einen Kreis von Schülern um sich sammelt, mit denen er auch außerhalb seiner Arbeit mit Klienten die spezifische Form dieser Beziehungsarbeit beibehalten, ja erweitern kann. So findet er einerseits viel Bewunderung und wenig Widerspruch. Die Kränkungen, welche wütend abgewehrt werden, kommen von der bösen Außenwelt, den neidischen Kollegen und so weiter. Andererseits spielt der verehrte Therapeut, der Gründer einer neuen «Schule», oft innerhalb dieses schützenden Kreises eine sehr unkontrollierte, regressive Rolle. Er verhält sich wirklich wie ein Piratenhäuptling, ein größenwahnsinniger Tyrann, der launisch Gnade und Ungnade verteilt und gelegentlich dem Cäsarenwahnsinn nahe scheint. Natürlich wird er nicht «wirklich» wahnsinnig. Er kann sich, wenn es sein muss, zusammennehmen und sehr angepasst auftreten. Doch beschränkt sich dieses Verhalten oft auf die Vertretung nach außen und die Arbeit mit Patienten, während gerade das Verhalten gegenüber der dem Piratenkapitän unterstellten Mannschaft willkürlich und launisch ist. Er ist Richter und Henker, Gesetzgeber und Staatsanwalt in einem. Seine Gnade entscheidet über Gedeih und Verderb der Schüler, deren Verselbständigung als bedrohlich erlebt und bekämpft wird. Auch die privaten Beziehungen der Schüler werden von solchen Piratenkapitänen misstrauisch verfolgt. Sie bedrohen den Anspruch, nicht nur in der umgrenzten Therapiesituation, sondern im ganzen Leben des Klienten als allmächtige Gestalt anwesend zu sein. Eigentlich hat eine Partnerschaft nur dann noch eine Chance, wenn auch der bisher Außenstehende sich in die Piratenmannschaft einreiht; sonst muss er über die Klinge springen. Ferdinand Sauerbruch rechtfertigte diese Haltung gegenüber seinen Assistenten mit dem Hinweis darauf, dass die Chirurgie eine eifersüchtige Geliebte sei. Psychotherapeutische Gurus verwenden ihr tief in den Menschen eingreifendes Vokabular, um drohende Konkurrenten auszuschalten. In einem Fall benutzte ein Therapeut wiederholt Formulierungen wie «diese Frau ist doch viel zu primitiv für Sie», um einen Patienten davon abzuhalten, sich von ihm in andere Beziehungen hinein zu entfernen. Solche Formen der Piraterie sind verdeckter als der unmittelbare sexuelle Kontakt zwischen Therapeut und Patient. Die angestrebte Befriedigung liegt auf einer narzisstischen Ebene.

Daher sind die kleinen Piraten, die sich aus ihren Therapien mit Sexualpartnern oder Babysittern versorgen, sozial oft auffälliger als die großen Piratenkapitäne, die ganze Institute, wissenschaftliche Gesellschaften oder internationale Erleuchtungskonzerne aufbauen. Es ist wie bei der Wirtschaftskriminalität, wo die Polizei eine Sekretärin verhaftet, die sich an der Portokasse vergangen hat, und dem Chef seinen geschickt organisierten Millionenbetrug nicht nachweisen kann. Psychodynamisch interessant ist noch, dass ein solcher Piratenkapitän, den ich früher kannte, besonders unbarmherzig mit sexuellen «Verfehlungen» seiner Schüler gegenüber Patienten umging. So könnte man auch erwarten, dass der Wirtschaftsverbrecher «großen Stils» besonders wütend wird, wenn seine Sekretärin die Portokasse plündert. Man erinnert sich an Brechts Satz: «Was ist die Beraubung einer Bank gegen die Gründung einer Bank?» Deutlich wird auch, dass der Narzissmus gesellschaftlich besser verwertbar ist als die Sexualität. Diese ist nur dem Schein nach, vor allem als Inhalt des Narzissmus, «befreit», dahinter aber, in ihrer Kraft, gleichzumachen, Kontrolle zu besiegen, Triebhaftigkeit durchzusetzen, mehr denn je unterdrückt.

Der Therapeut, welcher die Beziehungen seiner Patienten außerhalb der Therapie entwertet und versucht, die einzige positive Gestalt im Leben seiner Schützlinge zu werden, kann subjektiv überzeugt sein, dass sein Verhalten notwendig und nützlich ist. Seine Piraterie hängt vermutlich mit einem Grundgefühl zusammen, dass ihn sowieso niemand akzeptiert, dem er nicht mit solcher Übermacht entgegentritt. Hier spielt nicht nur das Thema des «abgelehnten Kindes» hinter der Helferfassade eine Rolle, sondern auch die Frage, inwieweit die späteren sozialen Beziehungen eine Sicherheit ermöglicht haben, auch ohne die Instrumente der Professionalität akzeptiert zu werden und sich selbst akzeptieren zu dürfen.

Aus dieser Unsicherheit kann sich ein unbewusstes Zusammenspiel zwischen Helfer und Schützling ergeben. Beide können diesen beruflichen Rahmen einer Beziehung nicht mehr verlassen: der Pirat, weil er sich in Beziehungen nicht mehr sicher fühlt, in denen er nicht die kontrollierenden, manipulierenden Mittel seiner Professionalität einsetzt; der Schützling, weil er sich einer Beziehung nicht mehr gewachsen fühlt, in der er sich keinem überlegenen Fachmann anvertrauen kann.

So gesehen ist auch der Pirat ein «Opfer des Berufs». Er verschleiert das, indem er seinen Beruf so regressiv auslegt, dass er seine intimsten und privatesten Befriedigungen daraus bezieht. Seine Schützlinge sind Schüler, Freunde, Sexualpartner, Geldgeber in einem; er fährt mit ihnen in die Ferien, nimmt sie in seinen Haushalt auf, teilt Essen und Bett mit ihnen. Obwohl die professionelle Ethik solche Vermengungen untersagt, kommen sie öfter vor, als sie bekannt werden. Sie werden nur sehr selten nach außen als Versuch einer Aufhebung der Trennung von Beruf und Privatleben begründet (was heißen würde, dass der Pirat sich quasi durch einen Kaperbrief eine öffentliche Legitimation verschafft). Meist ist es so, dass die intimitätsnahe Arbeit Verführungen anbietet, die nicht zurückgewiesen werden. Das lässt sich sogar als besonderes berufliches Engagement rationalisieren. Piraten sind wohl umso gefährlicher, je weniger Selbstkritik sie haben und je weniger sie sich mit anderen Helfern offen über diese Schwierigkeiten austauschen können.

8 «Neue» und «alte» Helfer im Konflikt

Eine Frau sagt einem Helfer, dass sie ernstlich daran denkt, sich umzubringen. Der normative Helfer – beispielsweise ein Psychiater – wird die Kriterien für Suizidalität überprüfen. Er hat da verschiedene Symptome im Kopf, die Einengung der Perspektive, das Auftreten von Selbstmorden in der Familie, der Verdacht einer endogenen Depression, die soziale Isolierung und Ähnliches mehr spielen eine Rolle. Aufgrund dieser Überlegungen wird er dann entscheiden, ob er die Patientin ambulant mit einem Beruhigungsmittel, einem Antidepressivum oder mit Psychotherapie behandelt – oder ob er sie, unter Umständen gegen ihren Willen, in eine psychiatrische Klinik einweist.

Gerät die Frau an einen Beziehungshelfer, etwa in einem Selbsterfahrungsgruppen-Zentrum, dann wird er versuchen, sich in sie einzufühlen, sich auf ihre Seite zu stellen. Er vermittelt ihr, dass es ihm leidtäte, wenn sie sich umbrächte, dass er aber in ihrer Lage vielleicht auch daran denken würde. Er wird vielleicht ein Psychodrama einleiten, in dem sie an ihr eigenes Grab treten und ihre Phantasien noch konkreter ausmalen kann.

In einer bürokratisch verwalteten Gesellschaft sind solche Widersprüche ein Ärgernis. Es werden Lösungsversuche entwickelt. Der normative sieht so aus: Das Vorgehen des Beziehungshelfers mag für psychiatrisch Gesunde richtig sein, die mal an Selbstmord denken wie jeder Mensch, aber doch nicht «wirklich» («klinisch» = krankhaft) suizidal sind. Damit ist der Friede gesichert, der Beziehungshelfer ist aus dem Claim des Psychiaters hinausdefiniert ... vorausgesetzt, er akzeptiert dessen Basis, was er aber eben gerade nicht tut. Im Gegenteil, er kontert: Die normativen Vorgehensweisen sind ihrerseits Etikettierungen, welche das Problem, das sie ordnen und erklären wollen, erst schaffen. So gibt es seiner Meinung nach keine endogenen Psychosen als Naturphänomen, sondern nur als psychiatrisches Kunstprodukt. Die Psychiater haben diese Diagnosen erfunden, um ihre Arbeit als Teilgebiet der Medizin zu rechtfertigen.

So geht der Kampf unentschieden aus. Untersuchen wir ein anderes Feld. Vor Jahren war es sehr schwierig, in einem psychiatrischen Landeskrankenhaus genügend Arztstellen zu besetzen. Es gab zu wenig Mediziner, welche diese Arbeit anziehend genug fanden, um beispielsweise eine längere Anfahrt oder einen Ortswechsel in Kauf zu nehmen. Inzwischen hat sich das geändert. Auf jede Stellenausschreibung gibt es so viele Bewerber, dass ein Klinikdirektor, mit dem ich jüngst sprach, ganz zufrieden ist über seine Auswahlmöglichkeiten. Noch viel mehr Auswahl hätte der Klinikdirektor, wenn er eine freie Stelle für einen Psychologen ausschreiben könnte. Während früher kaum jemand bereit war, in ein solches Landeskrankenhaus in der Nähe einer Kleinstadt zu gehen, ließe sich heute jeder Posten zwanzigfach besetzen. Es gibt für einen begrenzten Markt zu viel Angebot an Helfer-Dienstleistung, vor allem, was die neuen Helfer angeht. In München sind derzeit weit über die Hälfte der Diplompsychologen, die ihre Prüfung gemacht haben, nach einem Jahr noch arbeitslos. Gleichzeitig ist diese Stadt nach Angaben der Kassenärztlichen Vereinigung, die sicherlich nicht an einer zu geringen Arztdichte interessiert ist, zu etwa 300 Prozent mit Psychiatern überversorgt. In vielen anderen Helferberufen ist die Situation ähnlich, wobei ganz deutlich wird, dass die Beziehungshelfer über eine viel höhere Arbeitslosigkeit klagen müssen als die alten Helfer. Es gibt mehr arbeitslose Sozialpädagogen als Gymnasiallehrer, Sozialarbeiter sind auf Stellensuche, Krankenpflegerinnen werden gesucht. Aber die Tatsache bleibt, dass die sozialen Berufe schlechterdings die Gesetze von Angebot und Nachfrage, Produktion und Konsum außer Kraft zu setzen scheinen. Wer sich heute einen der durch hohe Numerus-clausus-Hürden geschützten Studienplätze in Psychologie erkämpft, weiß genau, mit welchen Beschäftigungsmöglichkeiten er rechnen kann. Warum nur ist dieses Studium trotzdem so begehrt, obwohl andererseits viele Universitätslehrer, mit denen man ins Gespräch kommt, über die Passivität, Mäkelei und schlechte Motivation der Studentinnen und Studenten klagen?

Der Beziehungshelfer will keinen für ihn toten Stoff lernen, sondern er will etwas *sein*. Kein Wunder, dass sich die meisten jungen Leute, die von einem solchen Beruf träumen, nur sehr widerwillig dazu bequemen, Lehrveranstaltungen über sich ergehen zu lassen, in denen sie gerade das tun sollen, was ihnen sinnlos und unattraktiv erscheint. «Untersuchungen über die Motive von Psychologiestudenten haben vor allem zwei Hauptgründe herausgestellt: den Wunsch, anderen zu helfen, und den Wunsch, sich selbst zu helfen und zu erkennen ... Es wäre der Mühe wert, einmal zu untersuchen, wie viele frustrierte und enttäuschte Psychologiestudenten sich nach einer menschennahen Psychologie außerhalb der Universitäten umsehen – und dabei nicht selten Angebote annehmen, die der sogenannte Psychoboom macht. Indirekt trägt so die seriös-akademische Psychologie dazu bei, dass Psychologie in der

Öffentlichkeit immer häufiger mit den exotischen, populären und marktgerechten Psychotechniken des Psychobooms identifiziert wird.»*

Aussteigen und drinbleiben

Ich habe acht Jahre lang Aufnahmegespräche in einem Institut durchgeführt, das Angehörige sozialer Berufe – Lehrer, Psychologen, Sozialarbeiter, Krankenschwestern, Ärzte – in psychoanalytischer Gruppendynamik ausbildete. Es wurde mir dabei immer vertrauter, dass viele der Bewerber die relativ aufwendige Ausbildung (mit über 100 Stunden Einzelanalyse, 120 Stunden Gruppenselbsterfahrung, 240 Stunden Theorie), welche privat bezahlt werden musste, ohne jede Aussicht auf eine entsprechende finanzielle «Rendite» machten. Wir sagten ihnen klar, dass der Markt für freie Gruppen eng begrenzt und hart umkämpft ist. Wer nicht in Einrichtungen arbeiten kann, wird mit dieser Ausbildung in der Regel nicht viel verdienen. Dennoch fanden sich immer genug Bewerber. Sie sagten oft, sie wollten die Ausbildung zunächst einmal für sich selbst, um persönlich weiterzukommen. In zweiter Linie wurden Motive genannt, etwas von dem Erreichten weiterzugeben, Geld zu verdienen, Prestige als Gruppenleiter zu genießen.** Mir scheint, dass sich hier ein Stück weit dieselbe Tendenz ausdrückt, welche auch die Wahl eines Helferstudiums scheinbar völlig aus den eisernen Marktgesetzen heraushebt. Dieses Studium ver-

* Heiko Ernst, Psychologie heute, April 1982, S. 48

** Diese Rangordnung der Motive ist nicht durch die Interviewsituation bedingt, wie die Beobachtung der Ausbildungsteilnehmer in Langzeitanalysen zeigte.

spricht eine Möglichkeit der persönlichen Entwicklung, die in anderen, etwa technischen Berufen nicht gegeben scheint. Wer beispielsweise eine Fortbildung als Programmierer oder Kaufmannsgehilfe wählt, wird sich genau nach dem Kosten-Nutzen-Ansatz richten. Er wird keine Ausbildung ohne Berufschancen absolvieren.

Betrachtet man genauer, was hier geschieht, so wird deutlich, dass es sich hier um eine jener «Abstimmungen mit den Füßen» handelt, die ehrlicher, aber auch schwieriger zu deuten sind als bürokratisch organisierte Abstimmungen.

Wogegen stimmen die jungen Menschen, die ohne viel Aussicht auf materiellen Erfolg einen Helferberuf ansteuern? Ich glaube, sie stimmen gegen die Technokratie, die Industriegesellschaft in ihrer gegenwärtigen Form. Sie wollen sie nicht als zweckrationale Rädchen im Getriebe mittragen. Sie wollen auch nicht politisch gegen sie kämpfen – das scheint wenig aussichtsreich, kann kein Lebensinhalt sein, sondern allenfalls eine «nebenberufliche» Protestaktion. Politische «Härte» ist bedrohlich für den Helfer, der Nähe, Wärme, narzisstische Bestätigung braucht. Er will aussteigen und drinbleiben, ein Stück Sinn suchen, mit dem er konkret umgehen kann. Was könnte verständlicher sein in einer Zeit, in der eine globalisierte Technokratie die Natur allenthalben kurzfristigem Profit opfert, in der Atomkraftwerke von der Polizei beschützt und Gegner der Naturzerstörung wegen Landfriedensbruch verurteilt werden? So wird auch verständlich, warum den Beziehungshelfer die drohende Arbeitslosigkeit ebenso wenig von seinem Entschluss abbringt wie zum Beispiel den Studenten der Ethnologie. Er will nicht um jeden Preis helfen, eine Maschinerie in Gang zu halten*, die mit dem

* Diese Haltung ist oft nicht klar bewusst, äußert sich eher als diffuses Unbehagen an einem technischen Beruf.

blinden Selbstbewusstsein der Titanic in ihren Untergang fährt. Gleichzeitig würde es eine fast übermenschliche Sicherheit und Durchsetzungskraft verlangen, sich völlig zu verweigern, gänzlich auf die Möglichkeiten einer beruflichen Qualifikation zu verzichten. Die Kurskorrektur ist unwahrscheinlich. Nichts spricht dafür, dass die Industriegesellschaften aus Einsicht in die Aussichtslosigkeit ihrer Vorgehensweisen diese ändern werden. Dennoch müssen wir in ihnen leben.

So sucht der «neue» Helfer das bisschen Natur, dessen er habhaft werden kann, möglichst pfleglich zu behandeln: sich selbst. Er will, wenn er schon in dieser kalten, gefühlsfeindlichen, naturzerstörenden Welt erwachsen werden muss - gern tut er es nicht -, wenigstens so viel retten, wie er gerade retten kann. So lernt er etwas über den Menschen, über sich selbst, und wenn er das Gelernte später einmal anwenden kann, um Geld zu verdienen, anerkannt zu werden, gebraucht zu werden - umso besser. Aber die Gefahr, dass er keinen Arbeitsplatz findet, schreckt ihn nicht ab. Ausbildungsgänge sind nicht mehr die unterste Stufe auf dem Weg zu den Elfenbeintürmen der reinen Forschung oder zu den materiellen Karrieren der Praxis. Sie sind ein Weg in Schonräume, in Träume von Selbstverwirklichung, aus denen die Träumer möglichst spät erwachen wollen. Es ist bereits ziemlich typisch geworden, dass zum Beispiel eine Erzieherin oder ein Sozialarbeiter nach ein, zwei Praxisjahren oder berufsfremden Jobs wieder studieren. Sie arbeiten nebenbei, leben bescheiden, verzichten auf bürgerliche Lebensformen (Eigentumswohnung, Kinder und Familie). Wer sie genauer kennenlernt, stellt fest, dass die berufliche Realität sie abstößt, ihnen das Empfinden vermittelt, wie Tiere in einen Käfig gesperrt zu werden. Schön ist der Traum von einem fernen Ziel, den das neue Studium vermittelt. Es wird lange hinausgezögert, damit man es besser genießen kann. Schließlich hat man einen einträglichen Job als Programmierer oder Telefonistin, aber man ist nicht wirklich in diese Berufswelt eingebettet.

Die bereits erwähnte Ethnologie ist zu einem begehrten Studium geworden. Die «seriösen» Berufsaussichten sind natürlich minimal. Was es zu entdecken gibt, drückt vorwiegend den Verfall und Zusammenbruch der eigenständigen Primitivkulturen aus. Aber der Ethnologe studiert sein Fach, um zu träumen.

Die Grenzen des emotionalen Wachstums

Es liegt nahe, sich über den Psychoboom lustig zu machen, wo in den Werbetexten für die verschiedenen Gruppenselbsterfahrungen das Blaue vom Himmel versprochen wird. Unbegrenztes emotionales Wachstum in einer Gesellschaft, die überall an ihre Wachstumsgrenzen stößt? Auf eine verwickelte Weise beeinflusst die wirtschaftliche Gesamtsituation auch die Entwicklung in den helfenden Berufen. Die Beziehungshelfer haben viele der Einstellungen weitergetragen, deren Ursprung in der Hippie- und Bürgerrechtsbewegung liegt – antibürokratische Überzeugungen, Sympathie für die unterdrückten Kolonialvölker, Sehnsucht nach gefühlsbestimmten, offenen, authentischen Umgangsformen im Gegensatz zu der von Profit und Macht bestimmten Wirtschaftswelt. Die Arbeit im sozialen Beruf stellte einen Kompromiss dar zwischen dem Aussteigen und der häufig parasitären Existenz der Hippies, die keine Perspektive bot. Es wurde ein Kompromiss zwischen dem kritischen Verlassen der Warenwelt und dem Angebot neuer Dienstleistungen daraus: Selbsterfahrung, Primärtherapie, Gestalttherapie, Bioenergetik, Encounter, dynamische Meditation, Rebirthing, Lebenstanz, Psychodrama ... Es war möglich, etwas zu verändern, konkrete Menschen zu überzeugen, anstatt sich in dem abstrakten, versachlichten Bemühen politischer Veränderungen aufzureiben.

Viele Gruppenzentren und Gruppenleiter, die ich kenne, haben auf ihre Weise die Impulse der Studentenbewegung, der antiimperialistischen Proteste aufgegriffen, konkretisiert und kommerzialisiert. Beratungsstellen, psychologisch-psychotherapeutische Praxen, heilpädagogische Horte, Kinderläden, Wohngemeinschaften für Drogenabhängige wurden in großer Zahl gegründet, eingerichtet, zum Teil mit öffentlichen Mitteln gefördert und dadurch auch den Forderungen der Sozialbürokratie angepasst.

Diese Gründungsphase ist sehr bald an ihre eigenen Grenzen gestoßen. Die Wartelisten an den Erziehungs- und Eheberatungsstellen sind inzwischen so kurz, dass neue Stellen kaum mehr eingerichtet werden. Manchmal kann nur durch Verschleierungsmaßnahmen verhindert werden, dass ein Träger eine bestehende Institution schließt. Die Umsätze der gruppendynamischen Zentren stagnieren oder gehen zurück.

Es gibt mehrere Ursachen für diese Entwicklung. Zunächst haben die Beziehungshelfer, die auf den Dienstleistungsmarkt gingen, mit dem typischen Bedürfnis des Helfers, sich selbst für unentbehrlich zu halten, diesen Markt überschätzt. Sie übersahen, dass das Neuland, das sie mit ihren Angeboten betraten, irgendwann erschöpft sein würde. Dann musste sich der Bedarf vermindern. Eine Selbsterfahrungsgruppe oder eine Ehetherapie sind nicht Gegenstände des täglichen Bedarfs. Wer sie noch nie genossen hat, interessiert sich für sie (vorausgesetzt, er gehört einer bestimmten gesellschaftlichen Schicht an). Wer sie bereits kennt, wird sie in aller Regel nicht immer brauchen. Das heißt, solange die Dienstleistung «Beziehungshilfe» noch unbekannt und neu war, expandierte die Nachfrage sehr schnell und täuschte eine Unerschöpflichkeit vor, die höchst trügerisch war.

Ein weiterer Grund für die steigende Beschäftigungslosigkeit unter den Beziehungshelfern ist die Tatsache, dass es häufig einfacher ist, einen neuen Helfer zu produzieren als einen zufriedenen Klienten. An diesem Motto haben sich beispielsweise viele Organisationen orientiert, die Selbsterfahrung in den neuen, beziehungsorientierten Therapiemethoden anboten. So gab es bald mehr Fischer als Fische.* Diese Situation hängt mit den spezifischen Qualitäten der neuen Helfer zusammen. Die Intimität der Interaktion in einer sonst gefühlsentfremdeten Gesellschaft weckt den Wunsch, länger in solchen Situationen bleiben, sie besser kontrollieren zu können. Also wird man selber Therapeut, Gruppenleiter, Beziehungshelfer. Die Institute und Vereine entdecken diesen Bedarf und orientieren sich daran. Heute stoßen sie an die dadurch geschaffenen Grenzen und müssen sich zum Teil selber auflösen.

Ein weiterer Gesichtspunkt ist der, dass die Beziehungshelfer auf ihrem langen Marsch nicht in die etablierten Institutionen eingedrungen, sondern außerhalb von ihnen, in einem für kurze Zeit gültigen Schonraum, geblieben sind. Mitverantwortlich war ihre antibürokratische Tendenz, vor allem aber auch der zähe, hinhaltende Widerstand der bereits etablierten Helfer-Institutionen und der normativen Helfer. Er hat verhindert, dass sich jemals wirklich gleichberechtigte Verhältnisse herstellen ließen. Es ist so geblieben, dass durchweg die normativen Hel-

* Ein Heilpraktiker, der nicht genug Patienten findet, gründet eine Heilpraktiker-Schule und wirbt für «einen Beruf mit Zukunft». Ein Psychologe gründet eine Psychologen-Schule usw.

fer die Aufsicht, Kontrolle und den Zugang zu den öffentlichen Geldern sich selbst vorbehielten.

Die neuen Helfer spüren die Wachstumsgrenzen der Industriegesellschaft am deutlichsten. Eine wieder autoritärer werdende Bürokratie engt ihre Freiräume ein. Der Rotstift wird da angesetzt, wo Hilfe am wenigsten objektivierbar ist, wo Proteste inhaltlich bleiben und keine formaljuristische Grundlage haben. Die Instrumente der Krankenkassenbürokratie, einst erdacht, um die Interessen der Arbeiter und Angestellten in einer Solidargemeinschaft zu vertreten, werden zu einem Mittel der Disziplinierung. Wer sich für die Selbstheilungskräfte, für die ganzheitliche Entwicklung der Person interessiert, hat in Zeiten knapper Kassen keinen Platz in einem System der Krankenversorgung, das mit ungeheurem Aufwand immer weniger Menschen gesund erhalten kann. Was er anbietet, ist eben nicht die «Behandlung von Krankheiten im Sinne der Reichsversicherungsordnung».

Die neuen Helfer haben so mehr als eine Gemeinsamkeit mit den Frauen. Wie diese sind sie «Beziehungsarbeiter». Wie bei den Frauen gibt es auch bei ihnen eine große Reservearmee, deren Arbeitslosigkeit nicht sonderlich auffällt, weil die neuen Helfer mit ihr gerechnet haben und sie schlecht und recht ertragen. Ihre Unterbeschäftigung lässt sich freilich nicht so gut rechtfertigen wie die der Frauen, die durch Propaganda für «berufliche Emanzipation» auf der einen, «Unentbehrlichkeit der Hausfrau-Mutter für die seelische Gesundheit der Kinder» auf der anderen Seite als Arbeitskräfte für die Wirtschaft genutzt oder aber auch rasch wieder abgestoßen werden können.

Die Arbeitslosigkeit der neuen Helfer hat zur Zeit noch relativ wenig öffentliche Bedeutung. Ihr politisches Gewicht ist gering. Die «Helfer-Ausbildung zur Arbeitslosigkeit» ist ein junges Phänomen und tritt gegenüber der Bedeutung der Gesamtarbeitslosigkeit zurück. Das wird sich vermutlich in Zukunft ändern. Ich will hier einige mögliche Folgen überlegen. Sie betreffen die praktische Beziehung der Helfer zur Gesellschaft und die Helfertheorien. Eine Konsequenz, die bereits eingetreten ist, könnte man professionelle Verelendung nennen. Viele Helfer sind inzwischen überqualifiziert. Diplompsychologen arbeiten als Erzieher in einem Heim, graduierte Sozialpädagoginnen in einem Kindergarten. Krankenschwestern mit Abitur, früher die Ausnahme, werden mehr und mehr zur Regel. Die Tatsache, dass in den qualifizierten Helferberufen das Angebot so viel größer ist als die Nachfrage, führt zu einer verschärften Konkurrenz und zu verbesserten Möglichkeiten der Arbeit«geber», Druck auszuüben.

Damit geraten viele der neuen Helfer in innere Konflikte. Ihr Wertsystem widerspricht der sozialen Wirklichkeit, der sie sich fügen oder gegen die sie kämpfen müssen. Die Folge davon ist, dass sie theoretische Widersprüche entwickeln, die man zum Teil auf die Interessengegensätze zwischen den stellenlosen «neuen» und den etablierten, «normativen» Helfern zurückführen kann.

Diese Gegensätze werden auf dem psychosozialen Sektor besonders deutlich. Hier geht eine mächtige Lobby von pharmazeutischer Industrie und etablierten Nervenärzten beziehungsweise psychiatrischen Einrichtungen davon aus, dass die «richtige» Behandlung von Ängsten und Depressionen darin besteht, Psychopharmaka zu verschreiben. Hintergrund dieser Auffassung ist die Ansicht, dass viele Menschen die Anpassung an die Industriegesellschaft nicht bewältigen. Ihre Affekte sind auf ein anderes Leben zugeschnitten. Oder aber: Sie leiden an einem bisher ungeklärten Erbmangel, der sie dazu geneigt macht, Wahnsymptome, Halluzinationen, Denkstörungen oder Depressionen zu entwickeln. Auch hier sind Medikamente, möglichst das ganze Leben genommen, die einzig wirksame Hilfe. Und endlich gibt es auch sehr viele – schätzungsweise die Hälfte – der scheinbar körperlich Kranken, die tatsächlich an «funktionellen» Störungen leiden, an «vegetativer Dystonie», «larvierter Depression», «psychovegetativem Syndrom». Auch sie werden meistens im Rahmen der medizinischen Theorie und Praxis mit Medikamenten oder chirurgischen Eingriffen (zum Beispiel Operationen an den sympathischen und parasympathischen Nervenknoten) behandelt.

Vertreter dieser Ansichten haben in der Regel eine gut bezahlte Position in einer normativ orientierten Helfereinrichtung, beispielsweise einer Nervenklinik oder einer Arztpraxis. Sie beteiligen sich mittelbar oder unmittelbar am Umsatz einer der wachstumsstärksten Industrien Europas – der pharmazeutischen Industrie. Sie produzieren eine Menge wissenschaftlicher Arbeiten, welche ihre Ansichten stützen. Selbst wenn von den oft verhängnisvollen Nebenwirkungen der Psychopharmaka die Rede ist, bleibt die Voraussetzung ihrer Notwendigkeit unangetastet. Erfolgsberichte, wonach in unserer human gewordenen Psychiatrie die Stimmung in den Irrenanstalten mehr und mehr jener in inneren Kliniken gleiche, gehören zum Zitatenschatz jedes psychiatrischen Festredners (als ob die «innere Klinik» schon fast das Paradies wäre). Der gelegentliche Missbrauch von Psychopharmaka wird als Ausnahme zugestanden. Vor allem gibt es undisziplinierte Patienten, die sogar von diesen so sorgfältig entwickelten Medikamenten abhängig werden. Aber für die wirklich Kranken sind sie ein Segen.

Die niedergelassenen Psychotherapeuten und Psychoanalytiker nehmen eine Zwischenstellung ein. Sie stehen den Medikamenten oft kritisch gegenüber. Aber sie müssen das psychiatrische System teilweise anerkennen. Die Verfügung über ihre Geldquellen hängt von ihrer Fähigkeit ab, in ihren für die Genehmigung der Psychotherapie durch die Krankenkassen verfassten Gutachten zu begründen, dass ihr Patient in ihr Claim gehört. Er «hat» keine «endogene Psychose», sondern eine «Neurose» oder «narzisstische Störung».

Diese ist definiert als in der Kindheit entstandene, durch gegenwärtige Konflikte verschärfte Form seelischer Störung. Unter der Hand macht man sich über die Psychiater lustig, die so unermüdlich die Tatsachen ihren Dogmen unterwerfen. Sie stufen beispielsweise eine psychotherapeutisch mit Erfolg behandelte «endogene» Depression oder «Schizophrenie» nachträglich als «reaktive Depression» oder «Borderline» ein. Damit erhalten sie das Gesetz aufrecht, dass «echte Psychosen» - also alles, was in ihr berufliches Claim fällt - nur «biologisch» - also mit Medikamenten - behandelt werden können. Aber der Psychotherapeut muss sich davor fürchten, in schlechten Ruf zu geraten, wenn einer seiner ambulant behandelten Patienten einen Selbstmordversuch macht oder so auffällig wird, dass er in eine psychiatrische Einrichtung kommt. Er hat damit seinen Mangel an psychiatrischer Kompetenz unter Beweis gestellt.

In der Regel wird sich der Psychotherapeut nicht mit den Psychiatern und ihren Einrichtungen anlegen. Er wird auch Patienten nicht annehmen, die schon zu oft innerhalb des Claims der Psychiater waren. Er weiß - wenn nicht von Anfang an, so doch nach einigen negativen Erfahrungen -, dass seine Mittel nicht auf sie zugeschnitten sind. Er hat auch ohne sie genug zu tun, vorausgesetzt, er ist zu den Krankenkassen zugelassen. Der neue Helfer, welcher nicht auf solche Rücksichten angewiesen ist, wird viel radikalere Forderungen stellen können. Ein Anliegen wie die Abschaffung der psychiatrischen Großkrankenhäuser geht ihm glatt über die Lippen. Für die meisten Wortführer der Psychiatrie ist das ein Unding, Ausdruck fehlender psychiatrischer Kenntnisse, schreiendes Unrecht am Wohl der

Kranken. Kritische Äußerungen über die Psychopharmaka, mit deren Hilfe bereits mindestens eine halbe Million Deutscher medikamentenabhängig gemacht worden ist, kommen vor allem von den Vertretern der Diplompsychologen, die ihre Claims erst finden müssen und versuchen, ihre klinisch-psychologische Dienstleistung den Krankenkassen als die bessere Ware anzupreisen. Diese, schwerfällig wie alle bürokratischen Systeme, richten sich in der Regel nach dem Motto: besser ein bekanntes Übel als ein unbekanntes Gut. Sie können die erklärte Ärztepolitik nicht übergehen und weisen deshalb die Ansprüche der neuen Helfer mit juristischen Argumenten zurück.

Die bisherige Praxis der Gesundheitsbürokratie, die Speerspitze der durch die neuen Helfer erzeugten Unruhe dadurch abzubrechen, dass ein privilegierter Teil von ihnen in die bürokratisch organisierte Versorgung einbezogen wurde, wird in Zukunft keine großen Möglichkeiten mehr bieten. Die Finanzdecke über dem Gesundheitswesen wird kürzer. Die typische Rolle der Medizin in der Industriegesellschaft muss zwangsläufig dazu führen, dass sie mit immer größerem Aufwand immer weniger Bedürfnisbefriedigung schaffen kann. Die Menschen versuchen, ihre Unzufriedenheit und ihr Unglück durch die Ärzte behandeln zu lassen, die ihnen dafür immer ausgefeiltere technische Möglichkeiten und Medikamente anbieten. Die Bekämpfung der Symptome führt zu neuen Symptomen. Gleichzeitig werden die Selbstheilungskräfte und die emotionale Autonomie geschwächt. Die Ansprüche an die Fachleute des Medizinsystems wachsen, die Zufriedenheit der Patienten nimmt ab.

Keine Berufsgruppe ist heute so umstritten wie die Helfer, und mit Recht. Ein Zeichen dafür sind die öffentlichen Kampagnen gegen Ärzte und zum Teil auch Psychologen in den Massenmedien. Die Ärzte antworten mit massiven Protesten. Allein die Tatsache, dass es solche Auseinandersetzungen gibt, unabhängig von ihren Inhalten, weist auf die besondere Problematik der helfenden Berufe hin. Die Situation der Ärzte drückt besonders deutlich aus, welche Anforderungen die Industriegesellschaft an ihr Schmiermittel, die helfenden Berufe, stellen muss. Der Arzt mit seiner Super-Ausbildung und Super-Leistungsbereitschaft steht auf der einen Seite, die immer empfindlicheren, ansprüchlicheren Patienten auf der anderen Seite. Die Kosten explodieren, die Politiker ducken sich, aber irgendwann müssen sie doch etwas unternehmen. Bislang sind ihre Mühen Stück- und Flickwerk.

Energiekrise im Helfen

Die Signale, dass die Wachstumsgrenzen erreicht sind und es nicht mehr so weitergeht wie bisher, werden in der Industriegesellschaft verleugnet, solange es geht. Für eine Weile wird das Benzin wieder billiger, die Autofahrer hören auf zu sparen. In einer Stimmung, die mich an das Motto «Nach uns die Sintflut» erinnert, wird in so zukunftslose Objekte wie Autobahnen und Autofabriken investiert. Schnell werden noch ein paar überflüssige Flughäfen gebaut. So ist es auch nicht zu erwarten, dass schnelle und deutliche Konsequenzen aus den Energiekrisen in den helfenden Berufen gezogen werden. Ich will hier nur einige Prognosen äußern.

1. Der Verteilungskampf wird noch härter werden.

2. Die hohe Arbeitslosenzahl wird den Leistungs- und Anpassungsdruck, aber auch die Neigung zum «Aussteigen» unter den Helfern weiter steigern. Formale Qualifikationen werden weit über ihre politische Funktion hinaus große Bedeutung für die Konkurrenz um Arbeitsplätze gewinnen.

3. Die verschiedenen Helferberufe geraten in eine verschärfte standespolitische Konkurrenz, die bis zum Verdrängungswettbewerb gehen kann.

4. Größere Einrichtungen im Sinn einer «Helfer-Industrie» werden günstigere Möglichkeiten haben, sich auf Kosten von kleineren Einrichtungen oder Privatpraxen durchzusetzen. Sie können eher Fachkräfte beschäftigen, die sich um die juristisch komplizierten Regelungen für staatliche Zuschüsse kümmern und die Einrichtungen politisch absichern. Bereits gegenwärtig ist diese Bürokratieprämie vor allem bei den Heimen für Kinder und Jugendliche sowie für Behinderte deutlich. Größere Heime, die für die Kinder ungünstiger, weil weniger überschaubar und mit einer höheren Fluktuation des Personals belastet sind, erhalten höhere Tagessätze, weil sie eine heilpädagogische oder verhaltenstherapeutische Abteilung mit entsprechenden Fachkräften haben.

5. Innerhalb des Medizinsystems müssen sich die politischen Gegensätze zwischen angestellten und niedergelassenen Ärzten weiter verschärfen. Die selbständig tätigen Kassenärzte werden anbieten, weniger Patienten in die Kliniken zu überweisen. Damit hoffen sie, aus der Schusslinie von Sparmaßnahmen zu kommen. Umgekehrt werden die Kliniken versuchen, vermehrt auch ambulante Patienten zu behandeln, nachdem sie Ausbildung, Forschung und technisch-medikamentöse Weiterentwicklung der Medizin ohnedies schon an sich gezogen haben. Die Krankenhäuser werden in Zukunft dazu übergehen, Patienten ohne Überweisung aufzunehmen. Der Begriff des «Notfalls» ist hier schon heute außerordentlich dehnbar. Die praktischen Ärzte werden versuchen, die freie Konsultation aller möglichen Fachärzte einzuschränken und der Kontrolle durch den «Hausarzt» zu unterstellen. Die Fachärzte werden protestieren; die Internisten behaupten, sie seien

doch die besten Hausärzte und so weiter. Die Einheitsfront der Ärzte bricht unter dem Druck der Finanzkrise auf. Die freiberuflichen Ärzte werden zu Gegnern der Krankenhausärzte, denen sie Verschwendung vorwerfen, weil sie Klinikaufenthalte verordnen, um ihre Betten zu belegen. Aus den Vereinigten Staaten dringen Berichte, dass Krankenhäuser wie Touristenhotels mit schönen Worten über ihren Service, ihre Ärzte und Zimmer in den Illustrierten werben.

Umgekehrt kritisieren die angestellten Ärzte die freiberuflichen Mediziner für ihre oft haarsträubenden Behandlungsfehler und ihre ausschließlich an ihrem finanziellen Ertrag (dem Sammeln von Scheinen) orientierte Vorgehensweise. Die technische Medizin kann in den Krankenhäusern besser eingesetzt werden. Der teure Maschinenpark rentiert sich eher, wenn er intensiver genutzt wird. Alle diese Einflüsse laufen darauf hinaus, dass die Kliniken immer größer und in den Kliniken die Bürokratien immer mächtiger werden.

Die Arztpraxen können in dieser Konkurrenz um die beste Technik letztlich nicht mithalten. Schon heute sind viele Ärzte gezwungen, sich hoch zu verschulden, um die ertragreichen Apparate (zum Beispiel Computertomographen, EEG, Röntgengeräte mit Bildverstärker) anzuschaffen. Der Zwang, diese Investitionen wieder hereinzuwirtschaften, ist für die erschreckend hohe Zahl von überflüssigen diagnostischen Maßnahmen verantwortlich (der Patient wird zum Beispiel jedes Quartal «zur Kontrolle» einbestellt und wieder durchdiagnostiziert).

6. Die Konkurrenz um die Patienten wird die Ärzte zwingen, sich verstärkt Fächern zuzuwenden, die bisher schwach angeboten wurden, beispielsweise Psychotherapie, physikalische Medizin, Massage. Damit verringert sich die Möglichkeit für Helfer aus anderen Berufen, an diesem Dienstleistungsmarkt teilzuhaben.

7. Die Überwachung aller Helfer durch kontrollierende Bürokratien wird an Einfluss gewinnen. Die Freiheit des Professionellen, der aufgrund seines persönlichen Eindrucks verantwortlich entscheidet, wird unglaubwürdig, wenn diese Professionellen um Marktanteile konkurrieren. Konkret sehen solche Veränderungen so aus, dass zum Beispiel Vorsorgekuren für Sozialhilfeempfänger nicht mehr durch ein «einfaches», hausärztliches Attest für notwendig erklärt werden können, sondern nur mehr durch ein amts- oder vertrauensärztliches Attest. Im Klartext heißt das: Der Hausarzt ist von dem Patienten so abhängig, dass die Bürokratie ihm misstrauen muss.

8. Die Konkurrenz der Helfer wird in der Regel nicht direkt mit marktwirtschaftlichen Mitteln (zum Beispiel Unterbieten von Honoraren) ausgetragen, sondern bürokratisch. Der Gesetzgeber entscheidet darüber, welche Berufsgruppen welche Möglichkeiten erhalten. Die normativ orientierten Helfer haben hier durchweg bessere Möglichkeiten als die neuen Helfer. Andererseits sind aber die neuen Helfer umso notwendiger, je stärker sich die Menschen in diesen bürokratisch gesteuerten Gesundheits- und Sozialindustrien verloren fühlen. So werden die vom Normendruck belasteten Helfer die besten Klienten der neuen Helfer. Sie brauchen besonders dringend Entlastung von ihren inneren Widersprüchen. Schon heute sind Lehrer, Ärzte, Erzieher und Krankenpflegerinnen unter den Klienten der Psychotherapeuten überrepräsentiert.

9. Die unbürokratischen, an emotionaler Nähe und Offenheit orientierten Werte der neuen Helfer werden vor allem auch Studenten und jüngere Kandidaten für normative Helferberufe mehr oder weniger stark beeinflussen. Die bisher festen Standesfronten werden dadurch aufgebrochen. Ein Beispiel dafür sind die «Gesundheitstage», auf denen Ärzte, Sozialarbeiter, Psychologen, Krankenpfleger, Studenten und interessierte Laien zu-

sammenarbeiten. Diese alternative Gesundheitsfürsorge, die versucht, professionelle Schranken einzuebnen, erfasst durchaus auch etablierte Kassenärzte. In der stark von der Pharma-Industrie beeinflussten Medizinpresse wird sie bekämpft und heruntergespielt («Fanatiker», «einige wenige Ärzte» und so weiter). Es gibt bereits Ärzte, die unter Pseudonym Broschüren verfassen, wie arbeitsunwillige Patienten am besten Krankheiten simulieren können.

Es ist klar, dass die Konkurrenz um die Patienten die Ärzte nicht bereitwilliger machen wird, Ansprüche dieser Art zurückzuweisen, selbst wenn sie noch fähig sind, ihrer Rolle als normativer Helfer in der Leistungsgesellschaft gerecht zu werden. Die Abhilfe, welche sich die Helferbürokratien einfallen lassen werden, sehen so aus: Entweder wird die Rolle des Hausarztes von der des «Krankschreibers» abgetrennt, wie es beim «Vertrauensarzt» (wessen Vertrauen genießt er wohl?) bereits der Fall ist. Oder die Ärzteschaft muss in ihre Selbstkontrolle nicht nur Verfehlungen gegen das Betäubungsmittelgesetz oder gegen die «Unzucht mit Abhängigen» aufnehmen, sondern auch die «ewigen Jasager» in ihren Reihen herauspicken und mit Sanktionen bedrohen.

10. Weniger deutlich als in der technisierten Medizin, aber prinzipiell ihr ähnlich, werden auch die neuen Helfer im Zug ihrer Professionalisierung ihre Techniken bis zur Selbstaufhebung* vervollkommnen. Am Ende werden die wirtschaftlichen Grenzen umso härter wirken, je maßloser Erwartungen und Versprechungen geworden sind. Bereits heute wird für medizinische Behandlungen, die keine oder nur eine ganz geringfügige Verbesserung der «Lebensqualität» mit sich bringen, ein

* «Beziehungen, die ähnlich schicksalhaft sind wie die Kinder, die man kriegt», beschreibt eine Therapeutin in einem Brief an den Autor ihre Arbeit mit schizophrenen Patienten.

extrem hoher wirtschaftlicher Aufwand getrieben. Die Unterschiede zwischen armen und reichen Ländern sind hier noch viel ausgeprägter als in anderen Lebensbereichen. Während Millionen von Menschen an Unterernährung sterben, werden anderswo durch Herztransplantationen und ähnliche aufsehenerregende Eingriffe menschliche Leben zu einer «Apparate- und Medikamentfolter» (Illich) verlängert. Diese Entwicklung wird, da sie zu wirtschaftlich untragbaren Folgen führen muss, die klassische ärztliche Ethik auflösen und die nackten Verteilungskämpfe bloßlegen. Verwaltungsspezialisten oder Richter werden entscheiden müssen, wer kostspielige Extreme medizinischer Dienstleistung beanspruchen darf und wer nicht. Der medizinische Fortschritt führt sich selbst ad absurdum. Die Härten, die durch den Verzicht auf die Illusion der Machbarkeit von Lebensqualität entstehen, sind so schmerzlich, dass viele Verantwortliche noch lange daran festhalten werden, diese Probleme seien durch noch mehr technischen Aufwand, etwa den Bau von noch mehr Herzzentren und künstlichen Nieren zu lösen. Schon gibt es an einigen Krankenhäusern bürokratisch organisierte Gruppen, die über Leben und Tod entscheiden, (wer zum Beispiel an eine künstliche Niere angeschlossen wird und wer nicht). Das Kriterium ist meist wirtschaftlicher Natur – ein Mann, der eine Familie erhalten muss, hat mehr Chancen als ein Rentner.

Die neuen Helfer haben keine ausgefeilten und eindrucksvollen Apparate zu bieten. Bei ihnen ist es eher die Zeit und Intensität ihrer Zuwendung, die wirtschaftliche Grenzen finden wird. Die geweckten Ansprüche werden enttäuscht. Schwere seelische Störungen, wie Geisteskrankheiten oder Borderline-Neurosen, können möglicherweise durch langjährige, intensive Psychotherapie erfolgreich behandelt werden. Aber diese Behandlung ist keine Routine und wird es nie werden. Die Helfer sind durch sie oft emotional überfordert; die wirtschaftlichen Möglichkeiten reichen bei weitem nicht aus, genügend neue Helfer zu bezahlen. Psychotherapie mit zwei Wochenstunden wird zunächst einmal mehrere Jahre lang eingesetzt, um einen Klienten so weit in seinen Ich-Leistungen zu stärken, dass er die anschließende psychoanalytische Behandlung verkraftet – mit vier Wochenstunden, ebenfalls über mehrere Jahre hin. Solche Therapiekonzepte werden, ebenso wie die Herztransplantationen, bereits von einer winzigen Minderheit von Menschen genutzt, die entweder sehr reich sind («altes» Auslesekriterium) oder sich geschickt in bürokratischen Systemen verhalten oder von einem darin bewanderten Helfer unterstützt werden («neues» Auslesekriterium).

Norm und Beziehung

Bei der Unterscheidung zwischen «alten» und «neuen» Helfern handelt es sich nicht nur um eine typologische Trennung zwischen verschiedenen Berufsgruppen, zum Beispiel dem Psychiater und dem Psychotherapeuten, dem Lehrer und dem Sozialpädagogen. Es geht auch um einen inneren Konflikt im Helfer selbst. Der Psychiater mag mehr dazu neigen, sich von seinen Patienten durch diagnostische und therapeutische Mittel (Elektroschock, Medikamente) abzugrenzen. Aber auch ihm liegt daran, zumindest zu einigen Kranken eine gute emotionale Beziehung zu gewinnen. Umgekehrt mag der Psychotherapeut oder der Mitarbeiter eines sozialpsychiatrischen Dienstes die Einzigartigkeit und Offenheit seiner Beziehung zu dem Klienten betonen, seine Bereitschaft, sich einzulassen und sich auf dieselbe Stufe zu stellen wie dieser. Dennoch hat er aber auch eine Reihe normativer, kontrollierender Aufgaben, die er wahrnehmen muss, wenn er seelisch und wirtschaftlich überleben will.

Es ist unmöglich, diese Widersprüche «objektiv» zu klären. Die Objektivität, die durch die Wirklichkeit der Industriegesellschaft vorgegeben wird, steht zur Subjektivität des menschlichen Gefühlslebens in einem schroffen und grundsätzlichen Widerspruch. Je nachdem, ob wir uns auf die Seite der zweckrationalen Leistungszwänge oder auf die Seite der Gefühle stellen, werden wir zu anderen Beobachtungen und Schlussfolgerungen kommen. Ist unsere emotionale Verwirrung ein Albtraum, aus dem wir erlöst erwachen, in das pulsierende Leben der Großstadt hinein? Oder ist diese pulsierende Großstadt der Albtraum, aus dem wir in die emotional bestimmten Oasen hinein erwachen wollen, welche uns die neuen Helfer bieten? Alte und neue Helfer stehen an diesem Riss, der durch die menschliche Natur ebenso hindurchgeht wie durch die Ökologie des Planeten, auf dem sie alle leben. Sie versuchen, ihn immer wieder zu kitten, zu verdecken, in waghalsigen Konstruktionen scheinbar feste Brücken über ihn zu bauen, die nach kurzer Zeit wieder reparaturbedürftig sind.

Dabei gewinnt die emotionale Beziehung zwischen Helfer und Schützling einen wachsenden Wert als Binde- und Verschleierungsmittel. Die normativen Helfer können, im Bild gesprochen, nur immer wieder versichern, dass ohnedies nicht viel wert ist, was auf der anderen, der subjektiven, emotionalen Seite liegt. Die Gefühle führen in ihrer Welt ein Helotendasein, sind nur geduldet, wenn sie das «gesunde» Leistungs- und Erwerbsstreben als Motivation tragen, vom materiellen und sozialen Erfolg gelenkt. Die neuen Helfer hingegen versuchen, die Bedeutung aller Gefühle ihrer Klienten zu berücksichtigen. Während die alten Helfer darüber klagen, dass die Patienten immer mäkeliger und undankbarer, die Schüler immer unaufmerksamer und schlechter motiviert werden, klagen die neuen Helfer darüber, dass die Gesellschaft ihre Arbeit nicht genügend würdigt, die Politiker und Bürokraten sie nicht genügend ernst nehmen, ihnen die materielle Grundlage versagen. Überträgt man die Dialektik von Bewusstem und Unbewusstem auf den einzelnen Helfer, so ist die Unterordnung unter die Norm der Schatten* des Beziehungshelfers und die emotionale Beziehung mit dem Schützling der Schatten des normativen Helfers. Weil der Beziehungshelfer an seine Gefühle und an den Kontakt zu seinem Klienten denkt, geraten ihm seine Macht und die von ihm gestellte Anpassungsforderung leicht in den Hintergrund. Weil der normative Helfer glaubt, nach den Regeln einer rational definierbaren pädagogischen, diagnostischen oder therapeutischen Technik vorzugehen, übersieht er leicht, wie sehr seine emotionale Beziehung seine angeblich objektive Wahrnehmung und Behandlung beeinflusst.

Wie ein neuer Helfer die institutionellen und normativen Hintergründe seiner Tätigkeit verleugnet, zeigt eine Textstelle aus der Antwort des Therapeuten «Johannes» in Luise Habels Bericht über eine Gruppenpsychotherapie «Umarmen möcht ich dich»:**

«Ist es nicht himmelschreiend grotesk, dass wir beide uns über einen Krankenschein kennenlernten und uns nahekamen? Du bist doch mit der Vorstellung gekommen, krank zu sein. Du hast eine Klinik aufgesucht, in der es – einem alten Brauch folgend – ja auch Thera-

* Unter Schatten versteht C. G. Jung unbewusste seelische Bereiche, die komplementär zu den bewussten angelegt sind.

** L. Habel, Umarmen möcht ich dich, Briefe an einen Therapeuten, München (Kösel), 1982, S. 138

peuten geben muss. Dieser deiner Vorstellung entsprach nun nichts von all dem, was Du in dem umgebauten Wirtshaus angetroffen hast. Aus dem bunten Haufen lösten sich dann einige Gestalten heraus, die sich Deiner annahmen, auf keinen Fall trugen sie die üblichen Merkmale des Therapeuten. Im Übrigen machten sie Dich ziemlich schnell darauf aufmerksam, dass Du nicht krank bist im Sinne der kurativen Medizin, sondern einfach unglücklich. Und unglücklich zu sein macht einen erst richtig krank. Es ist ein Symptom von Hunger und Durst, von Hunger nach Leben. Und wie es für den körperlichen Hunger keine Behandlung gibt, so gibt es auch für den Hunger nach Menschlichkeit keine Behandlung. Es gilt einfach, essen zu lernen …»

Wie sich die seelische Nähe der neuen Helfer zu ihren Schützlingen in den Augen der normativen Helfer ausnimmt, zeigt ein anderer Text mit der Überschrift: «Sexfolter-Prozess: Staatsanwalt greift Streetworker an»:

«Staatsanwalt Wolfgang Wahl griff auch die Stadt München als Verantwortlichen des inzwischen geschlossenen Randgruppen-Treffpunktes in Moosach an: ‹Das Haus war eine Brutstätte der Kriminalität, die von Steuergeldern finanziert wurde. Die Betreuung durch (von der Stadt bezahlte, d. Red.), Streetworker erschöpfte sich darin, dass sie mit Alkohol vollgeschüttet wurden.› Der öffentliche Ankläger behauptete sogar: ‹Die Streetworker machen sich der Strafvereitelung schuldig.›

Nach seiner Ansicht wären die Sozialarbeiter auch ‹Hanswurste der Rocker› gewesen, die ‹für Hilfeleistungen gut waren, aber in den Rockerversammlungen nicht geduldet wurden und keinen Einfluss hatten›. Staatsanwalt Wahl im Plädoyer: ‹Das Haus war ein Halbdunkel von Verbrechen unter den Augen des Jugendamtes. Die Rocker konnten außerdem mit einem von der Stadt bezahlten Telefon in *dem Rocker-Haus stundenlang gratis telefonieren und es zur Rauschmittelbeschaffung benutzen.**

Der Beziehungshelfer findet die bürokratischen Legitimationen «himmelschreiend grotesk», der Normhelfer die emotionale Nähe zwischen Sozialarbeiter-Streetworker und Klient eine verdächtige Hanswurstiade und Strafvereitelung. Solche Einstellungen polarisieren sich gegenseitig und führen dazu, dass ein offenes Gespräch oft gar nicht mehr geführt werden kann. Der Streetworker mag gute Argumente für seine Tätigkeit finden, aber er wird seine persönlichen Bedürfnisse verschweigen. Der Staatsanwalt dürfte Mühe haben, die Wirksamkeit der von ihm vorgeschlagenen und praktizierten Strafmaßnahmen nachzuweisen. Ihm genügt jedoch ihre Legalität. Bekanntlich erhöht ein Gefängnisaufenthalt die Rückfallgefahr. Es wäre erheblich «wirtschaftlicher», einen Straftäter laufen zu lassen. Aber die Erfahrung und die Zweckrationalität haben hier keine Gültigkeit mehr. Das bürokratische System ist auf Strafen aufgebaut, wo seine Löhne nicht genügend gewürdigt werden. Der Rocker muss bestraft werden, auch wenn er dann eher rückfällig wird – denn «wo kämen wir sonst hin?» Der Streetworker, der diese Zwänge dem Rocker nicht klarmachen kann, wird gescholten. Dabei ist es durchaus möglich, dass auch er, komplementär zum Staatsanwalt, die Wirklichkeit verkennt und sich mit den Rockern unbewusst solidarisiert.

Diese Widersprüche sind bitter und verletzen viele Helfer. Der Psychotherapeut hat es leichter, weil seine Patienten in der Regel motiviert sind, sich zu verändern, und er tatsächlich auf der Beziehungsebene, die er in dem himmelschreiend grotesken

* Münchner Stadtanzeiger, Beilage der Süddeutschen Zeitung, 11. Juni 1982, S. 2. Bei dem «Sexfolter-Prozess» ging es um die Misshandlung einer Frau durch betrunkene Rocker.

System der Kassenmedizin trotz allem herstellen kann, auch narzisstische Bestätigung erhält. Ich nehme an, dass sein Nimbus des Wunderheilers inzwischen auch allmählich Sprünge bekommt. Die Rede von den hilflosen Helfern ist ein Versuch, hier etwas mehr Nachdenklichkeit zu schaffen. Die Reflexion über den heilenden Beruf in einer kranken Welt drückt ja auch aus, dass die geringe Entfremdung, unter der die neuen Helfer in ihrer Arbeit zu leiden haben, ein Privileg ist. Vielen ihrer Klienten geht es an ihren stumpfsinnigen Arbeitsplätzen einfach schon aus diesem Grund schlechter, und daher ist es eben auch so viel einfacher, einen neuen Therapeuten zu schaffen als einen geheilten Klienten.

Wenn aber das Sinnprivileg, das Fehlen massiver Entfremdung, im Helferberuf zu einer begehrten Ware wird, fängt auch das Fundament der Helfertätigkeit an, brüchig zu werden. Nur deshalb können wir wohl überhaupt in dieser Weise über sie nachdenken. Der Helfer kann nicht mehr, wie früher, mit bedingungsloser Dankbarkeit rechnen. Die narzisstische Befriedigung, die er ernten wollte, ist voller Unkraut – voller Neid und Hass, die seine privilegierte Position bei den Unterprivilegierten weckt. Gerade weil er real besser gestellt ist, aber sich auf einer Beziehungsebene solidarisiert und Nähe zulässt, wird er zum Sündenbock. Seit August Aichhorns Versuchen, verwahrloste Jugendliche heilpädagogisch zu behandeln, ist die Neigung der Ausgestoßenen bekannt, den Helfer zu misshandeln. Gewohnt, mit Hass und rücksichtslosem Ausspielen körperlicher oder seelischer Überlegenheit behandelt zu werden, reagieren die Verwahrlosten auf den freundlichen, entgegenkommenden, an einer positiven Beziehung interessierten Helfer mit Verachtung. Hinter ihr steht – so vermutet Aichhorn – die Angst vor einer Begegnung mit den schmerzlichen Gefühlen des eigenen, unterdrückten Liebesbedürfnisses. Sie versuchen den Helfer zu provozieren, behandeln ihn wie ein Stück Dreck, erwarten, dass er endlich auch seine Macht ausspielt, die übliche Unterdrückung ausübt, die sie gewohnt sind und mit der sie umgehen können.

So weit werden viele Helfer, die Erfahrungen mit solchen Klienten haben, sicherlich zustimmen. Aber Aichhorns Versprechen, dass diese Provokationen einmal aufhören, dass der bisher verachtungsvolle, abweisende Jugendliche mit einem Mal die bisher verdrängten zärtlichen Gefühle zum Helfer zulässt und dann wie umgewandelt ist – diese Verheißung eines günstigen Endes, um dessentwillen der Helfer geduldig alle Widerwärtigkeiten zu ertragen hat, trifft heute nicht mehr die Realität. Der Helfer kann die Schuld bei sich suchen. Er war eben nicht geduldig genug, hat die Provokationen nicht lange genug ausgehalten. Er kann entschuldigend feststellen, dass die heutigen Jugendlichen eben nicht «neurotisch», sondern «narzisstisch gestört» sind.

Obwohl der zweite Ausweg entlastender ist als der erste, hat es der Streetworker oder (Heil-)Pädagoge, der mit solchen Klienten zu tun hat, nicht leicht. Er gerät in Gefahr, dass ihm die Bürokratie in den Rücken fällt, weil sie seine Versuche nicht ernst nimmt, trotz aller Widrigkeiten und Erniedrigungen an die Möglichkeit einer positiven Gefühlsbeziehung zu seinen verwahrlosten Klienten zu glauben. Gleichzeitig findet er aber auch keine Solidarität bei den Klienten, die ihn konsequent als Vertreter der Ordnungsmacht verachten und sich gar nicht vorstellen können, dass er ein Sozialarbeitergehalt bezieht und trotzdem emotional auf ihrer Seite stehen will. Die Aichhorn'sche Theorie gerät in dieser Situation unter Ideologieverdacht. Soll sie dem Helfer ermöglichen, möglichst lange in dieser frustrierenden Situation auszuhalten? Die hohe Quote stellenloser Sozialarbeiter passt vorzüglich in diese Frustrationslandschaft. Wenn einer seine Lage zwischen den Mühlsteinen der Bürokratie und dem Wunsch nach einer Vertrauensbeziehung zu unbequem findet, in ihr verschlissen oder psychosomatisch krank wird – wozu darüber nachdenken, es gibt genug, die sich nach seinem Job die Finger ablecken! Auf diese Weise kann verleugnet werden, dass viele Arbeitsplätze in diesem Bereich längst nicht mehr besetzt werden könnten, wenn es für seelisch wirksame Gifte MAK-Werte (die Maximale Arbeitsplatz-Konzentration eines Umweltgiftes) gäbe.

Ich fürchte, man wird mich der Einseitigkeit und des Zynismus verdächtigen. Jedenfalls haben mich jene Helfer verstanden, die anfangen, sich zu fragen, ob es denn wirklich ein berechtigter Anspruch an ihre professionelle Kompetenz sei, wenn sie ständig widerwillige Klienten «motivieren» sollen. Das ist nämlich der Punkt, an dem die alten, normativen Helfer immer nach den neuen Helfern und ihren neuen Techniken rufen – wenn die Objekte der Hilfe gar keine Lust haben, sich zur Selbsthilfe helfen zu lassen. Das fängt in der Grundschule an und wird an der Universität zur Nervenprobe für Seminarleiter, die sich in stundenlangen Debatten mit den Studenten aufreiben, ob man denn diesmal überhaupt lernen wolle. Der Beziehungshelfer, welcher den normativen, bürokratischen, institutionellen Hintergrund seiner Arbeit nicht mitbedenkt, wird rasch zum nützlichen Idioten, der sich für Ziele opfert, die er nicht durchschaut. Er soll die Gefühlsbeziehungen, die er zu seinen Schülern oder Klienten herstellt, verwenden, um diese an eine gefühls- und beziehungsfeindliche Wirklichkeit besser anzupassen. Die Rocker sollen ihren Frust vergessen und sanfte, nüchterne, sportlich-faire Motorradfahrer werden, weil sie einen Sozialarbeiter haben, der sie liebt und den sie lieben. Das ist Streetwork, wie es auch einem Staatsanwalt gefallen würde. Es lohnt sich, darüber nachzudenken, wie viele Streetworker insgeheim doch ähnliche Träume haben. Wollen sie nicht doch von beiden geliebt werden, vom Staatsanwalt und vom Rocker? Genau dieser Wunsch treibt sie zwischen die Mühlsteine.

Das Dilemma der Familientherapie

Zu den Grundprinzipien der Familientherapie gehört das Denken in Systemen: Im Widerspruch zu dem individualistischen Krankheitsmodell der klassischen Neurosenlehre und Psychotherapie wird das Symptom des auffälligen Familienmitglieds als Zeichen einer Störung der ganzen – durch ihre «Intimsphäre» vom Rest der Gesellschaft abgegrenzten – Familie verstanden. Behandelt man nur das Symptom – beispielsweise ein bettnässendes Kind oder eine angstgeplagte Ehefrau –, dann ändert dieses Vorgehen nur wenig an der Störung des Systems und führt unter Umständen zu erneuten Schwierigkeiten.

Diese systemische Betrachtungsweise möchte ich hier auf die Familientherapie als Beruf anwenden – als Teil des Systems spezialisierter Tätigkeiten in den entwickelten Industriegesellschaften, die Experten für familientherapeutische Dienstleistungen ausbilden und beschäftigen. Dabei gibt es dreierlei zu bedenken. Einmal: Was will die Gesellschaft mit der Einrichtung von Institutionen, in denen Familientherapeuten arbeiten? Zum zweiten: Was wollen die Familientherapeuten, die diesen Beruf wählen? Und: Was wollen die Familien von den Therapeuten?

Um diese Fragen zu beantworten, ist es zunächst sinnvoll, die Entwicklung jenes Intimbereichs zu verfolgen, der die Familie kennzeichnet. Da die Intimität der Familie mit ihrem zumindest idealtypisch vorgegebenen Monopol für Sexualität und

Kindererziehung zusammenhängt, möchte ich kurz skizzieren, wie sich die soziale Stellung der Familie in der Entwicklungsgeschichte des menschlichen Zusammenlebens verändert hat.

Der Erwachsene als «großes Kind»

Diese Periode umfasst die bei weitem längsten Zeiträume der Evolution: jene 98 Prozent der Geschichte des *Homo sapiens*, in denen er als umherschweifender Jäger lebte und durch das Wirken von Mutation und Selektion seine Fähigkeit erwarb, sich durch Lernen an die verschiedensten Umweltbedingungen und sozialen Systeme anzupassen. Die altsteinzeitlichen Kulturen sind inzwischen weitgehend von den agrarischen und den Industriegesellschaften ausgerottet worden, aber ihre Faszination besteht fort, beispielsweise in der Verehrung der amerikanischen Indianer durch viele Intellektuelle.

Typischerweise sagen die Vertreter der entwickelten Kulturen, etwa die Missionare, Forschungsreisenden und Händler, von den Jägern und Sammlern, dass sie sich verhalten «wie große Kinder». Sie sind nicht in der Lage, die Befriedigung von Bedürfnissen aufzuschieben, wenn die Notwendigkeit dieses Aufschubs nicht unmittelbar sinnlich erfasst werden kann. Gerade dieser Aufschub ist aber zum Beispiel für eine agrarische Gesellschaft notwendig, in der das Saatgut nicht verzehrt, die Zuchttiere nicht geschlachtet werden dürfen.

Zugleich ist nicht zu verkennen, dass die «primitiven» altsteinzeitlichen Kulturen eine maximale ökologische Stabilität haben. Sie führen keine organisierten Kriege, beuten die natürliche Umwelt nicht so intensiv aus, dass sie sich nicht mehr regenerieren kann. Die Kinder werden liebevoll als gemeinschaftliches Gut gehütet und beispielsweise nicht durch Schläge erzogen, mit der Begründung, dass aus ihnen sonst schlechte

Jäger werden. Es gibt abgegrenzte Familien, die in der Regel durch die Paarbindung zweier Erwachsener bestimmt werden. Doch wird im Zusammenleben deutlich, dass sich die Gruppe nicht aus den Familien *zusammensetzt*, sondern vielmehr diese eine Form der Ausdifferenzierung des «sozialen Ganzen» darstellen. Elternteile, die durch Krankheit oder Tod ausfallen, können ohne formelle Lösungen ersetzt werden. Eine Intimsphäre in unserem Sinn fehlt nahezu völlig; in den Jagd- und Sammelgemeinschaften kennt jeder jeden bis in alle Einzelheiten. So ist auch jeder jedes anderen «Familientherapeut».

Das Kind als kleiner Erwachsener

Die «neolithische Revolution» mit den Schritten zu Ackerbau, Viehzucht, Städtegründung und hierarchisch-feudalem Aufbau der Gesellschaft ist eine entscheidende, nicht zu überspringende Stufe in der Entwicklung der Gesellschaft. Das zeigt sich beispielsweise darin, dass die indianischen Jäger-und-Sammler-Kulturen während der Kolonisation Nordamerikas ausgelöscht und Negersklaven als landwirtschaftliche Arbeiter eingeführt wurden. Die altsteinzeitlich geprägten Indianer waren nicht bereit, sich den Zwängen der Landarbeit zu unterwerfen. Die Familie hat zwar auch jetzt noch keine Intimsphäre, jedoch erhebliche juristische Bedeutung. Landbesitz ist sehr wichtig geworden. Er wird in der Regel auf dem Weg der Blutsverwandtschaft vererbt. Um Aufschub der Bedürfnisbefriedigung zu erzwingen, werden massive körperliche Strafen in der Kindererziehung, aber auch als Sanktionen gegen Diebstahl und Raub eingesetzt. «Das Ohr des Schülers sitzt auf dem Rücken. Er hört nur, wenn man ihn schlägt» (Altägypten). «Wer seine Rute scheut, der hasst seinen Sohn; wer ihn aber liebhat, der züchtigt ihn bald» (Sprüche Salomos 13, 24). Solche Sinnsprüche kennzeichnen die Forderungen der ständischen Gesellschaft, in der disziplinierte Arbeit notwendig geworden ist Die Zwangsmittel hingegen bleiben in aller Regel äußerlich. Schmerz bedroht den Körper, wenn die Normen der «Herrschaft» nicht erfüllt werden. «Familientherapie» heißt Normdurchsetzung, etwa die Steinigung ehebrecherischer Frauen. Kinder werden (ganz deutlich in Darstellungen der bildenden Kunst) als kleine Erwachsene aufgefasst; die Eigentümlichkeiten ihres Wesens und ihres Körperbaus werden nicht ernst genommen.

Das Kind als Objekt der Pädagogik

Mit dem Aufstieg des freien Bürgertums ändern sich die Rolle des Kindes und die Stellung der Familie grundlegend. In den Städten wird der äußere Druck der Feudalherrschaft ersetzt durch eine sehr viel stärker von inneren Zwängen bestimmte Konkurrenz, in der nicht mehr körperliche Stärke den Ausschlag gibt, sondern Geschicklichkeit im weitesten Sinn - beim Bankier die Einschätzung von Geschäften und Angestellten, beim mittelständischen Schreiber Zuverlässigkeit und Anstelligkeit, beim Handwerker Erfindungsgabe und Fingerfertigkeit. Bildung und Schulung gewinnen an Bedeutung.

Parallel dazu werden immer frühere Stadien der Kindheit dem pädagogischen Zugriff erschlossen. Die Kinder werden - ähnlich wie die Primitiven - einerseits idealisiert und andererseits unterdrückt, wobei mehr und mehr verinnerlichte Mittel des moralischen Zwangs die äußere Strafe ersetzen. Kindheit im Bürgertum ist paradox: einerseits eine Zeit paradiesischer Unschuld, in der familiären Intimsphäre geschützt, andererseits die unerlässliche Vorbereitung auf das Bestehen in einer zweckrationalen Konkurrenzwelt. Störungen in den Familien werden vorwiegend auf moralisches Versagen zurückgeführt und dort, wo die Ermahnung nicht ausreicht, durch ein sich ausdehnendes Netz von Einrichtungen (Hospitäler, Heime, Irrenhäuser, Arbeitshäuser, Zuchthäuser) «behandelt».

Das Kind als Erlöser

Je deutlicher die destruktiven Seiten der bürgerlichen Leistungs- und Konkurrenzprinzipien werden, desto unsicherer wird die mit moralischem Druck und verinnerlichtem Zwang arbeitende Pädagogik ihrer selbst. Diese Unsicherheit hängt auch mit der wachsenden Bedeutung des Massenkonsums für die Wirtschaft zusammen. Neben der klassischen bürgerlichen Erziehung, die zu Verzicht auf unmittelbare Befriedigung und zu langfristigen Planungen hinführen sollte, gewinnt – vor allem in den Massenmedien – zusehends eine Haltung an Einfluss, die unmittelbare Erfüllung von reglementierten Konsumwünschen fördert («Kaufe jetzt, zahle später!»). Die Erfahrungen mit dem Faschismus und dem totalitären Kommunismus machen jene Methoden subtilen Drucks suspekt, die auch ohne äußeren Zwang zur Pflichterfüllung gegenüber einer nicht in Frage gestellten Obrigkeit erziehen. Das Kind wird zum Vertreter einer freien Innen- und Gegenwelt, in der die zweckrationalen «Sachzwänge» noch nicht gelten. Seine Selbstregulation ist die einzige Chance, den sonst unentrinnbaren – da verinnerlichten – bürgerlichen Zwängen doch noch zu entkommen. Antiautoritäre Pädagogik und Antipädagogik waren die Schlagworte, die einer solchen Wende galten. Allerdings ist die leistungs- und konkurrenzorientierte Erziehung noch längst nicht verschwunden. Im Gegenteil, sie ist wieder im Kommen. Der neueste pädagogische Bestseller trägt den Titel «Lob der Disziplin».* Tatsächlich

* Bernhard Bueb, Lob der Disziplin. Eine Streitschrift, München (List), 2006

kennzeichnet gerade die Verwirrung darüber, was nun «richtig» oder «gut» ist, die Situation in den Familien.

Anpassungszwang und Sehnsucht nach Liebe

Vielleicht kann jetzt deutlicher werden, dass der Beruf des Familientherapeuten selbst auch ein Ausdruck jener Krise ist, die er seiner Definition nach behandelt. Die Unsicherheit darüber, was in der Erziehung nun «richtig» oder «falsch» ist, zeigt doch, dass die Familie in ihrer Intimsphäre gewissermaßen eine Unmenge an Müll vernichten und «endlagern» soll, der durch die gesamtgesellschaftlichen Widersprüche in ihr deponiert wird. So ist die Familie überfordert, wenn sie zur einzigen Quelle von gefühlsbestimmten, «warmen», nahen Beziehungen in einer ansonsten unbarmherzigen, kalten, durchrationalisierten Welt wird – einer Welt, in der nur die Gesetze des Profits darüber bestimmen, ob ein Mensch von der Arbeit, die er zwanzig Jahre geleistet hat, plötzlich Abschied nehmen muss, oder ob andere eine Wohnung und ein Stadtviertel verlassen müssen, die ein Leben lang ihre Heimat waren.

Wie sieht diese Überforderung in der Praxis aus? Mir fallen Szenen aus der Paartherapie ein wie diese: Zwei Menschen sind unglücklich miteinander, weil jeder narzisstische Bestätigung vom anderen will und sich selbst so lange verweigert, bis er sie erhält. Der Mann wirft der Frau vor, dass sie sich nicht für ihn interessiert und ihm die unweigerlichen Frustrationen seines Berufslebens nicht durch ihre Zuwendung erträglicher macht, während sie ihm vorwirft, dass er sich nicht wirklich für sie, die Kinder und die Hausarbeit interessiert und ihr die dort nötigen Versagungen nicht leichter erträglich macht. Da beide gelernt haben, ihr Leben als individuelle Leistung zu sehen, äußert sich die Überforderung, das Familienleben zu gestalten, als schonungslose Kritik, bittere Enttäuschung oder innerer Rückzug ins Unerreichbare – nicht als gemeinsame Überprüfung der Rahmenbedingungen des Zusammenlebens. Wir alle haben tausendmal öfter lernen müssen, uns anzupassen, als zu lieben – und Anpassung schließt Selbst- wie Fremdkritik ein. Liebe als emotionale Zuwendung und wirkliches Akzeptieren des anderen wird in einer solchen Situation zum professionell eingeübten Wert, zu einer psychotherapeutischen Variablen, die sich anhand von Tonbandprotokollen kritisch überprüfen lässt.

Das Paar, das es so viel besser beherrscht, die mangelhafte Liebe des Partners zu kritisieren, als ihn zu lieben, symbolisiert beides: die selbstkritische Tradition des Bürgertums, in der Anpassung und verinnerlichte Kontrolle zentrale Werte darstellen – und die Sehnsucht nach einer Erlösung durch Liebe, die gerade durch die zweckrationale, bürokratische Kontrolle der meisten Lebensbereiche zur größten Hoffnung wird.

Die Zweiteilung des gesellschaftlichen Lebens in Leistung auf der einen, Konsum auf der anderen Seite spiegelt sich in den Traumfamilien und Familienträumen. Die Kinder sollen einerseits gut in der Schule sein, damit man in der Konkurrenz mit anderen Eltern bestehen kann und sich keine Sorgen über ihre Zukunft in der Leistungsgesellschaft machen muss. Andererseits sollen die Kinder auch warme, liebevolle, von Einfühlung und Verständnis bestimmte Beziehungen bieten – Erwartungen, die ja vom Ehepartner oft genug enttäuscht werden. Aber die Leistung, die sie bringen müssten, lässt sich in aller Regel nur durch Druck erzwingen. So geraten die Eltern in einen tiefen Widerspruch, den sie aber gewiss nicht verschuldet haben. Kein Wunder, dass Leistungsversagen in der Schule der häufigste Anlass wird, eine Erziehungsberatungsstelle und damit oft auch eine Familientherapie aufzusuchen.

Macht und Ohnmacht der Therapeuten

Die Industriegesellschaft vermittelt dem Menschen zwar, dass «alles geht» – Naturbeherrschung bis zum Weltraumflug und zur Atomspaltung, ein Auto und Fernsehen für jedermann, Urlaubsreisen um den halben Erdball. Aber es gibt in ihr auch immer mehr Mangel, beispielsweise an sauberen Flüssen, an lärmfreien Wohnungen und vor allem an Berufen, die noch als sinnvoll erlebt werden können. Dieser Mangel wird nun weniger in der Realität angegangen als vielmehr nur scheinbar dadurch behoben, dass man überhöhte Ansprüche auf seine Beseitigung ständig im Phantasieleben wach erhält. In den Massenmedien gibt es heile, sinnerfüllte, von Jugend, Dynamik und Glück strotzende Pseudowelten, die eine imaginäre Norm setzen; sie kann nicht in der lebendigen Wirklichkeit, sondern nur im immer erneuten Konsum von Warenwelten erfüllt werden.

Sinnvolle Arbeit, die auch emotionale Bedürfnisse befriedigt, wird immer begehrter. Sie wird heute von den Leuten, die der Leistungskonkurrenz am besten standhalten, nicht mehr in den technischen und kaufmännischen Berufen gesucht, sondern in den ärztlich-therapeutischen. Da eine grundlegende Stabilisierung der Familien nicht möglich ist, «löst» die Industriegesellschaft das Problem, wie sie es mit vielen ihrer Probleme tut: Sie produziert einen Experten dafür, der es zwar auch nicht beheben kann, zumindest aber dafür zuständig ist.

In der Gestalt dieses Experten für Familientherapie laufen verschiedene Strömungen zusammen. Zum einen ist er, wie viele Angehörige der helfenden Berufe, oft selbst Opfer beschädigter Familienverhältnisse. Er hat sich aus der Ohnmacht und Abhängigkeit des Kindes, das in seinen Gefühlen und Wünschen nicht akzeptiert und zu angepasstem Verhalten gezwungen wurde, dadurch befreien wollen, dass er sich mit einer idealen, allmächtigen Elterngestalt identifizierte, die nun anderen das gibt, was ihr selbst fehlte.

Zum anderen erhält der Familientherapeut aber gerade durch seine berufliche Rolle eine Chance, seinen Mangel an befriedigenden Sozialisationserlebnissen auszugleichen, die er in anderen Berufen nicht finden kann. Auf die subtilste Weise und moralisch hervorragend legitimiert kann er den Eltern, mit denen er zu tun hat, nachweisen, wie sie es besser machen müssen.

Diese subtile Konkurrenz um die Position des besten Elternteils zeigen viele Bücher über Psychotherapie. Manchmal werden nicht nur die Eltern, sondern auch andere Therapeuten gebührend auf die Plätze verwiesen. «Wenn ein Mensch, der von den eigenen Gefühlen nichts wissen darf, eine Lehranalyse machen muss, wird er sich dankbar mit allen möglichen Theorien eindecken, um ja nicht in die für ihn gefährlichen emotionalen Zonen zu geraten», behauptet etwa Alice Miller*, die in neuerer Zeit vielleicht am konsequentesten die Erlösung durch das Kind vertreten hat. Der so missratene Therapeut wird zum schlechten Vater seiner Analysanden, bei denen «diese unerwünschten Gefühle ... untergebracht und dort mit Hilfe des intellektuellen Vokabulars in ungefährliche, aber auch wirkungslose Bahnen gebracht werden». Ganz ähnlich haben auch Fritz Perls oder Arthur Janov die unzulänglichen Bemühungen aller Therapeuten abgewertet, die es anders machen als sie selber. Ich glaube, dass die Therapiesituation für jeden Professionellen die Gefahr mit sich bringt, urtümliche narzisstische Bedürfnisse auszulösen. Wenn ich hier solche Tendenzen bei anderen Therapeuten kritisiere, heißt das sicherlich nicht, dass ich von ihnen frei bin.

* A. Miller, Du sollst nicht merken, Frankfurt/Main (Suhrkamp) 1981

Zweckrationale Gefühlskontrolle

In der konkreten Arbeit mit Paaren und Familien geht es sehr oft darum, überhöhte Ansprüche aufzudecken und eine realitätsbezogene Befriedigung zu ermöglichen. Diese Ansprüche richten sich immer auch an den Therapeuten, und die Art, wie er mit ihnen umgeht, kann über das Schicksal der Therapie entscheiden. Ich glaube, es entlastet den Therapeuten, wenn er sich eingesteht, dass auch er zum Teil ein Opfer derselben Umstände ist, unter denen seine Klienten leiden, und dass er bei ihnen ebenso emotionalen Halt sucht wie sie bei ihm.

Insgesamt sind Therapeuten in ihrem Familienleben kaum glücklicher als ihre Klienten, und die Zahl der Ehescheidungen unter ihnen dürfte eher höher sein als in der Durchschnittsbevölkerung.

Die manchmal an den Familientherapeuten gerichtete Erwartung, er wisse, wie eine heile Familie auszusehen habe, kann er in der Regel nicht erfüllen. Aber er kann bisweilen die unweigerlich eintretenden Schäden mildern, die eine insgesamt intimitäts- und gefühlsfeindliche Lebensform in jene kleinen Intimsphären hineinträgt, die zur Regeneration der Gesellschaft unentbehrlich sind, die diese aber ähnlich zu vergiften droht wie die natürlichen Regenerationsmöglichkeiten der Umwelt. Der Familientherapeut steht in demselben Dilemma wie die überforderte Familie: Er soll als rational geschulter Experte mit Systemen arbeiten, die durch diese Eingriffe gestört werden, weil sie letztlich nur dann funktionieren können, wenn ihre Intimität und Emotionalität gewahrt bleiben.

Die Legitimation des Helfers

Wie lassen sich «alte» und «neue» Helfer und ihre Orientierung an «Norm» und «Beziehung» konkret fassen? Ein Staatsanwalt, der die Beziehungshelfer der «Strafvereitelung» anklagt (vgl. S. 252), verdeutlicht auch, dass in diesen Situationen verschiedene Vorstellungen der Industriegesellschaft aufeinanderstoßen. Die Norm, welche der Staatsanwalt vertritt, ist eine traditionelle Norm. Sie wurzelt in einer von Juristen formulierten gesellschaftlichen Überlieferung. Strafe muss sein, weil sonst die Menschen aufhören würden, sich an der harten Arbeit zu beteiligen, die notwendig ist, um zu überleben. Dieses Schuld- und Strafprinzip wird nicht zweckrational begründet, sondern einem «gesunden Rechtsempfinden» untergeschoben, das meist als Empfinden der (dem Mittelstand und der Oberschicht angehörenden) Richter gegenüber den (der Unterschicht angehörenden) «Verbrechern» konkrete Gestalt annimmt.

Solche traditionellen Normen halten sich in der Industriegesellschaft so gut oder so schlecht wie die Sandsteinfiguren der gotischen Kathedralen im sauren Regen. Sie werden ständig auf ihre rationale Zweckmäßigkeit für die wirtschaftlichen Interessen überprüft; gleichzeitig bestehen Strebungen, sie zu erhalten, weil sie eine «gute alte Zeit» verkörpern, während die Möglichkeit, alles rational zu hinterfragen, die Festigkeit und Zuverlässigkeit der Rechtsnormen gefährdet. Alle Entscheidungen werden diskutierbar. Auch in dem System, das den sauren Regen produziert, gibt es ein Interesse, dass nicht alle Heiligenbilder von ihm aufgefressen werden. Verschiedene Lösungen – mehr oder weniger faule Kompromisse – werden probiert: Man kann die Heiligen in ein Museum mit gefilterter und klimatisierter Luft stecken, wo sie sich gut halten; man kann versuchen, Filter in die Schornsteine einzubauen, auch wenn das teures Geld kostet und den Verfall wohl nicht mehr aufhält; man kann sie durch neue Heilige aus einem Plastikmaterial ersetzen, dem der saure Regen nicht schadet.

Weniger bildhaft ausgedrückt: Die Moderne zerstört unweigerlich jene Traditionen und Legitimationen, auf denen sie beruht. Sie setzt eine Trennung von Staat und Gesellschaft, von sittlicher und wirtschaftlicher Ordnung durch, in der die Illusion der Freiheit, Gleichheit und Brüderlichkeit («es ist allen Bürgern gleichermaßen erlaubt/verboten, unter den Brücken an der Seine zu schlafen») die Herstellung von Ungleichheit, Unfreiheit und Ausbeutung tarnt. Sie ermöglicht dadurch die Ausbildung von Erlebnisweisen wie Einfühlung, Mitleid, Naturschwärmerei, die in einer weniger naturausbeutenden, weniger unbarmherzig mit den Gefühlen der Menschen umgehenden Gesellschaft keine Tugenden von Einzelmenschen sein müssen. Die «neuen» Helfer verdanken ihre berufliche Existenz einer Situation, in der die Überforderung der Individuen durch die industrielle Produktionsweise einerseits immer mehr Menschen so belastet, dass sie wegen ihrer «Nervosität» dem Konkurrenzkampf nicht mehr standhalten können, während andererseits immer mehr Menschen so viel Abstand zu den lastenden wirtschaftlichen Zwängen gewinnen, dass sie für die einfühlende, aufmerksame Beschäftigung mit diesen Nervösen verfügbar sind, ja diese Arbeit einem größeren wirtschaftlichen Erfolg vorziehen.

Aber die Legitimationskrise, die zu dieser Gesellschaft gehört, macht auch vor den Helfern nicht halt. Nur wenige können sich noch auf die traditionell-normative Art legitimieren, die etwa die christlichen Tugenden der Caritas und Diakonie ermöglichen. Andere übernehmen die marktwirtschaftlichen Legitimationen. Ihr Beruf verbindet leichte Arbeit mit erträglich gutem Verdienst; das alles ist so sinnvoll oder sinnlos, wie Autos zu bauen oder Vorstädte zu planen. Wieder andere greifen auf die bildungsbürgerliche Legitimation zurück. Ihr Beruf ist interessant. Er bietet viele geistige Anregungen, die Gelegenheit zu Forschung über den Menschen. Der neue Helfer gerät fast zwangsläufig in einen Widerspruch zwischen seiner Legitimation nach außen (die normativ und/oder zweckrational sein wird) und seiner Motivation nach innen. Der oben (S. 252f.) angesprochene Streetworker wird beispielsweise dem Staatsanwalt kaum sagen können, dass es ihn fesselt, persönliche Beziehungen zu «Kriminellen» herzustellen. Er wird vielmehr feststellen, dass *Streetworking* dem neuesten Stand der Sozialwissenschaft entspricht (zweckrationale Legitimation mit Wissenschaftsnimbus) und dass jeder resozialisierte Rocker dem Staat eine Menge Geld für Krankenhausaufenthalte, Gerichtskosten, Gefängnis und so weiter erspart (zweckrationale Legitimation mit Ökonomienimbus). Vielleicht gibt es neben der ganz «intimen» und der ganz «öffentlichen» Legitimation noch eine dritte, die in der Bezugsgruppe der gleichgeordneten Professionellen – der Streetworker – verankert ist. In ihr spielt beispielsweise die Vorstellung eine Rolle, das gesellschaftsverändernde Potenzial der Randgruppen zu aktivieren.

Ein anderes Beispiel für dieses Auseinanderklaffen der äußeren und der inneren Legitimation bietet beispielsweise ein sozialpsychiatrischer Dienst, in dem sich die Mitarbeiter nach außen durch die Fallzahl legitimieren, während sie intern solche quantitativen Gesichtspunkte als unsinnig ablehnen. Ähnliche Situationen gibt es in der Psychotherapie, wo sich oft Therapeut und Patient einig sind, dass die äußeren Legitimationen zum Beispiel gegenüber der Krankenkasse, wie ärztliche Diagnose, Ermittlung der Neurosenstruktur und Erfolgsaussichten der Behandlung, mit ihrer persönlichen Beziehung nichts zu tun haben. Konfliktträchtig wird diese Situation beim «Krankschreiben» durch den Arzt, der manchmal vor der unmöglichen Aufgabe steht, ein Vertrauensverhältnis zu seinem Patienten zu pflegen und zugleich als Aufpasser zu fungieren.

Die zweckrationale Seite der Tätigkeit der Helfer und ihrer Methoden ist der Joker in diesem Spiel. Die rationalen Argumente können verwendet werden, um traditionelle Normen neu zu legitimieren («die Zwillingsforschung hat eindeutig nachgewiesen, dass es sich bei der Schizophrenie um ein Erbleiden handelt») oder aber Methoden der «neuen» Helfer durchzusetzen. Seit langem argumentieren die Psychotherapeuten mit einer Statistik, wonach eine analytische Psychotherapie beim Durchschnitt der Behandelten die Zahl der Krankenhausaufnahmen und die Länge der Aufenthaltsdauer erheblich senkt. Die psychotherapeutische Behandlung könnte demnach die Kosten für die Versicherungen erheblich vermindern, wenn man sie auf breiterer Basis zuließe.

Am deutlichsten ist diese zweckrationale Mechanisierung des Helfens in der Verhaltenstherapie, die sich in ihrer Legitimation «nach außen» gänzlich beziehungsfrei und technisch gibt. Wer die Therapieszene genauer kennt, findet genug Beispiele für Legitimationskonflikte. «Ich glaub ja gar nicht mehr an das Skinner-Zeugs», sagte mir kürzlich ein Verhaltenstherapeut. «Aber ich muss es wegen der Kassenregelung beantragen. Mir selbst – sagen Sie es nicht weiter – bringt die Fühltherapie viel mehr. Kennen Sie die? Ist so eine Weiterentwicklung der Gestalttherapie, mit etwas Gesprächstherapie und Bioenergetik ...» Der zu den Kassen zugelassene («delegationsfähige») Verhaltenstherapeut legitimiert sich nach außen zweckrational; nach innen «glaubt» er an ein gefühls- und beziehungsorientiertes Therapieverfahren.

Die Tatsache, dass alte und neue Helfer als Kinder der Industriegesellschaft deren zweckrationales Esperanto sprechen und verstehen, sichert ein Stück weit die Verständigung innerhalb der Helfer-Szene. Doch verschleiert diese Fähigkeit auch die bestehenden Verschiedenheiten und Konflikte. Der normative Helfer kann so tun, als ob sich die Rolle des Beziehungshelfers unschwer in sein Ordnungssystem eingliedern ließe («neben der medikamentösen Therapie ist selbstverständlich Psychotherapie angezeigt»). Umgekehrt kann der Beziehungshelfer sein Verfahren nach außen mit Argumenten vertreten, die sich dem normativen System anpassen («Primärtherapie ist in der wissenschaftlichen Literatur als besonders wirkungsvolles Verfahren bei dissozialen Persönlichkeitsstrukturen ausgewiesen»). Situationen, in denen eine Gruppe noch wirklich an die Argumente glaubt, mit denen sie ihre Ordnungsgesichtspunkte stützt, während ihre Gesprächspartner eben diese Argumente als leere Hülsen verwenden, gibt es in der pluralistischen Industriegesellschaft recht häufig.

Übersicht zur Typologie «alter» und «neuer» Helfer

Blickpunkt	**«alter» Helfer**	**«neuer» Helfer**
Gesellschaftliche Etablierung	Sicher. Klare Berufstradition	Unsicher. Wenig Tradition: archaische Zitate
Rolle	Stabil. Eindeutig definiert («Eid des Hippokrates»)	Labil. Variabel definiert. Schamane, Heiler
Normative Ordnung	«Objektiv», rechtlich abgesichert	«Subjektiv», persönlich orientiert

Blickpunkt	«alter» Helfer	«neuer» Helfer
Wissenschaftlich-ideologische Begründung	Theologie, Naturwissenschaft, Jurisprudenz, «quantitative» Methode	Psychologie, Sozialwissenschaften, Psychoanalyse, Ethnologie, «Theologie der Befreiung» «qualitative» Methoden
Praktisches Vorgehen	Techniken (Operation, Medikament, Sakrament), Ratschläge («Sie müssen das Rauchen einstellen!» «Sie müssen beten!»)*	Einsicht vermitteln, Selbsterfahrungsprozesse einleiten, «korrigierende emotionale Erfahrung»
Methodische Orientierung	Rational, autoritär. «Harte Daten», z. B. Statistik, Fragebogen Doppelblindversuch – «Erklären»	Gefühle werden einbezogen. Qualitativ-beschreibend. Fallgeschichte, Deutung – «Verstehen»

* Ärzte und Theologen werden mir widersprechen. In ihrer Methodologie wird durchweg die technische Vorgehensweise beziehungsweise die rituelle Praxis als äußerlich angesehen, während das «Eigentliche» am Arzt beziehungsweise Priestertum zum Beispiel im ärztlichen Gespräch oder in der durch Sakramente vermittelten Gnade liege. Es geht mir aber darum, wie professionelles Handeln im Alltag aufgefasst wird, nicht darum, wie es nach den Erklärungen der jeweiligen Methodologen eigentlich zu verstehen wäre.

9 Helfersyndrom und Mobbinggefahr

Es gibt viele Hinweise darauf, dass die nicht selten zitierte Metapher der «sich öffnenden Schere» sehr vielfältig verwendet werden kann. Meist wird sie gebraucht, um die wachsenden Unterschiede zwischen den sehr Armen und den sehr Reichen aufzuzeigen. Das gilt für Länder so gut wie für Individuen. In den reichen Ländern wächst, in den armen schrumpft die Wirtschaft; in den reichen wachsen die Managergehälter, während die Sozialhilfe sinkt. Ebenso öffnet sich diese Schere zwischen den Menschen, die sehr viel arbeiten dürfen, weil sie tüchtig und hoch qualifiziert sind, und jenen, die keine Arbeit finden, weil ihre Qualifikationen nicht gefragt sind oder ihre Leistungsfähigkeit brüchig ist. Ich denke nun auch, dass sich eine Schere öffnet, was die menschliche Fähigkeit angeht, Kränkungen zu verarbeiten. Wir bräuchten eine wachsende Kompetenz, Kränkungen zu verarbeiten, um mit den komplexen Abhängigkeiten (Wer versteht noch einen Computer? Ein Auto? Die Steuergesetze? Sinn und Unsinn der Krebsvorsorge?) der Konsumgesellschaft umgehen zu können. Aber durch die verwöhnende Warenwelt, durch den verführerischen Konsum fast beliebig manipulierbarer Ersatzwelten aus Pixeln und Tönen scheinen die menschlichen Fähigkeiten eher zu schwinden als zuzunehmen, Kränkungen zu verarbeiten und Frustrationen zu ertragen.

Wie sollen wir bewältigen, dass unsere Sehnsucht nach einer einfachen, verlässlichen und überschaubaren Welt immer wieder und immer heftiger enttäuscht wird, seit beispielsweise Siemens, die Post, die Bahn, das Städtische Krankenhaus keinen Schutz vor jähem Verlust des Arbeitsplatzes und hektischen organisatorischen Innovationen mehr bieten? Fällt es uns nicht immer schwerer, emotional zu verarbeiten, dass so viele Maschinen so viele Dinge besser können als wir selbst?

Günter Anders attestierte uns die «prometheische Scham»: Der moderne Mensch schämt sich angesichts der Überlegenheit seiner Produkte. Aber seit jedes Kind ein Handy und die TV-Fernsteuerung hat, weicht die Scham dem Schwanken zwischen Größenphantasie und Depression: In der manischen Identifizierung mit seinen technischen Prothesen wird der Mensch zum «Prothesengott», wie Freud sagte. Und in ihrem Versagen verzweifelt er, weil er nie gelernt hat, sein Leben ohne diese Prothesen zu gestalten.

Um unsere Fähigkeiten zur Kränkungsverarbeitung zu entwickeln, müssten wir lernen, gegen jenen Strom materieller und elektronischer Verwöhnung zu schwimmen, der uns in guten Zeiten trägt, in schlechten aber gegen die Klippen wirft. Wie wenig das einer wachsenden Zahl von Menschen gelingt, zeigen einige früher (und außerhalb der Konsumgesellschaften) nicht in dieser Intensität auftretende Probleme:

Stalking
Mobbing
Depressionen
Essstörungen
Sucht

Schon immer haben Menschen Kränkungen verarbeitet, indem sie Trost in Lust suchten – am liebsten in der am besten kontrollierbaren Lust am Essen und Trinken. Erst in der Konsumgesellschaft reißt dieser Zusammenhang manchmal ab und wird durch sein Gegenteil ersetzt. Etwas zynisch könnte man sagen, dass die Hälfte der Kinder zu dick und die andere Hälfte zu dünn ist; Adipositas auf der einen, Anorexie auf der anderen Seite belegen, dass orale Tröstungen überstrapaziert und manchmal durch die Gegenbewegung des Schlankheitswahns ersetzt werden.

Essstörungen sind eine typische Erkrankung der Konsumgesellschaften, dort unbekannt, wo Menschen aus Not schlank sind und Hunger ein Teil des Alltagslebens blieb. Das Gleiche gilt für Sucht. Alkohol oder Haschisch tauchen Kränkungen in milden Nebel und werden so unverzichtbar. Dank der Konsumgesellschaft sind solche Rauschgifte jederzeit verfügbar; der Einzelne kann sie kaufen und muss sie nicht in mühevoller Arbeit selbst produzieren. Und alle diese Tröstungen, welche die Konsumwelt spendet, haben zur Folge, dass die Kränkungsverarbeitung geschwächt wird. Es ist mit ihr ähnlich wie mit anderen Funktionen eines lebendigen Organismus: Was nicht geübt wird, schwindet. Wer nur noch Auto fährt, macht schon nach einem kleinen Fußmarsch schlapp.

Der afrikanische Bauer braut sein Festbier, wenn es etwas zu feiern gibt. Er kann das nicht jeden Tag tun und die Dosis nicht steigern. Der Winzer trinkt seinen Wein, aber er besäuft sich nicht so, dass sein Weinberg keine Frucht mehr trägt. Beide werden in ihrer Kränkungsverarbeitung durch einen äußeren Rahmen unterstützt. Er bewahrt sie davor, das destruktive Mittel des Rausches übermäßig zu verwenden. So kann er nicht zur Sucht werden, die sich durch ihre eigenen Folgen aufrechterhält. Der Trinker schämt sich seines Alkoholismus und braucht den Alkohol, um diese Scham zu ertragen.

Das (nicht registrierte) Handy ist nicht nur eines der beliebtesten Instrumente für Stalker, sondern hängt wohl auch mit der pädagogischen Wurzel des Übels zusammen: der Unfähigkeit, eine Trennung zu verarbeiten, die Trauerarbeit zu leisten, dass ein anderer Mensch keine Neigung verspürt, sich mir in der von mir gewünschten Weise zuzuwenden. Seit der Erfindung des Mobiltelefons verwandelt sich die Bewältigung von Problemen durch das von anderen abgeschnittene Individuum allmählich von der Regel in eine Ausnahme.

Stalking hängt damit zusammen, dass eine Person als Selbstobjekt erlebt wird, das heißt in eine Phantasie des Stalkers einbezogen ist, dass er diesen Menschen kontrollieren muss, um sich selbst vor einer Depression zu schützen. Daher ignoriert er das Widerstreben der Verfolgten und deutet es als dieser nicht bewusste Zuneigung («jetzt braucht meine Exfreundin schon die Polizei, um sich vor ihrer fortdauernden Leidenschaft für mich zu schützen!»).

Der Übergang von Stalking und Mobbing ist fließend. Auch im Mobbing geht es häufig darum, dass eine andere Person verfolgt und entwertet wird, um das eigene Selbstgefühl vor einer Depression zu bewahren. Natürlich gibt es auch (pseudo)rational motiviertes, durch psychologische Ahnungslosigkeit bedingtes Mobbing, etwa wenn ein Chef meint, einen Angestellten auf diese Weise zur Kündigung bewegen zu können. Aber auch hier spielt es untergründig wohl eine Rolle, dass der Chef seine Kränkung nicht verarbeiten kann, dass er zum Beispiel an arbeitsrechtliche Vorgaben gebunden ist und nicht den Tyrannen amerikanischer Anekdoten («you are fired!») spielen kann.

Die junge Assistenzärztin fühlt sich von der erfahrenen Stationsschwester gemobbt. Diese flöte den Oberärzten entgegen, während sie kein gutes Wort bekomme, sondern immer nur harsch darauf hingewiesen werde, was sie schon wieder versäumt habe. Daher weise sie jetzt nur noch ganz sachlich darauf hin, dass dies oder das eine ärztliche Tätigkeit sei, und übergehe im Übrigen die Stationsschwester, wo sie es nur könne.

An einer solchen Situation lässt sich der Zusammenhang zwischen den narzisstischen Erwartungen des Helfersyndroms und Mobbing als Folge einer Enttäuschung solcher Wünsche aufzeigen. Während es an der rationalen Oberfläche um die Zusammenarbeit zweier Berufsgruppen geht, muss im emotionalen Untergrund der narzisstischen Unersättlichkeit die Stationsschwester ihre Kränkung verarbeiten, dass sie seit vielen Jahren immer wieder unerfahrene Assistenzärzte anlernen muss, ohne dafür besser bezahlt oder mit einer Aufstiegsmöglichkeit belohnt zu werden. Sie weiß, dass die Ärztin erheblich mehr verdient, und findet es frustrierend, wenn sie dieser etwas beibringen soll. Umgekehrt weiß die Ärztin, dass sie formal die Station leiten sollte und das Pflegepersonal ihr weisungsgebunden zuarbeiten müsste. Daher wäre ein freundlicher, zuvorkommender Ton doch das Mindeste, was sie als Gegenleistung dafür erwartet, dass sie nicht ihren akademischen Rang herauskehrt und die Autoritäre spielt.

Aber wir müssen diese Situation noch ein wenig weiter untersuchen, um nicht wesentliche Aspekte zu verlieren. Wenn die beiden Frauen sich jeweils von der anderen gemobbt fühlen, trägt der Oberarzt einen großen Teil der Verantwortung. Er hat es zugelassen, dass sich die Stationsschwester ausgenutzt fühlt und darüber ausgebrannt ist, denn an sich ist es seine Aufgabe, die junge Ärztin einzuarbeiten, nicht ihre, und wenn er diese Aufgabe delegiert, ohne sie zu honorieren und zu überwachen, nützt er die Stationsschwester aus und opfert seine junge Kollegin als Blitzableiter für Frustrationen, die er auffangen müsste. Freilich, vielleicht ist der Oberarzt so überlastet, dass er keine Zeit hat, seine Verantwortung in der Personalführung auszufüllen, und vielleicht geht es dem Chefarzt ebenso, von dem es in der Klinik heißt, er sei zwar ein tüchtiger Mediziner, menschlich aber unberechenbar, launisch und autoritär.

Mobbing

Mobbing ist ein Modebegriff. Wir würden ihn nicht so oft benutzen, wenn er nicht etwas erfassen könnte, was die Menschen beschäftigt. Im Alltag meinen wir mit Mobbing eigentlich jedes kränkende Verhalten, jeden Versuch, uns zu vermitteln, dass wir an diesem Platz, so wie wir sind, nicht bleiben sollten und jemand anderer besser auf ihn passen, weniger stören würde. In dem Wort schwingt mit, dass wir die Opfer eines bösen und im Grunde ungerechtfertigten Angriffs sind.

In der Verhaltensforschung war mit Mobbing die drohende, feindselige Reaktion von gruppenlebenden Tieren beschrieben worden. Krähen «mobben» die Eule oder die Katze, welche sich ihrer Nistkolonie nähert, indem sie krächzen und Droh-Angriffe fliegen. Hühner «mobben» das hinkende, das räudige Huhn, ähnlich wie die Kinder einer Schulklasse ihren Prügelknaben nach einem Merkmal wählen, das ihn von der Masse negativ unterscheidet – er ist besonders ungeschickt, ängstlich, hässlich und so weiter. Zum Mobbing gehört oft das Gefühl, als Einzelner einer Übermacht ausgeliefert zu sein, was freilich durchaus subjektiv sein kann. Wer Angst verspürt, zählt jeden Feind doppelt.

Wer die Gefühlsmischungen untersucht, aus denen heraus menschliche Mobber handeln, findet die Szene aus der Tierbeobachtung durchaus triftig: Wer sein Opfer mobbt, tut das meist, weil dieses seine Erwartungen nicht erfüllt. Es sind primitive Erwartungen, nicht unbedingt niveauvoller als die des

Huhns, das den hinkenden Artgenossen hackt: Gemobbte «stören», sie «passen nicht hierher», sie «passen nicht zu uns», sie sollen verschwinden oder sie müssen erst passend gemacht werden. Wer mobbt, dem ist eine narzisstisch besetzte Erwartung nicht erfüllt worden, und er lässt seine Wut darüber an dem aus, welchen er damit verbindet.

Ein Beispiel ist die Gruppe junger Männer in einer Kleinstadt, die einen Vietnamesen verprügeln wollen. Viele junge Menschen in der Konsumgesellschaft sind von einem tiefen narzisstischen Neid erfüllt, der sich auf jeden richtet, dem sie unterstellen, er sei entweder besser dran als sie und/oder an ihrem Elend schuld. Beide Affekte werden wenig differenziert und machen die Betroffenen zu einer knetbaren Masse in den Händen von Demagogen.

Der Vietnamese sieht auffällig aus, er erntet Blicke, die ein Durchschnittsgesicht nicht erntet. Auf dieser Grundlage eines exhibitionistischen Neides, den das Opfer vermeintlich dem Täter «antut», indem es sich «in unserem Viertel breitmacht», wachsen ebenso primitive Rache- und Strafimpulse.

Wenn einer der Konflikte des Berufslebens mit dem Begriff «Mobbing» angegangen wird, kann diese Begriffswahl ebenso das Problem verschleiern wie dazu beitragen, es zu klären. Wer sich gekränkt fühlt, ohne einzusehen, dass er zur Entstehung der Kränkung beiträgt, kann mit Hilfe des Mobbing-Begriffs seine Opferposition stärken. Ein Chef, der angesichts von Problemen mit einem Mitarbeiter diesen des Mobbings «nach oben» verdächtigt, kann eigene Führungsschwächen und Unklarheiten verbergen. Offener Kampf – im Arbeitsleben etwa schriftliche Abmahnung und Kündigung – spielen im Mobbing oft nur eine untergeordnete Rolle. Manchmal werden sie in einem Mobbing-Kontext in einer Weise vorgenommen, die juristisch nicht aufrechtzuerhalten ist.

Zu Beginn unserer seelischen Entwicklung können wir Kränkungen nicht ohne heftige Reaktionen von Angst, Wut und Zerstörungswünschen verarbeiten. Die menschliche Kinderstube sollte ebenso wie die Schule dazu beitragen, solche primitiven Reaktionen zu neutralisieren und angemessenere Umgangsformen zu entwickeln. Viel spricht dafür, dass das in modernen Familien ebenso wenig gelingt wie in Kindergarten und Schule. Eltern und Erzieher stehen von zwei Seiten unter massivem Druck: Sie sind angehalten, ihre eigenen Kränkungsreaktionen zu disziplinieren. Sie dürfen die Kinder nicht mehr schlagen, können die einzige eindeutige Überlegenheit des Erwachsenen nicht mehr ausspielen. Damit geht eine elementare Führungskompetenz verloren, die nur unter sehr günstigen Umständen angemessen ersetzt werden kann.

Der Gedanke, eine menschlich hochstehende Pädagogik durch Entwertung der Versager vor dem ethischen Ideal durchzusetzen, offenbart eine typische Schwäche der Moderne. Sie versucht, das Gute durch ein Gesetz zu machen, und erkennt zu spät, dass auf diesem Weg neue Übel geschaffen werden. In der Erziehung ist das vor allem der Rückzug der Eltern vom Kind. Eltern, welche ihr Kind manchmal schlagen, ihm aber auch wohl wollen, können sich, wenn sie ihre eigene Kränkungswut abreagiert haben, wieder zuwenden. Dasselbe lernt das Kind: Eben hat es den Eltern noch ewige Rache geschworen, aber einen Tag später verträgt man sich wieder und hat das Gewitter vergessen.

Eltern, welche aufgrund günstiger emotionaler und sozialer Bedingungen Zeit, Geduld, innere und äußere Räume haben, um auf ihre Kinder einzugehen und mit den unweigerlichen Kämpfen zwischen den Generationen fertig zu werden, haben noch nie Vorschriften gebraucht, um sich angemessen ihren Kindern zuzuwenden. Manche, die sich sonst gehen lassen würden, mag das Gesetz zurückhalten, das den Eltern Gewalt verbietet. In viel zu vielen Fällen aber führen die Widersprüche zwischen dem Anspruch an eine gewaltfreie, «gute» Erziehung und den realen Ressourcen der Eltern dazu, dass sich diese von ihren Kindern zurückziehen, sich nicht mehr mit ihnen auseinandersetzen, sie den professionellen Erziehern in Kindergarten und Schule überlassen.

In diesen leeren Räumen kann sich die Fähigkeit nicht mehr entwickeln, Kränkungen zu verarbeiten, sie als Teil des Lebens zu nehmen, sich nach ihnen wieder zu versöhnen. Die Folgen beklagen die Lehrer. Es gibt immer mehr unkonzentrierte, schnell beleidigte, schnell aufgebende, steten Zuspruchs bedürftige Kinder. Auf allen pädagogischen Ebenen, von der Grundschule bis zur Universität, schwindet die mittlere Gruppe der einigermaßen angepassten, funktionierenden, weder herausragenden noch unfähigen Zöglinge. Extreme scheinen zuzunehmen: Der ebenso fähige wie ehrgeizige Student, der bereits während des Studiums einen Auslandsaufenthalt absolviert, sich ehrenamtlich engagiert und ein Praktikum in einem Spitzenbetrieb absolviert hat, auf der einen Seite, der demotivierte, passive, ansprüchliche Dauerpraktikant auf der anderen, der mit vierzig Jahren noch immer von seinen Eltern unterstützt wird und deren Zweifel an seiner Motivation stereotyp mit dem Argument quittiert, es gehe allen so und die Eltern sollten froh sein, dass er nicht mehr so viel kiffe wie früher.

In vielen psychotherapeutischen Praxen und in den mit Rehabilitation beschäftigten Kliniken nehmen gegenwärtig psychische Störungen aufgrund gravierender beruflicher Probleme dramatisch zu. Strukturen, die zu Beginn der beruflichen Laufbahn der heute Vierzig- bis Fünfzigjährigen wie für die Ewigkeit bestimmt erschienen, funktionieren entweder überhaupt nicht mehr oder unterwerfen alle, die in sie verstrickt sind, unerwarteten, oft sehr kränkenden Anforderungen. Die Erklärungen für solche Veränderungen – wie Globalisierung, Dynamisierung der Märkte, Grenzen des Sozialstaates – sind abstrakt und abgenutzt, sie bieten den Betroffenen wenig Trost.

In Zeiten, in denen Berufstätige angemessene Möglichkeiten haben, sich zu erholen, in denen sie ihre Arbeit als sinnvoll und erfolgreich erleben und den Eindruck haben, von ihrer Umwelt – in Organisationen: von Kollegen und Vorgesetzten – ausreichend bestätigt zu werden, gelingt es den meisten auch, Kränkungen zu verarbeiten, Aggressionen zu neutralisieren, sich gegenseitig das für den Betriebsfrieden unentbehrliche Maß an Bestätigung zu gewähren.

Wenn diese Situation kippt und eine Organisation unter erhöhten Druck gerät, werden diese stabilisierenden Prozesse erschwert. Häufig steigern die Folgen den ohnehin bestehenden Druck noch weiter. Wenn zum Beispiel auf ein Team von einem unter Stress geratenen Leiter Druck ausgeübt wird, bisher selbstverständliche Leistungen gekürzt oder bisher gepflegte höfliche und rücksichtsvolle Umgangsformen aufgegeben werden, dann werden gerade die fähigen und unabhängigen Mitarbeiter kündigen; die Zurückgebliebenen setzten den Leiter (und er sie) noch mehr unter Druck. So kann binnen kurzer Zeit eine bisher stabile Situation entgleisen, ohne dass die Beteiligten eine andere Ursache fassen können als das persönliche Versagen der Personen, von denen sie sich gemobbt fühlen.

Eben diese Perspektive verhindert aber auch eine andere Lösung als Anklage und/oder Rückzug. Einen Schritt weiter kommen die Betroffenen, wenn sie herausfinden, dass ihre Kränkungsverarbeitung überlastet ist. Dazu müssen sie freilich erkennen, dass ihnen nicht nur Unrecht getan wurde, sondern dass sie auch selbst dazu beigetragen haben.

Begrenzte Konflikte, die Handeln anregen und nicht durch

Entwertungsgefühle des Handelnden blockieren, sind ein zentrales Thema in der Entwicklung beruflicher Kompetenz. Wer professionell handelt, ist nicht auf Erfolg angewiesen. Er fühlt sich nicht als Versager, wenn er scheitert, sondern nur dann, wenn er nicht das professionell Mögliche getan hat. In allen Institutionen, in denen Ideale (wie das, ein «guter Mensch» zu sein) verwirklicht werden sollen, sind professionelle Entwicklungen erschwert. Die Einsicht in die Tiefe der Konsequenzen des eigenen Handelns, die zur Professionalität gehört, wird durch den Zwang blockiert, seine Tätigkeit an emotional fundierten Idealisierungen auszurichten.

Wer sich in die Dynamik solcher Szenen vertieft, erkennt bald, dass psychologische und organisatorische Einflüsse verwoben sind. Sie schaffen dann historische Bedingungen, die ihrerseits das Arbeitsklima prägen und weder durch neue Organisationsformen noch durch Psychotherapie allein behoben werden können.

Jeder Berufsanfänger benötigt günstige Bedingungen, um seine Professionalität zu entwickeln. Er ist darauf umso mehr angewiesen, je schwächer sein berufliches und sein «allgemeines» Selbstvertrauen entwickelt sind. Wer genügend Selbstvertrauen besitzt, hat es erheblich leichter, sich einzugestehen, dass er sich nicht wohl fühlt, dass seine negativen Gefühle berechtigt sind, dass er sie ernst nehmen und versuchen darf, einen Ausweg zu finden.

Wer hingegen schon von sich weiß oder ahnt, dass er sehr schnell beleidigt ist, wer schon oft erfahren hat, dass seine Kränkung ein schlechter Ratgeber ist, weil er sie übertreibt und oft aus nichtigem Anlass von ihr überfallen wird, der wird lange zögern, diese Gefühle in Handeln umzusetzen.

Er klammert sich an sein vermeintliches Recht und fürchtet, es überall, wohin er gehen könnte, noch schlechter zu haben.

Hier, wo er sich gekränkt fühlt, kennt er den Umfang und die Art der Kränkungen. Er kann sie einordnen und aushalten. Und er kann sich rächen, er kann andere mobben. In einer neuen Beziehung hofft er nicht auf Erlösung, sondern fürchtet schlimmere Verfolgung.

Um solche Entwicklungen zu verstehen, finde ich eine psychoanalytische Perspektive sehr hilfreich. Denn sie konzipiert im Projektionsbegriff die Erwartung, von der Umwelt so behandelt zu werden, wie man selbst sie behandelt. Wer sich gemobbt fühlt, wird oft trotz tiefster Kränkungen ausharren. Er kann sich nicht trennen, weil er unter heftigen Ängsten leidet, dass ihm ein neuer Partner mit genau den Gefühlen begegnen werde, die er selbst gegen den bisherigen empfindet. Wer voller Hass unermüdlich liebevollere und rücksichtsvollere Behandlung von Personen einklagt, die er nicht leiden kann, fürchtet in einer neuen Beziehung diesen Hass viel mehr, als dort die Anerkennung zu erwarten, die er so unermüdlich dort fordert, wo er längst weiß, dass er sie nicht erhalten wird.

Die praktische Folgerung aus diesen Einsichten überrascht, aber sie bewährt sich in der Praxis durchaus: Wenn ein Chef einen Mitarbeiter loswerden will, kann es die dümmste und am wenigsten effektive Strategie sein, diesen zu mobben. Im Gegenteil: Wenn er ihn gut behandelt, ihn aufbaut, ihm Perspektiven zeigt, sind die Chancen viel größer, dass der Mitarbeiter geht.

Diese Dynamik ist in Familien bekannt. Wenn ein Kind aus einer Geschwisterreihe lange zu Hause wohnt und besonders eng an die Eltern gebunden scheint, können wir fast sicher sein, dass es nicht das Kind ist, welches von den Eltern die meiste Anerkennung erfahren hat.

Wer gibt, dem wird gegeben

Hilfreich in der Analyse von Mobbing-Problemen ist demnach nicht nur eine Untersuchung persönlicher Faktoren (der narzisstischen Belastbarkeit) und organisatorischer Einflüsse (der Konfliktverleugnungs- und Verheimlichungsbereitschaft mancher Institutionen), sondern auch eine Untersuchung der Vergangenheit eines Systems. Was ist wann geschehen und hat die Belastungen im System erhöht? Was wurde getan, um die Belastungen zurückzuschrauben? Warum sind diese Gegenmaßnahmen gescheitert?

Dieser zehrende Aspekt narzisstisch gestörter Interaktionen lässt sich mit einem Vier-Felder-Modell veranschaulichen. Sehr stabile und sehr instabile Entwicklungsperspektiven hängen damit zusammen, dass beide Interaktionspartner narzisstisch voll belastbar (stabil) oder wenig belastbar (instabil) sind. Narzisstische Belastbarkeit sieht im Alltag so aus, dass ich eine Kränkung genau wahrnehme, sie einordne und zweckmäßig reagiere, etwa höflich, aber auch nachdrücklich darauf hinweise, dass sie nicht den gemeinsamen Zielen dienen kann. Zwei solche Partner regulieren ihre Kränkungen herunter, sie sind vorsichtig genug, sie nicht eskalieren zu lassen, und vernünftig genug, sie künftig zu vermeiden, das heißt sie verstehen und verständigen sich immer besser, je länger sie sich kennen.

Wenn beide Partner wenig belastbar sind, eskaliert die Situation in der Regel recht schnell. Eine Kränkung kann nicht eingeordnet werden, sie führt zu einer panischen Gegenkränkung oder sie wird aus Angst, sich der mit ihr verknüpften Wut zu stellen, völlig verleugnet. Die Folge ist entweder eine Eskalation (denn der narzisstisch instabile Partner kann die Reaktionen seines Gegenübers nicht mäßigen, er wird sie vielmehr steigern). Oder aber es ist der Rückzug in Krankheit,

Arbeitsverweigerung, Dienst nach Vorschrift, innere Kündigung.

Schwer durchschaubar sind die Entwicklungen, die durch die Interaktion eines belastbaren und eines weniger belastbaren Partners entstehen. Hier kann der belastbare Partner die Situation manchmal eine Weile stabilisieren, aber diese Stabilität wird in Krisensituationen plötzlich zusammenbrechen. Oft entstehen auch Mischungen aus Eskalationen und Rückzügen, die erst zu verstehen sind, wenn die Geschichte der Interaktionen rekonstruiert und stabilisierende beziehungsweise destabilisierende Faktoren von außen aufgedeckt werden können.

Vielfach werden Mobbing-Phänomene insofern missverstanden, als die Beobachter versuchen, ein Opfer einem Täter gegenüberzustellen. Dem Täter werden dann häufig egoistische Motive oder Bösartigkeit unterstellt, die er ausleben, aber auch kontrollieren könnte. Unsere Analyse zeigt, dass die Täter oft ebenfalls Opfer sind. Gesellschaftliche Prozesse bringen nicht selten ganze Institutionen in einen Mobbing-verwandten Zustand, indem sie diese unter Druck setzen, in ihrer Existenz bedrohen und somit auch entwerten.

Solange der Absatz gesichert ist, fließt die Produktion, die Mitarbeiter verstehen sich prächtig, die Vorgesetzten loben ihre Leute und diese ihre Chefs. Wenn der Weltmarkt kippt, der Absatz stockt, die Mittel knapp werden, dann werden aus verehrten Chefs Nieten, die das nicht rechtzeitig vorhergesehen und das Richtige unternommen haben, aus respektierten Mitarbeitern faule Säcke, die sich der Herausforderung nicht stellen, sondern aus Trägheit und Gier lieber das ganze Unternehmen in den Untergang jagen, als von ihren Ansprüchen abzurücken.

Überforderte Organisationen überfordern die Individuen; überforderte Individuen suchen die Schuld am Scheitern jener Erwartungen, mit deren Erfüllung sie ihr professionelles Selbstgefühl zu festigen hoffen, projektiv abzuwehren. Viel menschliches Unglück entsteht daraus, dass Organisationen einen gewissen Spielraum haben, in dem sie mit Hilfe kannibalischer Mechanismen überleben können. Kannibalisch bedeutet in diesem Zusammenhang, dass kurzfristige Lösungen auf langfristigen Problemsteigerungen aufgebaut werden. Ich habe das einmal mit einer Maschine verglichen, welche Energiekrisen dadurch kompensiert, dass sie beginnt, weniger wichtige Teile zu verzehren – ähnlich dem Hausbesitzer, der – von der Energieversorgung abgeschnitten – seine Treppen verheizt, um nicht zu erfrieren.

Eine Organisation, die ihre Mitarbeiter überlastet und dadurch schädigt, kann vielleicht auf diese Weise ihren Zusammenbruch verschieben; er wird dann aber für alle Beteiligten destruktiver sein als ein rechtzeitiges Eingeständnis, dass es nicht mehr weitergeht.

Mobbing ergibt sich oft daraus, dass ein Partner in einer Kooperation die Arbeit eines anderen deshalb entwertet, weil er sich nur so vor der Einsicht schützen kann, dass seine eigene Arbeit nicht viel wert ist, den Ansprüchen nicht genügt, das hohe Niveau nicht halten kann, das er von sich und seine Auftraggeber von ihm erwarten.

Die Entwertung einer Person rettet mein Selbstgefühl kurzfristig auf Kosten seiner langfristigen Entwicklung. Wenn ich meinen Chef zum Versager stempeln kann, fällt mein Versagen erst einmal nicht auf – aber wie soll ich mich, der ich so lange mit einem solchen Versager zusammengearbeitet habe, zuversichtlich irgendwo anders bewerben? Es ist ein Teufelskreis: Je mehr Schuld ich ihm zuschiebe, desto schlechter fühle ich mich selbst, desto mehr brauche ich ihn als Sündenbock.

Mobbing-Gefährdete ziehen sich an, und hilflose Helfer sind hier besonders gefährdet. Ihre Kränkungsverarbeitung ist bereits durch das Helfersyndrom eingeengt; sie tun sich schwer mit offener Aggression und mit dem offenen Eingeständnis, dass sie gekränkt sind und unter einem schlechten Betriebsklima leiden. Parallel dazu führt ihre intensive Sehnsucht nach einer symbiotischen, problem- und konfliktlosen Harmonie dazu, dass sie jene Personen mobben, welche ihre Ansprüche an eine «gute Kollegin» nicht erfüllen, ohne voraussehen zu können, dass sie dann auf Gegenaggressionen stoßen werden.

Die populäre Verwendung des Mobbing-Begriffs vor Arbeitsgerichten, in der therapeutischen Praxis, aber auch in der betriebswirtschaftlichen Literatur und in den Fortbildungen für Führungskräfte krankt daran, dass meist ein Opferstandpunkt übernommen wird. Die Erklärungen und auch die Gegenmaßnahmen fixieren sich auf Täter als Verursacher.

Eine vollständige Untersuchung kann hingegen die Bedürfnisse der Opfer und ihre Verstrickungen mit den Tätern nicht ignorieren. Hier spielt die Sehnsucht nach einer aggressionsfreien Welt eine Rolle, in der Wehrhaftigkeit böse ist und eigene Wutaffekte nicht erlebt, sondern projiziert werden. Die reale Bosheit des Täters verfilzt sich mit der ihm vorwurfsvoll unterstellten Bosheit. Das Opfer ist Lamm unter Wölfen. Diese werden umso reißender, je unschuldiger es sich selbst zu machen strebt.

Die menschliche Kränkungsverarbeitung beruht auf dem Dritten, auf einer Mischung, auf der humorvollen oder gelassenen Toleranz, dass zum Leben auch der Schmerz und das Misslingen gehören. Wie schwierig sie zu erreichen ist, zeigt die hartnäckige Suche der Propheten nach einer himmlischen Welt, in der alles rein und gut ist und ein perfekter Gott waltet; diese Welt erzwingt dann freilich eine Gegenwelt, in der ein Teufel regiert und alles kaputt macht.

Das psychoanalytische Modell erweitert die klassischen

Weisheitslehren um die Dimensionen der individuellen Entwicklung und der Einflüsse des Niederschlags früher Beziehungen, die Weisheit ermöglichen oder Fanatismus erzwingen. Für die Weisheit steht in diesem Modell die depressive Position, in der ein Kind den Glauben an die Wiederkehr des Guten in der Mutter aufrechterhalten kann, auch wenn ihm Böses widerfährt; für den Fanatismus die paranoid-schizoide Position, in der das Kind diesen Glauben nicht aufbauen kann oder ihn aufgrund traumatischer Erlebnisse wieder verliert. Die Folge ist die Suche nach dem perfekt guten Objekt, die Verleugnung des Schattens, der Kampf gegen die Mischung.

Verängstigte, verletzte, unsichere Kinder klammern sich an ihre Eltern. Gut versorgte Kinder können ihre Eltern als Ausgangsbasis nutzen, um sich Interessanterem zuzuwenden. Bei einem sozialen Tier wird das Trauma immer auch Versuche in Gang setzen, durch Kontakt mit anderen und besonders intensive Beziehungen die Verletzungen zu heilen. Damit wird die Grenze zu anderen Personen durchlässig. Es fällt schwer, sich rechtzeitig von Personen zu trennen, von denen schützende und stützende Funktionen erwartet werden. Die Gefahr schwerwiegender Belastungen und ständiger Verletzungen in Beziehungen steigt.

Wer kleine Kinder beobachtet, erkennt deutlich, wie sehr sie die periodische Annäherung an einen einfühlenden, auf sie bezogenen Erwachsenen (das «Objekt») benötigen. Das kindliche System entwickelt sich optimal, wenn es sich in Krisensituationen an ein erwachsenes System annähern und mit ihm kommunizieren kann. Unter diesen Bedingungen werden die inneren Reize in dem kindlichen System nicht so bedrohlich, dass sozusagen Notmechanismen entwickelt werden müssen, um sie unter Kontrolle zu bringen.

Für den kindlichen Organismus geht es anfänglich sehr

schnell um Leben oder Tod. Das Ich ist noch wenig entwickelt; es kann sehr viele Reize nicht einordnen. Der herzerreißenden Not, welche wir aus dem Schreien des Säuglings herauszuhören meinen, entspricht mit hoher Wahrscheinlichkeit eine entsprechende innere Bedrohung. Das kleine Kind kann die eigenen Affekte, die eigenen Reaktionen von Wut, Angst, Trauer, Schmerz nicht einordnen und nicht bewältigen, wenn es nicht von jemandem begleitet und getröstet wird.

Wer als Jäger und Sammlerin in der Steppe lebt und jeden Tag nach Essen, Wasser und Schutz vor Raubtieren suchen muss, ist längst nicht so darauf angewiesen, emotionale Reize zu verarbeiten und zwischen unterschiedlichen Erlebnis- wie Reaktionsformen zu wählen. Er muss und darf immer sofort mit einer körperlichen Aktion reagieren, durch die seine affektiven Spannungen abgebaut werden.

Ich glaube nicht, dass die Borderline-Störungen einst adaptiv waren. Aber ich bin überzeugt, dass sie in einer Gesellschaft ohne Gewaltenteilung und Bürokratie die von ihnen Betroffenen längst nicht so beeinträchtigt haben wie heute. Es war viel «normaler», sofort in Wut zu geraten und zuzuschlagen, sexuelle Impulse sofort in die Tat umzusetzen. Wo es auch im Alltag schnell um Leben oder Tod geht, ist nicht mehr psychisch auffällig, wer einen Streit mit dem Ehepartner, eine Kränkung beim Warten in der Supermarktschlange oder einen abweisenden Gesichtsausdruck des bewunderten Psychotherapeuten als eine Frage von Leben oder Tod auffasst und inszeniert.

Freud sagte über die Hysterie, dass sich hier älteres Menschtum darstelle. Ähnlich lässt sich über Borderline-Strukturen sagen, dass sie in ihrem Leben sehr oft daran scheitern, dass ihre psychische Organisation einer modernen Gesellschaft mit ihren Brechungen des unmittelbaren emotionalen Auslebens durch Vernunft, Disziplin, Höflichkeit, Ironie und Humor nicht standhalten kann. Manchmal helfen ihnen Drogen zu einer funktionierenden Fassade. Doch ist dieser Gewinn an Stabilität teuer erkauft.

Früher starben vernachlässigte, überlastete, von ihren Eltern sadistisch behandelte Kinder. Heute gibt es Systeme, die ein Überleben von Säuglingen auch dann sicherstellen, wenn der primäre Schutz durch die Mutter versagt. Menschen, die durch traumatische Kindheitserfahrungen in ihrer Kränkungsverarbeitung massiv beeinträchtigt wurden, sind ein Preis für den kulturellen Fortschritt. Es ist leider viel schwieriger, einem Kind die liebende Familie zu ersetzen, als die gleichgültige oder sadistische Familie durch Gesetz und Polizei daran zu hindern, es umzubringen.

Die seelische Stabilität des Erwachsenen hängt damit zusammen, dass er seine Wünsche, seine Phantasien und seine Einfühlungsfähigkeit dank eines ausreichenden Reizschutzes entwickeln konnte. Sie erfordert aber weiterhin, dass er eine Phantasie von Austausch verinnerlicht hat, durch den der Reizschutz eine stabile soziale Qualität gewinnt.

Der von einer normalen Kränkungsverarbeitung getragene Erwachsene ist von einem Netz von Freunden, Bekannten, Kollegen umgeben, die es ihm ermöglichen, in Krisen seines Selbstgefühls Hilfe zu finden, indem er anderen in deren Krisen Hilfe gibt. Wer seine Kränkungsverarbeitung um ein Helfersyndrom inszeniert, kann das nicht. Oft erkennen wir ihn daran, dass er von vielen Beziehungen enttäuscht ist und darüber klagt, dass der Austausch nicht funktioniert, er ausgenutzt wird, immer mehr gibt, als er zurückbekommt.

Die primitive Reaktion auf eine Kränkung ist von der Schnelligkeit geprägt, mit der das Individuum antwortet. Der jähe Wutausbruch, die wütende, entwertende Beschimpfung werden im Alltag meist mit Phrasen gerechtfertigt, die sie sozusagen als allgemein menschliche Reaktion ausgeben, die in diesem Fall leider nur zu rasch erfolgt sei. Dem prügelnden Ehemann ist «die Hand ausgerutscht», dem entwertenden Chef «der Gaul durchgegangen», die tellerwerfende Ehefrau ist «temperamentvoll».

Die Mobbing-Dynamik wurzelt in einem Dilemma der menschlichen Entwicklung. Die Natur hat, um die überlebensnotwendige Bindung zwischen Kind und Eltern zu stärken, den Wutaffekt in unsere Bedürftigkeit nach Nähe und Bestätigung eingebaut. Verlassene Kinder sind ebenso wie verlassene Liebende nicht nur voller Trauer und Sehnsucht, sondern auch voller Wut. Dieses emotional hoch gespannte Affektgemisch verstärkt den Eindruck, den soziale Bedürfnisse auf den Nächsten machen, und somit in guten Fällen auch die Bindung. Aber diese Mischung ist nicht stabil. Sie kann entgleisen; das Urbild dieser Entgleisung ist bereits im Säugling angelegt, in dessen Geschrei wir Wunsch und Wut in unterschiedlichen Mischungen wahrzunehmen meinen.

Der kannibalische Narzissmus

Eine verbreitete Folge der narzisstischen Wut durch gekränkte Liebesbedürfnisse sind Formen der eigenen Aufwertung durch aggressive, stille oder laute Entwertung – das Mobbing – eines Gegenübers. Sie können pharisäisch oder kannibalisch sein. Im pharisäischen Narzissmus wird (nach dem biblischen Beispiel) jemand entwertet, von dem ich mich vorteilhaft abhebe, auf dessen Anerkennung ich aber zu meiner Selbststabilisierung nicht angewiesen bin. Wenn in einer Klinik eine Krankenschwester sagt, dass die Ärzte sich sowieso nur für ihre technischen Spielzeuge und nicht für die Patienten interessieren, ist dieses sozusagen verallgemeinerte Mobbing ein Ausdruck ihres pharisäischen Narzissmus. Er kann sie entlasten und harmlos bleiben, weil sie in ihren konkreten Beziehungen zu ihren ärztlichen Kollegen durchaus wertschätzend und differenzierend vorgeht; er kann aber auch einem gefährlicheren, opferbezogenen Mobbing den Weg bahnen.

Der Übergang zu kannibalischen Prozessen ist fließend. Das Vollbild des kannibalischen Narzissmus erfordert, dass jemand entwertet wird, von dessen Anerkennung sich die Entwerter abhängig fühlen. Mitarbeiter entwerten ihren Chef, Kollegen den Kollegen, Eltern ihre Kinder und umgekehrt.

Der kannibalische Narzissmus ist eines der düstersten Kapitel des menschlichen Zusammenlebens. Er führt zu der rätselhaften Wut, die gerade das zerstören will, wonach sie sich sehnt. Er steht hinter dem Hass, der wütende Entwertungen zur blinden Zerstörung steigert, wenn ihm deutlich wird, dass dem Gegenüber der Zauber mangelt, ihn wieder in Liebe zurückzuverwandeln. Er ist die Kälte, die sich nach der Wärme sehnt.

Achtsamkeit für den kannibalischen Narzissmus lehren uns Fabeln wie jene, die Äsop erzählt: Ein Wanderer findet im Winter eine Schlange, die vor Kälte erstarrt dem Tode nah ist. Er hebt sie auf und wärmt sie an seiner Brust. Kaum zu Bewegung erwacht, beißt die Schlange ihren Lebensretter. «Undankbare!», ruft er sterbend. «Du wusstest, dass ich eine Schlange bin», erwidert sie, die nun auch in der Kälte zugrunde gehen wird.*

* Verwandt ist die Geschichte vom Skorpion, der von einer Kröte über einen Fluss getragen wird und mitten im Strom die Kröte fragt, warum sie so töricht sei, ein Geschöpf mit einem gefährlichen Giftstachel auf ihren Rücken zu nehmen. Die Kröte sagt, sie sei sich ihrer Sache sicher, denn wenn sie sterbe, müsse auch der Skorpion ertrinken. Um sich gegen diese Krötenlogik zu behaupten, sticht der Skorpion, und beide gehen zugrunde.

Der kannibalische Narzissmus wurzelt in der Signalfunktion von Aggression. Karl Abraham, einer der ersten Freud-Schüler, einer der Lehrer von Melanie Klein, hat eine Phantasie des Säuglings rekonstruiert, durch Zubeißen eine Brust sicherer zu haben.

Typisch für die kannibalische Interaktion ist, dass sich jede Seite als Opfer fühlt. Der Säugling erlebt sich als Opfer der Mutter, die ihm zu selten zu wenig gibt; die Mutter fühlt sich als Opfer des Säuglings, der unersättlich ist und sie auffressen will.

Solche szenischen Hinweise aus der frühen Kindheit sind zum Teil eine Metapher; zum Teil erfassen sie die konstruktiven Spannungen in der Architektur des menschlichen Sozialverhaltens, das immer mit den beiden Zügeln von Eros und Aggression gelenkt wird. Menschen brauchen sehr viel Nähe, Schutz, Sicherheit und Zärtlichkeit, um sich zu entwickeln; sie brauchen aber auch viel Kampfgeist und Durchsetzungsfähigkeit, um in einer Welt potenzieller Feinde zu überleben.

Daher ist ihr Sozialverhalten auch leidenschaftlich, unruhig und krisenhaft. Nicht ohne Grund ist auf dem Pavianfelsen im Zoo immer etwas los. Primatengruppen sind bewegter und beweglicher als Gruppen von Raubtieren, die ihre Distanzen halten, oder friedlichen Pflanzenfressern, die nur selten ihre Aggression einsetzen, um ihr Sozialverhalten zu regeln. Primaten erproben ständig ihre Dominanz, Attraktivität, Geltung; sie hungern nach Aufmerksamkeit und langweilen sich, wenn sie nichts tun können, um sich wichtig zu machen.

Alle stärker narzisstisch belasteten Menschen glauben im Grunde, dass sie sicherer sind, wenn sie ihre Beziehungen alleine machen. Daher die große Hingabe, mit der sie Phantasien gestalten, die endlosen Briefe und Mails, in denen sie immer nur ihre Version der Beziehung gegen die «falschen» Signale des Partners verteidigen und zementieren. Wenn der Austausch scheitert, sucht das gekränkte Ich Heilung in der Entwertung, im Mobbing des Objekts, kann sich aber nicht von ihm trennen. Die Entwertung rettet die Grandiosität: Es liegt nicht am Ich, es ist unschuldig, es ist gut, nur das Objekt, dem es blind vertraute, dem es nur das Beste wünschte, dem es so viel geopfert hat, ist kein Vertrauen wert, kein Opfer, es ist viel schlechter als das eigene Ich.

Mobbing und manische Abwehr

Die Manie ist ein seelischer Zustand, in dem der Unterschied zwischen Idealbild und Ich aufgehoben scheint. Dem Maniker ist alles möglich, er hat keine Grenzen, er muss keine Rücksicht nehmen, denn er wäre nicht nur gerne großartig, wie wir uns das alle wünschen mögen, nein, er ist es wirklich!

Die Extreme dieser Störung haben schon früh die Nervenärzte zu klassifikatorischen Bemühungen veranlasst; ihr zentrales Konzept ist die «manisch-depressive» Psychose, in der sich Phasen der Selbstüberschätzung mit solchen der Selbstunterschätzung abwechseln. Dazwischen kann der Kranke auch weitgehend normal erscheinen.

Die manische Abwehr fällt bei vielen Traumatisierten auf und ist oft das einzige Zeichen ihrer Verletzungen. Wenn ich in einer Selbsterfahrungsgruppe einen Menschen sehe, der von allen «normalen» Problemen des Lebens unberührt erscheint, der gegen Leid, Kummer, Kränkung und Verlust eine Zuversicht entwickelt, die gesünder ist als gesund, dann hat mich die genauere Nachforschung meistens darüber belehrt, dass er massive Traumatisierungen erlebt und womöglich früher einmal eine psychotische Episode durchgemacht hat.

Leichtere Formen der manischen Abwehr sind viel verbreiteter als die massiven, in denen die Realitätsorientierung zerbrochen ist. Diese hypomanische Qualität zeigt beispielsweise die Arbeitssucht der Traumatisierten, die bis zur Erschöpfung schuften und am Wochenende ein anspruchsvolles Hobby haben, sodass sie buchstäblich keine Minute zum Nachdenken kommen. Das Helfersyndrom hat enge Beziehungen zu dieser manischen Abwehr. Es gibt immer so viel Leid auf der Welt, dass der Helfer stets ein Thema findet, mit dem er sich ablenken kann.

Die empirische Mobbing-Forschung hat bisher nur Modelle entwickeln können, die derart allgemein und tautologisch sind, dass sie für den Umgang mit dem Einzelfall in Therapie, Supervision oder betriebsinterner Schlichtung nur wenig ergeben. Das verbindet sie mit der Psychotherapieforschung, welche den Praktiker aus ähnlichen Gründen so lange kaltlässt, wie er nicht selbst eine Karriere in diesem Gebiet anstrebt. Die Faktoren sind so zahlreich, die Täuschungen in einem so stark von emotionalen Einflüssen bestimmten Gebiet so intensiv, dass die persönliche, praktische Erfahrung als Quelle einer professionellen Entwicklung unersetzlich bleibt. Kritische Forschung über diesen Bereich ist vielfach zu genau diesem Ergebnis gekommen.

Was hat Mobbing zu einem so beliebten Konzept gemacht, das in den Medien viel Aufmerksamkeit findet, eine breite Literatur generiert und in seiner volkswirtschaftlichen Bedeutung angeblich mit Zahlen belegbar ist?* Eine wichtige Rolle spielt sicher die Entwicklung flacher Hierarchien und des Teamkon-

* Die Zahl der von Mobbing beeinträchtigten Arbeitsstunden wird auf 1,7 Milliarden, die Gesamtkosten für die deutsche Wirtschaft pro Jahr auf 20 Milliarden Euro geschätzt; Datenbasis sind Telefonbefragungen und Fragebögen. Vgl. B. Meschkutat und Mitarbeiter, Der Mobbing-Report, Sozialforschungsstelle Dortmund, 2003

zepts vor allem im sozialen Feld. Damit ist die systematische Erniedrigung und Entwertung, die in traditionell hierarchischen Strukturen als etwas galt, das nach dem Motto «Lehrjahre sind keine Herrenjahre» zu ertragen war, zu etwas geworden, was unerträglich ist. Wenn wir einen der Filme sehen, in denen sich Hollywood mit militärischen Ritualen auseinandersetzt, können wir wahre Extreme des Mobbings als Teil eines nicht weiter hinterfragten, «normalen» Umgangs mit Rekruten sehen. Ähnliches beschreibt der Geheimrat Sauerbruch nicht ohne Selbstzufriedenheit in seiner Autobiographie über das «Schleifen» junger Ärzte.

Dazu passt, dass Mobbing überall dort gehäuft beklagt wird, wo die Arbeit nicht eindeutig bewertet werden kann (etwa an Stückzahlen, Umsätzen, handwerklichen Leistungen, Dienstzeiten): bei Führungskräften, im Verwaltungsbereich, unter Lehrern und Erzieherinnen, in den Pflegeberufen.

Thomas Kirchen, der eine genau dokumentierte Studie über Mobbing im Bildungs-, Sozial- und Gesundheitswesen vorgelegt hat, zitiert in diesem Zusammenhang eine Arbeit aus dem Bereich der Frühpädagogik: «Ein Erklärungsansatz für die erhöhte Mobbingquote in erzieherischen Berufen vermutet, dass etwa um die Qualität von Erziehungsmaßnahmen und eine rechtmäßige sozialemotionale Zuwendung von Kindern und Eltern viel eher und verletzender gebuhlt und gestritten werden kann, als über die Qualität eines handwerklichen Produktes.»*

Das bedeutet wohl, dass wir Mobbing in der Arbeitswelt am ehesten dort zu erwarten haben, wo die narzisstischen Bedürfnisse wenig reflektiert und diszipliniert werden können und die Grenzen zwischen «Arbeit» und «Liebe» verschwimmen. Die

* Thomas Kirchen, Mobbing im Bildungs-, Sozial- und Gesundheitswesen. Ibidem-Verlag, Stuttgart 2006, S. 28

festen, traditionellen und hierarchischen Rollenkrusten haben sich aufgelöst, welche die narzisstischen Bedürfnisse der Menschen kanalisiert und unterdrückt haben.

Im Kindergarten

Kein Zweifel, die Arbeit in Kindergarten und Hort hat nicht die gesellschaftliche Aufmerksamkeit, die sie verdient. Hier arbeiten vorwiegend Frauen, die schlechter bezahlt werden, als es ihrer Verantwortung für die nächste Generation entspricht. Es wird viel von ihnen verlangt, und sie werden kaum dafür ausgerüstet.

Ich erinnere mich an eine Podiumsdiskussion, wo Kinderärzte, Pädagogen und Psychologen über die Zukunft des Kindergartens sprachen und dabei das Profil der ausreichend qualifizierten Erzieherin entwarfen – sozial hoch kompetent, fähig, zwischen Eltern und Kindern zu vermitteln und Konflikte in Familien konstruktiv anzugehen, aufmerksam für frühe Äußerungen von Dissozialität und Neurose und bereit, den Kindergarten zu einer Quelle sozialer Innovationen in der Gemeinde zu machen.

Die anwesenden Erzieherinnen folgten in bedrücktem Schweigen, das einer Art Ausgelassenheit und spontanem Beifall Platz machte, als ein bisher eher stiller Diskutant sagte, wenn er das so höre, wundere er sich sehr, dass die hier geforderte Erzieherin nicht längst auf einem hochdotierten Posten in der Wirtschaft tätig sei.

Ich arbeite seit vielen Jahren in der Ausbildung von Supervisoren. Oft sind die ersten Arbeitsfelder dieser pädagogisch, psychologisch oder soziologisch vorgebildeten Berater, welche die Professionalität von Einzelnen und in Teams entwickeln sollen, Kindergartenteams. In diesen scheint der Zusammenhang zwischen Mobbing-Klagen und unerfüllten Liebesbedürfnissen nicht die Ausnahme, sondern eher die Regel. Eine Erwartung wird enttäuscht. Eine Vorgesetzte, eine Kollegin ist nicht freundlich, nicht liebevoll genug, kümmert sich nicht genug, erwidert freundschaftliche und/oder liebevolle Angebote nicht. Die gekränkte Person «schlägt zurück» in einer der von Leymann* beschriebenen vier Mobbing-Kategorien – Angriffe auf die Möglichkeit, sich mitzuteilen («mit der rede ich nicht mehr»), Angriffe auf die sozialen Beziehungen («ich sage allen, was das für eine ist»), Angriffe auf die Qualität der Berufs- und Lebenssituation («wenn die einen Fehler macht, dann sollen alle wissen, dass sie nichts taugt»), Angriffe auf die Gesundheit («wenn sie mir noch einmal krumm kommt, hau ich ihr eine runter»).

Die «gemobbte» Person rächt sich an den Angreifern (durch Gegenintrigen), sucht Verbündete (paktiert beispielsweise mit den Eltern, gibt Eltern recht, die sich über eine Kollegin beklagen), quält das Team durch Kranksein.

Häufig berichten Supervisoren von Kindergartenteams, diese würden sich «aufführen wie im Sandkasten». Führung werde nicht wirklich wahrgenommen, manchmal sei es so, dass niemand Leiterin werden wolle und die Aufgabe schließlich an der hängen bleibe, die sich am wenigstens gegen den Träger (etwa den Bürgermeister, den Sachbearbeiter im Landratsamt, den Gemeindepfarrer) wehren könne. Es sei eher die Ausnahme, dass Auseinandersetzungen konzeptuell geführt würden, sondern es gehe zumindest anfänglich meist darum, ob jemand «nett» oder «gemein» sei, «Kollegin» oder «Intrigantin».

* H. Leymann, Mobbing. Psychoterror am Arbeitsplatz und wie man sich dagegen wehren kann. Reinbek 1993

Kritik werde entweder zurückgehalten oder entwertend vorgebracht; indirekte Kritik durch verdeckte Entwertungen (Klatsch) werde oft damit gerechtfertigt, dass, wenn man sie direkt äußere, sich die Betreffenden krankschreiben lassen und den Rest des Teams mit der Mehrarbeit sitzen lassen würden. Die meisten Spannungen in Kindergartenteams entstünden durch nicht professionell geregelte Bedürfnisse nach Anerkennung, Zuwendung, Rücksichtnahme für eigene kindliche Wünsche. Sie erschwerten die Versachlichung von Auseinandersetzungen und die Entwicklung tragfähiger Kompromisse. Nicht selten gelte es in Teams als «normal», dass eine zur Rede gestellte Mitarbeiterin weinend oder türenschlagend den Raum verlasse.

In einer professionellen Sicht auf pädagogische Arbeit ist den Beteiligten klar, dass jede Erzieherin beides ist, «gut» und «schlecht». Ihre professionelle Entwicklung läuft darauf hinaus, den «guten» Anteil zu steigern. Niemand ist vollkommen, jeder kann dazulernen. Um diese Professionalität zu entwickeln, ist eine gemeinsame, selbstkritische Haltung notwendig, in der Fehler keine Schande, sondern ein Anlass sind, es besser zu machen. Mitarbeiterinnen, die Fehler eingestehen und an ihrer Verbesserung arbeiten, sind professionell «besser» orientiert als Mitarbeiterinnen, die sich selbst für fehlerlos halten und Kolleginnen angesichts eines Fehlers entwerten.

Zur Professionalität gehört allerdings auch eine Leistung, die erbracht werden *muss*; verbunden damit gibt es Fehler, welche nicht *kritisiert*, sondern *unbedingt verhindert* werden müssen. Wenn ein Chirurg das falsche Bein amputiert oder unsteril arbeitet, lautet die Frage nicht mehr, wie er seine Professionalität verbessern kann. Er darf nicht mehr operieren, und darüber hinaus stellt sich die Frage, wer dafür verantwortlich ist, dass eine derart ungeeignete Person an den Operationstisch treten durfte.

Die Unterscheidung zwischen beiden Typen von Fehlern ist ein wichtiges Kriterium für die professionelle Reife einer Tätigkeit. Wo sie verwischt wird und immer wieder Diskussionen ausbrechen, ob ein Fehler kritikwürdig ist oder unbedingt hätte verhindert werden müssen, ist ein Beruf noch wenig professionell geprägt und daher auch extrem Mobbing-anfällig.

Wenn wir nach Schlagworten suchen, sozusagen nach Fähnchen, die wir auf die aneinander stoßenden Kontinentalschollen im Kindergarten stecken können, dann scheinen «berufstätige Frau» - «Mutter» - «Liebe» - «Leistung» - «professionelle Organisation» - «Familie» naheliegende Wahlen. In einer Familie geht es um Liebe und Loyalität. Es entspricht nicht unserem Ideal von Familie, kleinlich nachzurechnen, sich an kontrollierte Arbeitszeiten zu halten. Das System beruft sich auf Liebe und Dankbarkeit. Das sind ideale Vorstellungen, welche reale Familien ebenso oft verletzen wie erfüllen. Aber das bedeutet nicht, dass wir solche Ideale aufgeben; wir können höchstens lernen, uns von ihnen zu distanzieren. Das ist überall dort schwierig, wo Menschen im Bannkreis von Familien arbeiten.

Kleine Kinder sind ein Kristallisationskern für solche Phantasien, dass eine heile Familie schöner, besser, segensreicher ist als jede Institution. Sie sollen nicht nur an den Osterhasen und das Christkind glauben, sondern auch daran, dass sie von ihren Eltern geliebt werden und diese lieben. Und sie sollen aus eben diesem Grund optimistisch und glücklich sein. Der Kindergarten ist der erste Test für solche Illusionen. Will er nicht auch lieber eine heile Familie sein und keine Institution, in der es auch darum geht, wofür Mitarbeiter bezahlt werden?

Solange das Kind im Kindergarten glücklich ist, haben die Betreuerinnen und die Eltern eine schöne Zeit miteinander. Aber so paradiesisch können die Zustände nicht bleiben, wollen sich auch oft nicht einmal dorthin entwickeln. Denn im

Kindergarten (und in Familien auch) geht es nicht nur um Harmonie, sondern auch um Konkurrenz. Kann das Kind «mithalten», was Kontaktfreude, Spielgeschick, Platz in der Gruppe angeht? Geht es gerne in den Kindergarten, oder muss es jedes Mal als Tränenbündel abgeliefert werden?

Um in unserem geologischen Bild zu bleiben: Die Aggressionen der Eltern, welche den Eindruck haben, dass ihr Kind im Kindergarten nicht glücklich genug ist, die Aggressionen der Gruppenleiterinnen, wenn Eltern ihre Kinder nicht im Griff haben und kleine Soziopathen anliefern, wirken wie ein Magmaschlot auf die Erdkruste. Sie greifen die festen Strukturen an und führen dort, wo entsprechende Aggressionen auf keine professionellen Gegenkräfte stoßen, zu Vulkanausbrüchen.

Eine Studentin ist von ihrem Kenia-Urlaub schwanger zurückgekommen und hat einen Jungen zur Welt gebracht, dem sie, sobald er ihr zuhören kann, erzählt, sein Vater sei ein Massai-Häuptling gewesen, er hätte sie gerne seinem Harem hinzugefügt, aber das hätte sie bei aller Liebe nicht leisten können. Die Kindergärtnerinnen zweifeln an dieser Geschichte, aber der Junge ist fest davon überzeugt, ein afrikanischer Häuptlingssohn zu sein. In der Gruppe, die ihn aufgenommen hat, arbeitet eine dreiundzwanzigjährige Erzieherin als formelle Gruppenleiterin. Sie wurde nach ihrem Jahrespraktikum übernommen. Ihre Mitarbeiterin, formell ihr untergeben, da weniger qualifiziert, ist eine Kinderpflegerin, die nach zehn Jahren Kinderpause in eine Halbtagsstelle zurückgekehrt ist.

Die Erzieherin ist sehr dünn, blond und zierlich, ehrgeizig. Früher einmal hat im Team eine Kollegin geradeheraus gefragt, ob sie Anorektikerin sei, was sie vehement bestritt – zu vehement, das Gerücht hält sich. Sie ist auch öfter krank und fühlt sich schnell überlastet. Die dunkelhaarige Kinderpflegerin ist das, was die Kolleginnen eine «gestandene Frau» nennen, allseits beliebt, souverän, sie kämpft mit einem leichten Übergewicht und ist einen Kopf größer als die Gruppenleiterin.

Der kleine «Massai» respektiert die Kinderpflegerin und tut, was sie ihm sagt. Gegen die Erzieherin rebelliert er, weigert sich, ihr zu folgen, und beschimpft sie, wenn sie ihn nicht in Ruhe lässt. Die Erzieherin spricht mit der Mutter. Sie fordert eine Kindertherapie; der Junge sei eindeutig verhaltensgestört.

Diese Mutter studiert selbst Psychologie. Ihr Sohn mache bereits eine Behandlung wegen eines Aufmerksamkeitsmangelsyndroms. Sie habe neulich mit der älteren Kollegin gesprochen. Diese habe gesagt, der kleine «Massai» mache sich prächtig, sie habe keine Disziplinprobleme mit dem Jungen. Ob nicht eher die Erzieherin das emotionale Problem habe und etwas unternehmen müsse?

Jetzt klagt diese das «unloyale Verhalten» der Kinderpflegerin bei der Leiterin an und wiederholt ihre Vorwürfe später in der Supervision. Die Kollegin sei ihr in den Rücken gefallen. Sie habe sie bei der Mutter unmöglich gemacht. Zugegeben, sie sei öfter krank als andere, aber wie soll man dort zuversichtlich arbeiten, wo die einfachsten Regeln missachtet werden? Es müsse doch klar sein, dass Kinderpflegerinnen nur nach Absprache mit der Gruppenleiterin den Eltern Auskünfte geben dürfen. Sie bitte, in eine andere Gruppe versetzt zu werden, das Vertrauensverhältnis mit der Kollegin sei zerstört. Den kleinen «Massai» wolle sie nicht mehr sehen. Neulich habe er ihr Schläge angedroht, er sei sehr groß und stark für sein Alter. Man müsse mal über Mobbing sprechen hier – sie fühle sich von diesem Kind, von seiner Mutter und von der Kollegin gemobbt, sie könne nicht mehr schlafen und habe morgens Magenschmerzen.

Die Supervisorin berichtet, sie habe sich hilflos gefühlt. «Alle saßen so ernsthaft da. Sie schienen überzeugt, dass man jede kindische Kränkung Mobbing nennt. Wie ein Schüler nach einer schlechten Note den Lehrer anklagt, er werde gemobbt, aber nicht danach fragt, ob er einen Fehler gemacht hat. Niemand hat sich mehr gefragt, welche pädagogische Intervention der kleine Massaihäuptling braucht, damit er später in der Schule klarkommt. Ich kam mir richtig grausam vor, als ich das zur Sprache brachte, und ich fürchte, die kleine Blonde kommt nicht mehr in die Supervision.»

Eine zweite Fallgeschichte zeigt, dass auch Vorgesetzte mit dem Mobbing-Vorwurf operieren, wenn ihnen etwas unangenehm ist. Sie beginnt damit, dass die Leiterin des Kindergartens einer Pfarrgemeinde eine Sozialpädagogin, die auch als Supervisorin arbeitet, um eine Fortbildung für ihr Team bittet. Sie soll dort offene Gruppenarbeit vertreten.

Die Auftraggeberin ist eine sechzigjährige Frau, die nach einer langen Kinderpause an ihren früheren Arbeitsplatz zurückgekommen ist. Sie leitet den Pfarrkindergarten seit zehn Jahren. Sie wirkt in dem Vorgespräch hektisch und etwas distanzlos. So erzählt sie gleich von einer gescheiterten Ehe und betont, die Arbeit in diesem Kindergarten sei die letzte Aufgabe in ihrem Leben. Daher wolle sie alles unbedingt gut machen. Die Beraterin verspricht, ein Angebot für eine Fortbildung zu machen.

Noch ehe die Beraterin mit der Leiterin über dieses Angebot sprechen kann, ruft der Pfarrer an. Ihm wurde der Antrag auf diese Fortbildung vorgelegt, er hat ihn auch genehmigt. Aber er hat in dem beiliegenden Flyer gelesen, dass die Sozialpädagogin auch Supervision anbietet. Das sei genau das Richtige für die Leiterin. Offene Gruppen wolle niemand im Kindergarten, die Eltern nicht und die Mitarbeiter nicht. Außerdem habe er die Leiterin im Verdacht, dass sie Mobbing betreibe. Immer wieder würden ihm Mitarbeiter das sagen, auch käme es häufig zu Kündigungen.

Die Beraterin sucht sich abzugrenzen: Sie werde diese Anregung mit der Leiterin besprechen. Es sei vielleicht sinnvoll, wenn sich einmal alle Beteiligten träfen, um diese Fragen zu klären. Die Leiterin ist einverstanden, als ihr die Beraterin von dem Anruf erzählt, ohne allerdings den Mobbing-Verdacht zu erwähnen.

Zu dem Treffen hat die Leiterin alle Mitarbeiter, den Elternbeirat und den Pfarrer eingeladen. Dieser entpuppt sich als junger, kindlich und unsicher wirkender Mann, der vor einem Jahr den alten Pastor abgelöst hat. Er behauptet auch nicht mehr, alle seien gegen das neue Konzept, sondern sagt vorsichtig, es hätte doch Einwände gegeben.

Die Leiterin ist damit einverstanden, nach der Fortbildung die Umsetzung des neuen Konzepts durch Supervision zu begleiten. Der Pfarrer ruft wiederholt bei der Supervisorin an, um sie über Ereignisse im Kindergarten zu informieren: Klagen von Eltern, die Kündigung zweier Mitarbeiter.

Nach der vierten Sitzung rückt er in einem dieser Anrufe mit seiner Enttäuschung heraus, dass die Supervisorin es bisher nicht zustande gebracht habe, die Leiterin zur Kündigung zu bewegen. Die Beraterin: «Es ist Ihre Mitarbeiterin. Da müssen Sie schon selbst tätig werden. Für Kündigungen sind Sie verantwortlich!» «Das heißt also, ich müsste lernen, mit so einer Frau umzugehen? Dann brauche ich auch Supervision.» Die Beraterin bestätigt den Pastor in dieser Absicht und ist erleichtert, dass in Zukunft seine Anrufe ausbleiben.

In der Teamsupervision stellt sich heraus, dass die Vorstellungen über eine Konzeptentwicklung bemänteln, dass in dem Kindergarten professionelle Arbeit nicht durchgehalten wird. Die Leiterin macht Zusagen und stößt sie nach einigen Tagen wieder um. Sie klagt darüber, von ihren Mitarbeitern gemobbt zu werden. Ziel dieser Anklagen ist eine neu eingestellte Erzieherin, die angeblich bei einem Elternabend gegenüber den

Eltern in ihrer Gruppe kritisch («schlecht») über die Leiterin gesprochen hat. Für die Supervisorin ist es kaum möglich, sich in den gegenseitigen Anklagen zurechtzufinden. In der nächsten Sitzung haben die Praktikantin und die angeklagte Erzieherin gekündigt.

In ihrer Abschiedssitzung sagt die Erzieherin, sie könne fachlich nicht hinter der Arbeit hier stehen. Zum Beispiel müssten die Kinder hier immer den Teller leer essen. «Das war früher so, das machen wir jetzt nicht mehr», sagt die Leiterin. «Und außerdem habe ich erst neulich wieder von einer Mutter gehört: Toll, wie ihr mit meinem Sohn gearbeitet habt, früher war er schrecklich mäkelig. Jetzt isst er alles.»

Zwischen Tür und Angel hört die Beraterin von der Erzieherin, die gekündigt hat, dass die Praktikantinnen und die jungen Erzieherinnen heimlich selbst die Reste aufessen, damit die Kinder nicht von der Leiterin und ihren Parteigängern geschimpft werden. In einer früheren Analyse* dieser «Mobbing»-Geschichte habe ich vermutet, dass der Wechsel des Pastors eine wichtige Rolle spielte. Während der alte Pfarrer autoritär regierte und dadurch den Spielraum der Mitarbeiter so einengte, dass die ärgsten Regressionen vermieden wurden, wollte es der junge allen recht machen, bei allen beliebt sein. Von der Supervisorin erwartete er dann eine Lösung, in der sie die «böse» Aggression erledigen und die gefürchtete Leiterin besiegen sollte wie der heilige Georg den Drachen, während er als Seelsorger weiterhin die Rolle der frommen Jungfrau spielen konnte.

Aber es reicht nicht aus, den Pfarrer zu benennen. Wir müssen weiter nachfragen: Wer ist verantwortlich, dass solche Stellen von Personen besetzt werden, die nicht bereit sind,

* Schmidbauer, W., Persönlichkeit und Menschenführung, München, (dtv, 2004)

die mit dieser Aufgabe verknüpfte Verantwortung für die gemeindeeigenen Einrichtungen wahrzunehmen? Wie steht es um die Professionalität der Erzieherinnen, die lieber kündigen oder heimlich (mit Magendrücken? Mit Appetit?) die Teller der Kinder leeren, die sonst dafür getadelt werden, dass sie nicht ordentlich essen?

Gekonnter Umgang mit Aggressionen gehorcht dem aus Straf- und Verwaltungsrecht bekannten Grundsatz der Verhältnismäßigkeit. Diese Verhältnismäßigkeit ist eine hohe geistige und moralische Leistung, was sich beispielsweise auch darin zeigt, wie schnell sie in Zeiten des Terrors verloren geht. «Fehler», beispielsweise mangelnde liebevolle Zuwendung, Aufmerksamkeit, berufliches Versagen müssen nach diesem Konzept des mäßigenden Umgangs mit Aggressionen abgestuft und differenziert wahrgenommen werden.

Aufgrund dieser genauen Wahrnehmung lassen sich Gegenmaßnahmen planen. Erst dann kann beispielsweise entschieden werden, ob die bisherigen Regelungen ausreichen oder wir neue Gesetze brauchen (ein typischer Bruch der Verhältnismäßigkeit in der öffentlichkeitsgeilen Moderne: Kaum passiert etwas, schreit jemand nach «schärferen Gesetzen»). Erst dann kann entschieden werden, ob es sich um einen professionellen Fehler handelt, dessen Mitteilung für die Qualifikation eines Mitarbeiters spricht, oder um einen Fehler, der gegen diese Qualifikation spricht.

Mobbing ist ein Warnzeichen, ähnlich dem Schmerz. In Zuständen der Qual wünschen wir uns sehr, endlich schmerzfrei zu sein. Und doch sind jene Personen schwer krank und hoch gefährdet, die keinen Schmerz empfinden können und deren Leben nicht von diesem Warnsignal bewacht wird. Wir können Mobbing als Schmerz in symbiotischen Beziehungen ansehen, als Ausdruck einer Verletzung nicht des Körpers, sondern einer sozialen Erwartung von einer ganz spezifischen, grenzüberschreitenden Qualität.

Die Mobbing-Klage ist ein Zeichen, dass eine Person in ihren Beziehungserwartungen in einer Weise verletzt wurde, die sie nicht mehr vernünftig und zweckmäßig bewältigen kann. Ich finde diesen Aspekt für den Umgang mit Mobbing in Beratung, Führung und Therapie sehr wichtig, weil er Abstand zu einer moralischen Entwertung herstellt, in der dann sehr schnell mit dem Mobbing-Vorwurf (ich erinnere an unser Beispiel von dem Pfarrer, der seiner Kindergartenleiterin «Mobbing» unterstellt) seinerseits gemobbt wird.

Jetzt verstehen wir auch die oft beklagte Gefahr eines viel zu breiten, trivialisierten Umgangs mit dem Mobbing-Begriff. Dieser ist kein lästiges Versagen differenzierten Denkens, sondern mit dem Problem innig verknüpft. Wer mobbt, will etwas loswerden, will etwas aus der Welt schaffen, was ihn kränkt. Daher *kann* er gar nicht mehr differenzieren, im Gegenteil. Differenzieren kann ich nur die wahrgenommene Realität. Wenn ich aber die Realität als so kränkend empfinde, dass ich sie aus meinem Gesichtskreis katapultieren möchte, wird das unmöglich. Eine Person kränkt mich. Wenn ich dann sage: «Ich werde gemobbt», muss ich sie nicht mehr als Person wahrnehmen und weder meine noch ihre Interessen in unserer Beziehung erkunden. Diese Person ist schuld, dass ich mich schlecht fühle.

Mobbing steht für ein zentrales Dilemma der Kränkungsverarbeitung. Wir können kleine Verletzungen verarbeiten; große überfordern uns und schwächen dann auch noch die Möglichkeit, mit kleinen Kränkungen fertig zu werden. Insofern ist Mobbing ein Zeichen dafür, dass die Fähigkeiten überlastet sind, mit Kränkungen umzugehen. Diesen Zeichencharakter zu erkennen und entsprechend zu reagieren, wird bei Mobbing dadurch erschwert, dass es keinerlei kommunikative Absicht erkennen lässt, sondern im Gegenteil in der Art der Kommunikation ausdrückt, dass dem Gegenüber das Existenzrecht abgesprochen wird und es besser nicht antworten, sondern verschwinden sollte.

Diese rein negative Botschaft lässt sich dann entziffern, wenn sich die Empfänger klarmachen können, dass sie auf einer Spaltung beruht. Wer mobbt, will durch Entwertung und Grausamkeit eine Botschaft übermitteln, die er auf keine sinnvollere und verständlichere Weise mitteilen kann. Er will darin wahrgenommen werden, dass er keine weiteren Belastungen mehr verarbeiten kann, er gleicht darin jenen Hirnverletzten, die bei einem leisen Geräusch oder einer einfachen Rechenaufgabe in mörderische Wut ausbrechen, weil sie keinen zusätzlichen Reiz mehr verarbeiten können.

Mobbing ist demnach sehr oft eine Drohgebärde, die Aufmerksamkeit für ein überlastetes narzisstisches System wecken soll. Insofern ist die christliche Empfehlung, dem Schlagenden die andere Backe anzubieten, an Klugheit schwerlich zu übertreffen, obwohl es dem Psychologen nicht ansteht, sie zu wiederholen. Er weiß schließlich, wie schwer sie fällt und wie schlecht sie selbst unter Christen angesehen ist.

Jesus hat nicht verlangt, die andere Backe gerne anzubieten und zu verschweigen, dass der Schlag schmerzt und womöglich ungerecht ist. Er meinte nur, dass eine Eskalation des Hasses vermieden werden sollte, so gut es geht. Das ist nicht nur ethisch wertvoll, sondern in vielen Fällen auch vernünftig. Es ist ein zweckmäßiges Ideal, welches der ebenso verbreiteten wie destruktiven Tendenz entgegenläuft, welche hinter dem Mobbing steht: kleine Kränkungen, Unzuträglichkeiten, Enttäuschungen, Störungen mit einer Eskalation des Hasses und der Provokation zu beantworten.

Die Dynamik dieser Eskalation hängt mit der ebenso verbreiteten wie schädlichen Neigung zusammen, den Kränkenden maximal gegenzukränken. Die narzisstische Wut gleicht dem Drachen Smaug in Tolkiens Buch «Der kleine Hobbit». Smaug hat einen riesigen Schatz zusammengeraubt, den er kaum überblicken kann. Ein Hobbit stiehlt einen winzigen Teil dieses Schatzes im Auftrag der rechtmäßigen Besitzer. Der Drache speit Feuer und verwüstet Dörfer und Städte.

Warum ist es so schwer, den eigenen Schmerz zu äußern und an die Vernunft, den guten Willen dessen zu appellieren, der ihn zugefügt hat? Wer das tut, leistet etwas, das eine stabile depressive Position und ein festes Selbstgefühl voraussetzt. Wir können es bei Menschen erwarten, die in ihrem Leben längere, nicht von chronischer Überlastung der Kränkungsverarbeitung bestimmte Lebensphasen hatten. In den helfenden Berufen wird rund dreimal so oft über Mobbing geklagt wie etwa in der Wirtschaft. Das hängt mit dem Helfersyndrom insofern zusammen, als dieses bereits eine Abwehrstruktur ausgebildet hat, welche perfektionistische Einengungen fördert und komplexe Fragen durch Idealisierung des «guten» beziehungsweise Entwertung des «schlechten» Helfers vereinfacht.

Wer Mobbing nicht mit Mobbing beantwortet, muss akzeptieren können, dass Menschen einen Schatten haben und er selbst keine Ausnahme ist. Er muss eine Form der Intelligenz entwickelt haben, die nicht nur Ziele erreicht und Zweckmäßigkeiten erkennt, sondern den ganzen Menschen im Blick hat – seine Schwäche, seine Bedürftigkeit, die Risiken des Umgangs mit anderen, die Gefahren der Kränkung und der Aggression. Es ist der Schritt vom Verstand zur Vernunft, vom Wissen zur Weisheit.

Wer andere Menschen schlecht behandelt, hat – auch wenn er noch so überzeugt zu sein glaubt, er sei völlig im Recht und diesen geschehe nur das, was sie verdient haben – oft auch ein schlechtes Gewissen. Schuldgefühle plagen ihn, es quält ihn zu sehen, dass viele Personen nicht so bösartig sind wie er, dass sie viel entspannter und liebevoller miteinander umgehen.

Von diesen Schuldgefühlen wird er entlastet, wenn er von denen, gegen die er austeilte, auch etwas einstecken muss. Daher die häufig im Zusammenhang mit Mobbing zu beobachtende Erleichterung und Entlastung eines Täters, wenn das Opfer endlich unsachlich reagiert und unter die Gürtellinie schlägt. Dann ist der Täter legitimiert, er beweist sich selbst sein Recht, jemanden gemein zu behandelt zu haben, der auch ihn gemein behandelt hat.

Die manische, die depressive und die humorvolle Position

Wer die Störungen in der Kränkungsverarbeitung verstehen will, profitiert von der Beziehungstheorie Melanie Kleins und ihrer Nachfolger. Allerdings haben mich deren Grundbegriffe von der paranoid-schizoiden und der depressiven Position immer irritiert. Wie soll uns eine depressive Position helfen, den Zustand der Depression zu vermeiden?

Wer sich in die psychoanalytische Theorie vertieft, kann diesen Widerspruch lösen. Er gebraucht den Begriff des Depressiven nicht mehr so, wie er im Alltag verstanden wird, sondern wendet einen seiner Aspekte auf die frühkindliche Entwicklung an. In einer Frühphase ist das Kind nicht in der Lage, gute und böse Seiten an einem Objekt wahrzunehmen, das heißt sich von dem guten Objekt verlassen zu fühlen, was die Voraussetzung der Depression wäre.

Im Umgang mit den Kränkungen Erwachsener scheint mir

hingegen eine Abwandlung des Klein'schen Modells sinnvoll, in dem wir zwischen der manisch-depressiven einerseits, der humorvollen Position anderseits unterscheiden. Die manische Position beschreibt die Illusion des Mobbenden, er könne durch seine Aggression die kränkenden Seiten seines Gegenübers aus der Welt schaffen, sich von ihnen erlösen, das kränkende Objekt auf magische Weise verwandeln, indem er ihm mit allen Mitteln klarmacht, dass es so, wie es ihm entgegengetreten ist, nicht gut, nicht in Ordnung und eigentlich nicht existenzberechtigt ist.

Wenn der Angreifer erkennen muss, dass er nicht verstanden wird, kippt die manische Hoffnung in eine Depression. Beim Mobbing am Arbeitsplatz spiegelt sich diese Entwicklung darin, dass sich die «Erlösung von dem Übel» in ihr Gegenteil verwandelt. Sobald das Mobbingopfer zurückschlägt, zahlt der Täter einen hohen Preis für Aktionen, durch die er Frustrationen verarbeiten und einen Sündenbock für seine gestörte Kränkungsverarbeitung gewinnen wollte.

Er fühlt sich jetzt selbst als Opfer und klagt seine Verfolger an. Wenn ein Mobbing auffällt und ein Berater in ein Team geholt wird, um ihm abzuhelfen, findet dieser meist keinen Täter, der sich zur Tat bekennt, sondern zwei Opfer, die jeweils ihr Gegenüber zum Täter erklären.

Es hat etwas Merkwürdiges, in dieser Situation die humorvolle Position zu vertreten. Das hängt damit zusammen, dass die gestörte Kränkungsverarbeitung sich in erster Linie als Rechthaberei äußert. Das manische Streben nach einer perfekten Lösung lässt sich keineswegs zuverlässig durch eine humorvolle Perspektive irritieren. Im Gegenteil: Es entwertet den Humor («Sie nehmen das Problem nicht ernst!» «Achten Sie auf die Würde des Tribunals!»). Oder aber es greift nach dem Humor und will ihn erzwingen: «Wir haben doch in der letzten

Teamsupervision vereinbart, dass wir humorvoller miteinander umgehen. Und jetzt nimmst du meine Kritik schon wieder so bitter ernst und machst mir eine Szene!»

Nun zeichnet sich Humor gerade dadurch aus, dass er in unlösbaren Situationen aufblüht. Ich selbst musste etwas älter werden und etwas widerstandsfähiger gegen eigene Ansprüche, um zu der Einsicht zu kommen, dass Humor zwar nicht gut ist, um gekränkten Menschen weiterzuhelfen, aber doch das Beste, was wir haben.

Gut wäre, wenn die Verletzungen niemals stattgefunden hätten, unter denen die Beteiligten an einer Mobbing-Szene leiden. Gut wäre, wenn Menschen ohne Traumatisierungen, ohne mehr oder weniger massive Einschränkungen ihrer Kränkungsverarbeitung heranwachsen könnten. Gut wäre, wenn Kinder nicht bei den kleinsten Fehlern derart in Angst und Schrecken versetzt würden, dass sie buchstäblich um ihr Leben fürchten. Gut wäre, wenn die Sprecher religiöser Einrichtungen den Gläubigen nicht in erster Linie die Furcht vor Gott und die Angst vor dem Teufel einjagen würden, um anschließend ihre Gnadenmittel besser an den Mann oder die Frau zu bringen. Gut wäre, wenn es weniger Gründe gäbe, ein Helfersyndrom zu entwickeln, um Erlittenes zu kompensieren. Gut wäre, wenn in einem zivilisierten Land im Herzen Europas nicht jedes Jahr mehr als hundert Kinder von ihren Eltern totgeschlagen würden.*

Humor ist Suche und überraschender Fund des Guten im Übel; die eng verwandte Ironie konzentriert sich eher darauf, das Übel im Guten zu finden, um uns vor einem naiven Glauben an dessen Beständigkeit zu bewahren. In der Sprache einer Theorie der Beziehungen: Ironie bricht die Idealisierung, Hu-

* Diese Zahl gewinnt viel weniger Aufmerksamkeit als die acht bis zehn Sexualmorde an Kindern, die jedes Jahr zu beklagen sind.

mor hingegen bricht die aggressive Entwertung. Ironie schützt das Ich vor dem Sturz aus der Grandiosität, indem es diesen spielerisch vorwegnimmt. «Humor ist, wenn man trotzdem lacht» (so das geflügelte Wort des Lyrikers Otto Julius Bierbaum, 1865 bis 1910), er schützt das Ich vor der Verfinsterung in einer Depression.

Wenn wir das bekannte Symbol von Yin und Yang betrachten, so erkennen wir in vielen Darstellungen einen dunklen Kreis in der hellen Seite und einen hellen Kreis in der dunklen. Es sind die «Keime» des jeweils Entgegengesetzten. Der Lichtkeim im Dunklen entspricht dabei dem Humor, der Dunkelkeim im Lichten der Ironie. Die Mischung setzt das Primat des Lebens gegen den Perfektionismus, mit dessen Hilfe eine traumatisierte Psyche ausschließlich im Reinen, Hellen und Guten verweilen möchte.

«Die Zauberflöte», 22. Auftritt

ERSTER PRIESTER: Mensch! Du hättest verdient, auf immer in finsteren Klüften der Erde zu wandern. Die gütigen Götter entlassen dich der Strafe. Dafür wirst du das himmlische Vergnügen der Eingeweihten nie fühlen.
PAPAGENO: Je nun, es gibt ja noch mehr Leute meinesgleichen. – Mir wäre jetzt ein gutes Glas Wein das himmlischste Vergnügen.

Es sitzt ein Vogel auf dem Leim,
Er flattert sehr und kann nicht heim.
Ein schwarzer Kater schleicht herzu,
Die Krallen scharf, die Augen gluh.
Am Baum hinauf und immer höher
Kommt er dem armen Vogel näher.

Der Vogel denkt: Weil das so ist
Und weil mich doch der Kater frisst,
So will ich keine Zeit verlieren,
Will noch ein wenig quinquilieren
Und lustig pfeifen wie zuvor.
Der Vogel, scheint mir, hat Humor.

Wilhelm Busch, «Kritik des Herzens» (1894)

Der Humor ignoriert die Tatsache nicht, dass das menschliche Leben kurz ist und von vielen Gefahren bedroht. Er zieht daraus gerade die Kraft, welche gegen den Perfektionismus von Idealisierung und Entwertung mobilisiert werden kann: Warum so viel Zeit verschwenden, um einen aussichtslosen Kampf zu führen, wo doch am Ende der Tod die Anstrengungen einebnet? In den Worten Ferdinand Raimunds (1790 bis 1836), eines anderen großen Humoristen:

Das Schicksal setzt den Hobel an
Und hobelt alles gleich!

Indem das Schlechte etwas Gutes auslöst, ist es nicht ganz schlecht. Es gewinnt wieder die Qualität der Mischung und wird dadurch erträglich, wird etwas, womit gelebt werden kann und darf.

Nach Sigmund Freuds Untersuchung «Der Witz und seine Beziehung zum Unbewussten» entsteht Witz durch eine überraschende Entblößung einer sonst abgewehrten, mit Denkverboten belegten Triebszene. In der «Witzarbeit» spielen ähnliche Abwehrmechanismen eine Rolle wie in der Traumarbeit, das heißt in der Entstellung und Symbolisierung von Triebwünschen im manifesten Traum. Diese aggressive Komponente nähert den Witz der ironischen Dynamik: dem Auffinden des Dunkelkeims im Licht.

Ein Beispiel für einen ironischen Witz ist Freuds Geschichte vom Kunstkenner, der auf einer Gemäldeausstellung zwei nebeneinander hängende Porträts von neureichen Geschäftsleuten mit der Frage kommentiert: «Und wo ist der Erlöser?» Er sagt nicht direkt, dass er die beiden mit den Räubern vergleichen will, die neben Jesus gekreuzigt wurden; er spielt nur darauf an und überlässt es dem Hörer, sich von einer plötzlichen Einsicht in die Boshaftigkeit der ironischen Bemerkung überraschen zu lassen. Die ironische Qualität des Witzes liegt darin, dass die in den Porträts gesammelte Selbstidealisierung der Dargestellten «gekreuzigt» wird; die verborgene Triebbefriedigung betrifft die sadistische Lust an der Phantasie, die Neureichen nicht zu ehren, sondern zu kreuzigen.

Ein Beispiel für einen humorvollen Witz wäre der Ausspruch des Gefangenen, dem mitgeteilt wird, dass er heute hingerichtet werden soll: «Der Tag fängt ja gut an.»

In seinem Aufsatz über Humor (1927) sagt Freud: «Der Humor hat nicht nur etwas Befreiendes wie der Witz und die Komik, sondern auch etwas Großartiges und Erhebendes, welche Züge an den beiden anderen Arten des Lustgewinns aus intellektueller Tätigkeit nicht gefunden werden. Das Großartige liegt offenbar im Triumph des Narzissmus, in der siegreich behaupteten Unverletzlichkeit des Ichs. Das Ich verweigert es, sich durch die Veranlassungen aus der Realität kränken, zum Leiden nötigen zu lassen, es beharrt dabei, dass ihm die Traumen der Außenwelt nicht nahegehen können, ja es zeigt, dass sie ihm nur Anlässe zu Lustgewinn sind.»

Ironie hat zwei Gesichter: Sie kann verletzen und daher selbst ein Instrument des Mobbings werden, wenn sie ungefragt und ohne Einfühlung die (Selbst-)Idealisierung eines Gegenübers bloßstellt und in ihrer Fragwürdigkeit benennt. Sie kann hilfreich sein, wenn sie hemmende und bedrückende Formen des Werterlebens aufgreift, sie in Frage stellt und dadurch Entwicklungsmöglichkeiten eröffnet. In Fällen des zweiten Typs ist sie mit Selbstironie gemischt und baut eine emotionale Beziehung, eine Solidarität in der Bewältigung menschlichen Scheiterns auf.

Große Dichter erkennen wir auch daran, dass es ihnen gelingt, diese solidarische Ironie darzustellen und so den Menschen angesichts der unvermeidlichen Niederlagen seiner hochfliegenden Ideale zu wappnen. Goethes Faust ist eine solche ironische Konstruktion, die davon lebt, dass Mephistopheles mit Ironie, Humor und Sarkasmus wohl ausgerüstet ist. Am Ende tappt der Teufel in die eigene Falle und muss erkennen, dass etwas Gutes im Bösen steckt.

Thomas Mann hat im «Tonio Kröger», im «Zauberberg» und im «Doktor Faustus» in liebevoller Ironie die prekären Bedingungen dargestellt, unter denen sich künstlerische Produktivität entfaltet. (In allen filmischen Bearbeitungen, sowohl denen seiner Werke wie denen des Lebens der Familie Mann, ist diese Ironie nicht aufzufinden.)

Ein subtiles Spiel mit der Ironie entfaltet J. R. R. Tolkien nach «Der kleine Hobbit» in seinem Hauptwerk «Der Herr der Ringe». Um die «böse» Macht zu zerstören, opfern die Helden ihre «gute» Macht. Anders ist die Aufgabe nicht zu bewältigen, da die Verführung der bösen Macht unwiderstehlich wird, sobald ihr jemand nur einen Schritt entgegenkommt, der selbst mächtig ist. So müssen sie die Aufgabe der Zerstörung dieser bösen Macht dem Schwächsten unter ihnen anvertrauen, dem Hobbit Frodo Beutlin. Diesem gelingt sie nur deshalb, weil er eine absolut bösartige Kreatur, die ihn töten will, verschont hat.

Beide Qualitäten, die Ironie und der Humor, stellen sich den primitiven Reaktionen auf eine Kränkung in den Weg. Aber wie die verletzende Qualität der Ironie und die zahlreichen Pervertierungen des Humors zeigen, sind auch sie kein Rezept in einem technischen Sinn. Humor und Ironie sind kreative Haltungen angesichts der Frage, wie wir mit Kränkungen umgehen sollen. Wer sie für Techniken hält, läuft Gefahr, die Kränkung nicht zu mildern, sondern sie nur in eine andere Sprache zu übersetzen.

10 Burnout

Zur Einstimmung eine kleine Geschichte aus einer Fortbildungsveranstaltung.

Engel der Helfer

Der große Saal des Ärztehauses in F. war überfüllt. Zu einer gemeinsamen Fortbildung über das Thema «Hilfe für Helfer» waren viele Ärzte und Psychotherapeuten erschienen. Sie hörten aufmerksam den Ausführungen des Referenten über die Hintergründe von Helferhilflosigkeit, Helfersyndrom, Burnout und professioneller Entwicklung zu. Die Diskussion verlief zunächst etwas schleppend. Dann stand ein Arzt auf und fragte, wie sich der Referent das vorstelle: neben fünfzig, ja sechzig Stunden Praxisarbeit jede Woche auch noch eine Intervision, eine Balintgruppe, berufspolitisches Engagement und ein befriedigendes Privatleben zu haben, was der Referent doch alles als Hilfswege vorgeschlagen habe.

Dann meldete sich eine Frau und sagte, sie sei enttäuscht. Was gesagt worden sei, das sei doch eine wissenschaftliche Zusammenfassung gewesen, etwas, das man sich auch aus Büchern zusammensuchen und zusammenlesen könne, da hätte sie mehr erwartet, etwas ganz Persönliches. Sie selbst habe –

und man werde jetzt vielleicht lachen, das sei ihr aber ganz gleichgültig – sie habe einen eigenen Engel, den habe sie entdeckt, der stehe ihr bei und schütze sie vor den Gefahren der Arbeitsüberlastung. Einen solchen Engel brauche jeder Helfer, und den Hinweis darauf habe sie vermisst.

«Ich muss gestehen, dass ich mich schlecht als Engel eigne», sagte der Referent. Einige lachten.

«Seelische Hygiene für Helfer ist ganz einfach», sagte eine junge Ärztin. «Ich sage nur: arbeiten Sie so wenig wie möglich!» Viele klatschten Beifall und lachten. «Ich habe mich kaputtgearbeitet. Seit ich nur noch zwei Tage die Woche arbeite, geht es mir gut. Ich finde die Arbeitsbedingungen in den Kliniken unzumutbar. Ich habe vermisst, dass der Referent das festgestellt hat. Wenn ich das sage, hört es ohnehin niemand. Aber wenn es der Urheber des Konzepts Helfersyndrom sagt!»

«Wenn ich auf mich selbst achte», sagte ein Mann, «ich bin praktischer Arzt, und wenn ich das tue, dann kann ich viele Dinge nicht mehr tun, die doch auch wichtig sind – beispielsweise Gespräche führen, mich dafür einsetzen, dass ein Raucher endlich aufhört. Ich stimme dem Kollegen zu: Wir haben so viel zu tun, und so viel bleibt immer unerledigt liegen, dass wir uns nicht um unsere Psychohygiene oder um unsere professionelle Entwicklung kümmern können, die ein Schutz vor Burnout sein soll.»

«Ich habe den Eindruck, dass noch nicht klar geworden ist, was professionelle Entwicklung heißt», sagte der Referent. «Es bedeutet doch nicht, alles zu tun, sich immer zu steigern, auch Dinge zu leisten, die gar nicht geleistet werden können. Professionelle Entwicklung bedeutet, mit einem möglichst sparsamen Umgang mit Energie möglichst viel zu leisten. Und hier, denke ich, kann man immer dazulernen und sich verbessern – mit weniger Einsatz mehr zu erreichen.»

«Der Umgang mit Energie ist sehr wichtig. Ich habe meinen Burnout hinter mir», sagte eine blonde Frau mit kurzen Haaren in einem Dirndlkleid. «Ich habe bis zur Erschöpfung gearbeitet und hatte ein Herzversagen. Damals habe ich meine esoterische Phase verlassen und bin in die spirituelle eingetreten. Seither gibt es für mich keinen Burnout mehr. Ich regeneriere mich, während ich arbeite, ich könnte tagelang arbeiten und wäre doch nie erschöpft, weil ich parallel dazu atme und den Geist öffne und meditiere, sodass ich mich gleichzeitig mit dem Arbeiten erhole. Das kann jeder lernen, der sich auf diese Dimension einlässt.»

Sie sprach artikuliert und sehr sicher. In den hinteren Reihen klatschten die Ärzte.

Der Leiter der Veranstaltung brach die Diskussion ab, es sei spät geworden und alle müde, man müsse das Gesagte nachwirken lassen. Der Leiter des Ärztehauses erklärte noch, wo die an Bestätigungen von Fortbildungspunkten interessierten Teilnehmer diese abholen könnten. Das Gesetz, welches nicht fortbildungswillige Kassenärzte mit Honorarkürzungen bestrafe, werde in den nächsten zehn Jahren umgesetzt.

Einige Hörer kamen nun zum Referenten. Ihnen habe gefallen, was er gesagt habe, sehr gut. Sie hätten sich aber nicht getraut, das in der großen Masse zu sagen. Er musste ein paar seiner Bücher signieren, die Hörer mitgebracht hatten. Ein Inder sprach ihn an, der sich sehr für den Vortrag bedankte, er habe zwar nur wenig vom Inhalt verstanden, aber was er gespürt habe, sei außerordentlich gewesen. Und er wolle nur eine Frage stellen: Was habe der Referent dagegen, die spirituelle Dimension in die Psychotherapie einzubeziehen?

Er halte nichts davon, so zu tun, als ob man sich über Spiritualität verständigen und sie als professionelle Leistung verkaufen könne, sagte der Referent. Es möge Spirituelles geben, aber das sei für ihn strikte Privatsache und kein Gegenstand von Wissenschaft oder Therapie.

Der Inder bedankte sich höflich, lächelte und ging.

«Ich habe mich nicht über die esoterischen Positionen gewundert», sagte der Referent im Hinausgehen zum Diskussionsleiter, «wohl aber darüber, dass so viele Hörer geklatscht haben.»

«Ich sage Ihnen, ganz ernsthaft, denken Sie darüber nach: in zwanzig Jahren wird es nur noch spirituelle Therapie geben, keine Psychotherapie mehr», sagte die Dame mit dem Engel energisch.

Ausgebrannt?

Wörtlich heißt Burnout ausbrennen, es entspricht dem Verlöschen einer Lampe, wenn das Öl verbraucht ist, oder dem Zustand eines «ausgebrannten» Gebäudes. Unter Motorradfahrern bedeutet Burnout den Verschleiß eines Reifens, wenn bei festgehaltener Vorderradbremse so viel Gas gegeben wird, dass das Hinterrad durchdreht und der Pneu sich so stark erhitzt, dass er raucht oder sogar Feuer fängt; jedenfalls lässt sich so ein Reifen in wenigen Minuten «abfahren», ohne dass der Fahrer einen Meter vorwärts kommt.

Der Burnout-Begriff im Helfer-Kontext wurde von H.J. Freudenberger in den USA geprägt. Er entstand in einer ähnlichen sozialen Situation wie der Begriff des Helfersyndroms: Freudenberger bezog sich auf die oft dramatischen Motivationsverluste in alternativen Einrichtungen, wie sie im Zug der Bürgerrechts- und Studentenbewegungen seit Beginn der sechziger Jahre in den USA entstanden waren. Da das Phänomen auf breites Interesse stieß, gibt es inzwischen viele Forschungsberichte zu

Burnout in den verschiedenen sozialen Berufen und einige unterschiedliche Phasenmodelle von Burnoutentwicklungen. Insgesamt ergänzen sich die psychoanalytische Perspektive über eine starr idealisierte Berufsmotivation als Risikofaktor und die empirische Forschung gut.

Übermotivation und illusionäre Erwartungen sind vielfach als Burnoutquellen beschrieben worden, so von J. Edelwich und C. Cherniss, die beide auch Phasentheorien für Burnout aufgestellt haben, in denen Selbstüberschätzung, Omnipotenzphantasien und Einengung der Lebensperspektive auf den helfenden Beruf als Burnout-Vorstadium benannt sind. Ich fasse hier die wichtigsten Aspekte der Phasenlehren zusammen.

Anfangsphase

Burnout hat mit anderen Problemen ein zuerst von Macchiavelli* benanntes Dilemma unzureichender Kränkungsverarbeitung gemeinsam: Solange die Anzeichen gering sind, werden die Probleme verdrängt, da wir sie für unerwünscht halten. Sind sie dann aber erst einmal nicht mehr zu übersehen, ist die Abhilfe schwierig geworden. Macchiavelli vergleicht dieses Dilemma mit dem der Medizin: Gut behandelbare Krankheiten sind schwer zu erkennen, während unheilbare jedermann auffallen. Das mag angesichts der Fortschritte der Frühdiagnose und der Prävention heute nicht mehr ganz so gelten; zweifellos ist es aber so, dass unerwünschte Signale verdrängt werden, auch wenn rational vollständig geklärt ist, dass ihnen schwer-

* Niccolò Macchiavelli, Il Principe/Der Fürst. Ital./Dt. Hrsg. u. übers.: Philipp Rippel, Stuttgart (Reclam UB 1219)

wiegende Probleme folgen müssen. (Beispiele sind die Rentenkrise oder die Energiekrise, die sehr gut vorhersehbar, aber höchst «unerwünscht» sind).

Eines der ersten Signale des Burnouts ist Überengagement. Die Betroffenen arbeiten nahezu pausenlos. Negative Gefühle werden nicht zugelassen. Während zu einer normalen Berufstätigkeit der Wechsel von Arbeit und Freizeit gehört, idealisieren sie die Arbeit als vollständig befriedigend und geben vor, keinerlei Erholung zu benötigen. Auf Entspannungs- und Erholungsphasen wird verzichtet, der eigene Einsatz als vorbildhaft hingestellt. Die Betroffenen sind eher überaktiv, fühlen sich unentbehrlich, verleugnen eigene Bedürfnisse, um die helfende Rolle perfekt durchzuhalten. Die Neigung, Kolleginnen im Team zu entwerten, um die eigene Vollkommenheit herauszustellen, macht solche Mitarbeiterinnen und Mitarbeiter oft unbeliebt und verstärkt das übermäßige Engagement. Andererseits fallen sie bei Vorgesetzten angenehm auf. Besonders problematisch wird der noch verleugnete Burnout, wenn den Betroffenen Leitungsaufgaben übertragen werden. Sie können sich nicht auf diese neue Situation umstellen und ihre Mitarbeiter fördern, sondern rivalisieren mit ihnen und wollen ihnen beweisen, dass sie tüchtiger sind. Auf diese Weise werden ihre Mitarbeiterinnen blockiert und verlieren jede Lust, sich zu engagieren.

Einbruchsphase

Irgendwann bröckelt die überforderte Leistungsfassade. Es lässt sich nicht mehr verleugnen, dass Anspruch und Erfolgserlebnisse auseinanderklaffen und die Burnout-Gefährdeten ihren eigenen Ansprüchen nicht gewachsen sind. Sie reagieren verwirrt, werden über ihre Rolle unsicher, wechseln unter Umständen den Arbeitsplatz oder beginnen eine Fortbildung, welche verspricht, es später bequemer zu haben, und Möglichkeiten zu ausgedehnten «Fortbildungsurlauben» erschließt. Freudenberger spricht hier von einem «empfindenden Stadium», das er den späteren, empfindungslosen Stadien einer Burnout-Entwicklung gegenüberstellt. Lauderdale nennt dieses Stadium das der «Verwirrung», der Eindruck, dass etwas «nicht in Ordnung» ist, lässt sich nicht mehr abweisen.

Chronische Müdigkeit und Unlust, die Arbeit zu beginnen, sind erste Warnsignale. Wenn nach einem längeren Urlaub der erste Arbeitstag ebenso belastend erlebt wird wie der letzte vor dem Urlaub, ist klar, dass die Regenerationsfähigkeit reduziert ist. Andere Symptome sind zunehmende Distanz von den eigenen Aufgaben und von den Menschen, die betreut werden sollen. Unpersönliche, manchmal zynische Ausdrücke setzen sich durch. Die Arbeit, die einmal mit Sätzen wie «Geld ist für mich unwichtig!», «Ich tue es um der Sache willen, nicht wegen Geld!» idealisiert wurde, wird als erheblich anstrengender, verantwortungsvoller, dabei aber auch schlechter bezahlt als alle anderen Tätigkeiten erlebt. Die Helfer fühlen sich ausgenutzt und glauben, dass angesichts des jetzt erlebten Missverhältnisses von Anstrengung und Gehalt auch illegale Mittel (wie Krankfeiern oder falsche Überstundenabrechnungen) erlaubt sind.

Aus Konflikten zwischen Mitarbeitern mit gerade noch kompensiertem Burnout und anderen, deren Burnout offenkundig wird, ergeben sich zahlreiche Mobbing-Anlässe, welche das Problem vertiefen. C. Cherniss hält «beruflichen Stress» für das wichtigste allgemeine Merkmal der Anfangsphase. Die Ressourcen reichen nicht aus, um die eigenen Berufsideale zu realisieren und/oder den Ansprüchen der Vorgesetzten zu genügen. Den Betroffenen gelingt es nicht mehr, die in jeder Arbeit unausweichlichen Versagungen und Belastungen zu verarbeiten und die mit diesen verknüpften Aggressionen zu neutralisieren. Die Aggressionen werden entweder gegen die eigene Person gerichtet – Schuldgefühle, Selbstentwertungen, bedrückte Stimmung, Phantasien, für den Beruf völlig ungeeignet zu sein, ihn aufgeben zu müssen. Oder aber sie richten sich gegen Kolleginnen und Patienten. In den Teams werden Sündenböcke geschaffen: In der geräuschvollen Herabsetzung anderer, die noch schlechter arbeiten als ich, kann ich mein beschädigtes professionelles Selbstgefühl retten.

In harmloseren Fällen des pharisäischen Mobbings sind die «Schuldigen» weiter weg – die Ärzte, die Gesundheitspolitiker, die Krankenhausverwaltung. Klagen und Schuldzuschreibungen in einem Burnoutzustand sind geradezu das Gegenteil von Versuchen, die eigenen Arbeitsbedingungen zu verbessern. Es werden keine konkreten Schritte unternommen, Vorgesetzte in die Pflicht zu nehmen, um Missstände zu beseitigen. Solche Bemühungen werden als hoffnungslos beurteilt und eigene Opferrollen kultiviert.

Unter den Frühwarnzeichen für Burnout spielen gerade Probleme der Motivation und die Einengungen des Helfersyndroms eine große Rolle: wenig Privatleben, eingeengte Kontakte (zum Beispiel ausschließlich mit Kollegen), eingeengte Interessen, unbefriedigende Freizeitgestaltung.

Abbauphase

Dieser Periode wachsender Gefühle, benachteiligt und erschöpft zu sein, kann als nächstes Stadium einer Burnout-Entwicklung der Leistungsabbau folgen. Die Betroffenen arbeiten unkonzentriert, es unterlaufen ihnen gehäuft Flüchtigkeitsfehler. Es scheint ihnen gleichgültig, ob sie gut oder schlecht arbeiten; ihre Leistungsbereitschaft und ihr berufliches Engagement schwinden. Sie werden unfähig, Kritik zu verarbeiten, weil sie keinen Abstand mehr zu ihrer Arbeit haben und jede Reflexion die Stützen der beruflichen Fassade ins Wanken bringt. Der Krankenstand ist hoch; zu den Symptomen einer depressiven Entwicklung treten körperliche Leiden: chronische Rücken- und Gelenkschmerzen, Schlaflosigkeit, erhöhte Anfälligkeit für Infektionen und Herz-Kreislauf-Probleme. Die Gefahr von Alkoholismus oder Drogenmissbrauch wächst. Beschäftigte im Krankenhaus sind wegen der leichten Zugänglichkeit von Medikamenten gefährdet, unkontrolliert Aufputsch- oder Betäubungsmittel zu konsumieren, wodurch ihre Leistungsfähigkeit weiter beeinträchtigt wird und die Neigung wächst, Schwierigkeiten zu vertuschen und zu verleugnen.

Burnout erfasst in der Abbauphase auch die nichtberuflichen Beziehungen. Die Krise wird weiter vertieft, weil Regenerationsmöglichkeiten wegfallen. Durch das verlorene berufliche Selbstbewusstsein ist auch das Privatleben beeinträchtigt. Die Betroffenen ziehen sich von Kontakten zurück, pflegen Freundschaften nicht mehr, unternehmen nichts, wenn sich ein Partner trennt oder scheiden lässt. Sie vereinsamen.

Kompensierter Burnout

Während die Schlussphase einer Burnout-Entwicklung uns als seltener Extremfall erscheint, sind uns die Fälle eines kompensierten Burnouts viel vertrauter. Dazu gehören die Berufstätigen, die einen inneren Ausstieg aus dem Beruf verbergen, um keine Schwierigkeiten zu haben. Sie leisten Dienst nach Vorschrift und bemühen sich, ihr mangelndes Engagement unauffällig zu halten oder Ausreden zu ersinnen, die es «rechtfertigen», zum Beispiel eigene Erkrankungen, Eheprobleme, Belastungen durch Kinder, einen Hausbau, pflegebedürftige Angehörige.

In Teams, wo die Mitarbeiter aufeinander angewiesen sind, ist kompensierter, in den Arbeitshaltungen eines defensiven Teamkerns geronnener Burnout besonders schwer zu überwinden, vor allem, wenn die Kunden nicht einfach wegbleiben können, wie in der Psychiatrie oder in Behinderteneinrichtungen, aber auch in Behörden.

Durch den Missmut und die defensive Einstellung zur Arbeit ihrer Kollegen verlieren auch die noch nicht ausgebrannten Teammitglieder die Lust, sich zu engagieren. Wenn neue Mitglieder, vor allem Berufsanfänger, in ein ausgebranntes Team kommen, werden sie nicht eingearbeitet, sondern entwertet, wenn sie sich nicht schnell dem resignierten und frustrierten Umgang mit den Klienten anschließen. Die widerstandsfähigen, selbstbewussten Neuankömmlinge verlassen dann das Team wieder, während jene bleiben, die sich der Burnout-Stimmung nicht entziehen können. Durch den Abbau des Engagements bei einigen Betroffenen können die noch nicht Betroffenen so überlastet werden, dass auch sie ihre Leistungsbereitschaft verlieren. In einem engagierten Team macht die Arbeit Spaß; in einem ausgebrannten möchte jeder schnell nach Hause kommen und den Kolleginnen möglichst viel Arbeit zuschieben.

Vom Burnout zur regressiven Entprofessionalisierung

Der Burnout-Begriff leidet ähnlich wie der Mobbing-Begriff unter einer Ausweitung, die ihn bis zur Beliebigkeit ausdehnt. Darüber hinaus lassen sich die Grenzen zwischen Burnout, Depression und beruflicher Erschöpfung kaum finden. Was der Nervenarzt längst als Symptom einer «larvierten» Depression ansieht, ist für den Sozialwissenschaftler noch aus den inneren Widersprüchen einer Institution erklärbar. Mir erscheint eine Zusammenfassung der Burnout-Problematik unter dem Gesichtspunkt der Kränkungsverarbeitung im Beruf sinnvoll. Solange diese gelingt, können die Mitarbeiter ihre Burnout-Tendenzen selbst wieder ausgleichen. Erschöpft sie sich, können sie bald auch Frustrationen nicht mehr kompensieren, welche der nicht ausgebrannte Mitarbeiter problemlos überwindet.

In Übereinstimmung mit den Ergebnissen der qualitativen und prozessorientierten Burnout-Forschung etwa von Cherniss und Kleiber halte ich die Vorstellung einer ständigen beruflichen Entwicklung für den wichtigsten Schutz vor Burnout. Der Burnout-Begriff lässt sich dann durch das Konzept einer regressiven Entprofessionalisierung ersetzen, wie sie in dem oben erwähnten Beispiel aus einem Kindergarten zu verzeichnen ist: Die Erzieherinnen diskutieren nicht mit der Leiterin, ob es richtig ist, dass die Kinder den Teller leer essen müssen, sondern sie «helfen» den Kindern, indem sie selbst essen, was diese übrig lassen.

Ein historisches Beispiel für die regressive Entprofessionalisierung ist der Prozess, der in der Geschichte des Kolonialismus als «going native» beschrieben wurde: Statt auch im Dschungel auf Formen zu achten und zum Dinner ein weißes Hemd anzuziehen, passt sich der Kolonialbeamte seiner eingeborenen

Geliebten an. «Der mit dem Wolf tanzt» ist ein schönes filmisches Beispiel für diese Entwicklung: Der «vergessene» Offizier in seinem Fort fraternisiert mit den Eingeborenen, erlernt ihre Sprache und wird schließlich einer von ihnen.

Nüchtern betrachtet, müssen in der Untersuchung professioneller Leistungen komplexe Mischungen aus Gewinn und Verlust, aus Kompetenzsteigerungen und Kompetenzeinbußen betrachtet werden. Je stärker die Einflussnahme auf Menschen (im Gegensatz zur Produktion und Manipulation von Dingen) das Arbeitsfeld bestimmt, desto ausgeprägter sind die Gefahren einer regressiven Entprofessionalisierung. Daher sind alle helfenden Berufe, aber auch Führungspositionen besonders gefährdet.

Die regressive Entprofessionalisierung zeigt sich durch Strukturverluste oder funktionswidrige Überstrukturierung. Einen Beruf zu erlernen heißt auch eine Rolle zu erlernen. Solche Rollen sind in vielen modernen Berufen nicht mehr rational in allen ihren Umrissen definierbar. Neben einer Ausbildung, in der Rollenumfänge definiert und die notwendigen rationalen Strukturen verankert werden, wird in der Praxis eine kontinuierliche Reflexion notwendig, um die Gefühle des Professionellen, die weder ganz aus dem professionellen Handeln verschwinden noch es ganz beherrschen dürfen, ebenso einzubeziehen wie zu überwachen. Eine im Grunde ständige Differenzierungsarbeit ist notwendig, um die beiden Extreme zu vermeiden, an denen Helfer ihre Kompetenz verlieren: die Erschöpfung, das Ausbrennen, in dem ihre Tätigkeit zur von Kreativität, Neugier und emotionalem Engagement verlassenen Routine wird, auf der einen Seite, Machtmissbrauch, Korruption und Vorteilsnahme, in dem die Triebbefriedigung die professionelle Aufgabe zerstört, auf der anderen.

Je nach ihrem eigenen Professionalisierungsstadium weisen soziale Organisationen ausgeprägtere oder weniger ausgeprägte

Verstärkungen der Tendenzen zur Professionalisierung beziehungsweise Entprofessionalisierung auf. Häufig finden sich dialektische Prozesse: Nichtprofessionelle Organisationen versuchen, Probleme durch Professionalisierung zu lösen («wir können unseren Verein nicht mehr führen, wir brauchen einen Wirtschaftsprofi als Geschäftsführer!»). Professionalisierte Organisationen, die stagnieren oder schrumpfen, greifen zu Entprofessionalisierungen («wir müssen wieder verstärkt auf das Ehrenamt setzen, wir können uns kein Beratungszentrum mehr leisten!»), um zum Beispiel Kürzungen der verfügbaren Gelder für qualifizierte Arbeitskräfte aufzufangen. Auf jeder Stufe einer regressiven Entprofessionalisierung kann es zu Kompromissbildungen kommen, die ein Amalgam aus einer drohenden Auflösung der beruflichen Rolle und Gegenmaßnahmen signalisieren.

Regredierte Lehrer verhalten sich wie Schüler, regredierte Erzieherinnen wie Kindergartenkinder, regredierte Drogenberater wie Junkies. Oft ist das, was schließlich sichtbar wird, eine Reaktionsbildung gegen diese Identifizierung.

Beispiele

Eine Diplompsychologin in einer therapeutischen Station für junge Fixer hat ihre Arbeit mit den therapeutischen Werkzeugen begonnen, die sie in ihrer Selbsterfahrung als Gesprächstherapeutin kennenlernte. In dem von Burnout beeinträchtigten Stationsteam wird sie zunächst «in Ruhe gelassen», das heißt nicht angeleitet; im Team fühlt sich niemand zuständig dafür, Neue einzuarbeiten, die Fluktuation ist hoch, «es lohnt sich nicht».

Umso energischer werden Fehler der neuen Teammitglieder

aufgegriffen. Nachdem die Anfängerin im Team mehrmals kritisiert und ihr zu große Nachgiebigkeit gegenüber den Ansprüchen der Patienten auf Ausgang, freie Wochenenden und Verzicht auf Urinkontrollen vorgeworfen wurde, sucht sie Hilfe bei einem Berater, den sie aus ihrer Therapieausbildung kennt.

Es stellt sich heraus, dass sie sich inzwischen weitgehend mit den jugendlichen Junkies identifiziert. Sie teilt deren Unzufriedenheit und deren Überzeugung, wenn sie bessere, tolerantere Eltern, Kollegen oder Vorgesetzte hätten, wären ihre Probleme weggezaubert. Sie geht patzig mit ihren Teamkolleginnen um, schreibt alle Probleme in ihrer Arbeit äußeren Umständen zu und ist beleidigt, wenn die Kollegin, zu deren Ablösung sie eine Stunde zu spät kommt, «kein Verständnis hat». «Ich habe keine Probleme mit den Bewohnern. Aber die Teamkollegen mobben mich, weil sie auf mein gutes Verhältnis zu den Fixerinnen eifersüchtig sind. Wenn ich nicht einen Tag in der Woche blaumache, halte ich es dort nicht mehr aus!»

Die Mitarbeiter eines Jugendcafés verlangen Supervision. Sie bräuchten jemanden, der ihnen hilft, mehr von ihren Ideen umzusetzen. Bei ihnen gebe es viele Einfälle, auch viel Nörgelei, aber niemand sorge dafür, dass die Dinge durchgezogen würden. Durch Nachfragen erfährt die Supervisorin noch, dass diese Einrichtung um ihr Überleben kämpft und von Kürzungen bedroht ist. Das Team hat das bisher kaum wahrgenommen. Die nicht verlängerten Stellen werden durch den Einsatz von Praktikantinnen kompensiert.

Das Jugendcafé wurde gegründet, weil die Kreisstadt einen Zuschuss bekam und die Jugendlichen an einer Straßenecke den örtlichen Kaufleuten lästig wurden. Inzwischen ist von den einstigen politischen Befürwortern kaum noch jemand im Stadtrat, es gibt einen neuen Bürgermeister, niemand erinnert sich noch an die Zeit, als die Jugendlichen auf der Straße standen. Vom Team weiß davon nur die Leiterin – niemand sonst scheint sich dafür zu interessieren.

Die Beraterin findet, dass diese ausgebildeten Sozialpädagogen nicht nur die Kleidung, sondern auch viele Einstellungen ihrer Klientinnen übernommen haben. So wissen sie nicht, woher ihre Gehälter kommen (Ausnahme: die Leiterin), wer der Träger der Einrichtung ist, was geschieht, wenn die Mittel gestrichen werden. Das Team verhält sich wie ein Jugendlicher, der von großen Auftritten träumt, aber die Suche nach einer Lehrstelle zu stressig findet. Die Beraterin wird gefragt, ob sie auch mit kreativen Medien arbeitet; sie hat den Eindruck, das Team sei besonders glücklich, wenn sie etwas mitbringt, beispielsweise Papier und Buntstifte, um ein Bild über die Teamsituation malen zu lassen.

Eine Beraterin, die mit großem Engagement versucht hat, in den Altenpflegeeinrichtungen ihrer heimatlichen Kleinstadt Supervision einzuführen, berichtet über ihre Resignation. Es sei immer dasselbe. Anfangs stoße sie auf großes Interesse, vor allem, wenn sie mitteile, dass sie selbst aus der Pflege komme. In der ersten Informationsveranstaltung, wo sie einen kleinen Vortrag mit bunten Folien halte, was Supervision leisten könne, kämen dreißig Mitarbeiterinnen, und die Heimleiter wären von diesem Interesse begeistert.

Zur zweiten Veranstaltung, wenn es darum gehe, sich auf eine bestimmte Zahl von Terminen festzulegen, kämen dann noch zehn. Und wenn man sich mühsam mit denen geeinigt habe, seien bei der ersten richtigen Sitzung, wenn es losgehen solle, noch fünf da. Diesmal hätten diese fünf kein Thema gefunden. Sie hätten keine Kraft übrig, zu wenig Kraft, um über die Beziehungen mit den Bewohnerinnen auch noch zu reden, mit den Kolleginnen gebe es ohnehin keine Probleme, man habe vor lauter Arbeit gar keine Zeit dafür.

«Diesmal habe ich den Bettel hingeworfen», berichtet die Beraterin. «Ich habe denen gesagt, sie sollten erst einmal untereinander abstimmen, ob sie Probleme bringen wollten oder nicht, ich sei Lieferantin von Supervision, nicht von Kraftfutter. Ich gebe das jetzt auf, ich kann keinen dieser Altenpfleger mehr sehen, die immer sagen, sie hätten keine Kraft!»

Die Kraftlosigkeits-Phantasie der Altenpflegerinnen hatte die Beraterin ergriffen. Sie hat den Anspruch übernommen, eine Aufgabe lasse sich nur kraftvoll, mit Schwung und Zuversicht anpacken, Qualitäten, die in der Altenpflege schnell erschöpft werden. Auch die Beraterin fordert mehr Entschlusskraft von *ihren* Klienten. Dadurch versäumt sie, die Kraftlosigkeit als zentrales Thema zu erkennen und diese Einsicht zu verdeutlichen. Statt sachlich über Burnout und Lernunwilligkeit zu sprechen, regredierte sie zu den Klientinnen auf deren Ebene der «Kraft» und ihrer Erschöpfung.

Vor Burnout geschützt?

Wer sich professionell entwickeln kann, brennt nicht aus. Diese Beobachtung lässt sich in Teamentwicklungen und Supervisionen immer wieder bestätigen. Sie passt auch zu den grundlegenden Einsichten in die Natur professioneller Arbeit, die etwas ganz anderes ist als die Anwendung theoretischen, an einer Schule oder Hochschule erworbenen Wissens. Beobachtungen an Menschen, die anspruchsvolle Berufe (wie Ingenieur, Dirigent, Psychotherapeut) ausüben, haben bestätigt, dass sich die Profis nur zum geringeren Teil an dem orientieren, was sie während ihrer Ausbildung erlernt haben.

Eine Spezialausbildung ermöglicht die ersten Schritte. Die

nächste, von den Profis als wichtiger eingeschätzte Phase beginnt, sobald sie in die Lage kommen, Rückmeldungen zu verarbeiten, welche sie während ihrer konkreten Berufsarbeit empfangen. Wenn berühmte Ärzte oder Lehrer behaupten, sie hätten am meisten von ihren Patienten oder Schülern gelernt, ist das keine Phrase. Es bestätigt, was Analysen von Professionalisierungsprozessen ergeben haben.

Eben dieser Prozess scheint nach den Untersuchungen von Hinrich Jansen-Dittmer und Kerstin Münker auch ein wirksamer Schutz vor Burnout zu sein.* Die Autoren untersuchten zunächst die Burnout-Belastung von Pflegekräften, um eine Gruppe zu gewinnen, die sie als nicht Burnout-gefährdet identifizierten. Hier die wichtigsten Ergebnisse: Die Burnout-resistenten Helfer

1. sind gesundheitsbewusst und an der Arbeit interessiert, die sie leisten; sie fühlen sich durch die Patienten nicht belastet und haben «ihren Stil» des Umgangs gefunden;

2. erleben sich in einer beruflichen Entwicklung, in der sie anfängliche Belastungen (zum Beispiel durch die Begegnung mit Schwerkranken und Sterbenden) meistern lernten;

3. erleben auch die Belastungen ihrer Arbeit als sinnvoll und können sich von Ansprüchen distanzieren, in aussichtslosen Situationen zu helfen;

4. haben eine Balance zwischen Arbeit und Privatleben erreicht, auch wenn sie zum Beispiel Freizeit mit Kolleginnen verbringen;

5. haben bereits einen hohen Grad an Selbstbestimmung in ihrer Arbeit erreicht und sind dabei, diese Autonomie weiter auszubauen, wobei sie eine überdurchschnittliche innerbetriebliche Aktivität entfalten und Veränderungen bewusst anstreben;

* «Burnout-Syndrom – und wie man es sich nicht einfängt.» In: Unsere Jugend 5/1999, S. 195f.

6. erleben sich als initiativ und haben den Eindruck, selbst ihre Arbeitssituation verändern zu können, wobei sie Einflüssen von außen eher skeptisch gegenüberstehen;

7. fühlen sich von ihren Vorgesetzten und Kolleginnen angemessen unterstützt und in eher freundschaftlichen Beziehungen eingebunden, wobei nur die unmittelbaren Kontakte (bis zur Stationsleitung) als positiv erlebt und die der Station übergeordneten Vorgesetzten skeptisch beurteilt werden;

8. empfinden ihren Beruf als intellektuelle Herausforderung, an der sie wachsen können, und lernen gerne etwas dazu.

Wer nach einer psychologisch fassbaren Kraft hinter solchen Einzelbeobachtungen sucht, wird schnell fündig. Ein realistisches Selbstgefühl, das nicht auf die Erfüllung illusionärer Sehnsüchte angewiesen ist, schützt die Pflegenden vor Burnout. Es leitet Regelprozesse ein, welche eine professionelle Identität stiften, erhalten und entwickeln.

Wer die Realität seiner Berufsarbeit annehmen und positiv sehen kann, hat nicht nur mehr Freude an seinem Beruf, sondern ist auch viel mehr in der Lage, sie in Einzelheiten zu verbessern, sie ökonomischer zu gestalten, die in ihr erreichbaren Befriedigungen zu vertiefen, aber auch Befriedigungsmöglichkeiten außerhalb des Berufs für das zu finden, was der Beruf nicht geben wird.

Das Helfersyndrom hingegen blockiert diese realistische Sicht auf einen beruflichen Austausch. Es fordert übermäßige Opfer und weckt parallel zu ihnen den Glauben, diese würden durch illusionäre narzisstische Gegengaben aufgewogen. Dadurch weckt es Neid auf Kolleginnen, die sich nicht so quälen müssen, und verschlechtert die Beziehungen zu diesen.

Realistische Helfer fühlen sich von ihren Kolleginnen und Vorgesetzten eher unterstützt; unrealistische sind chronisch enttäuscht, weil ihre hochfliegenden Erwartungen unerfüllt bleiben.

Laufen dann Forschung und Analyse auf den schlichten Satz hinaus, dass Menschen mit gutem Selbstgefühl Aufgaben realistisch anpacken und Rückschläge verarbeiten, während von narzisstischen Störungen beeinträchtigte Menschen mit hochfliegenden Erwartungen beginnen und beim ersten Rückschlag entweder aufgeben, sich selbst entwerten oder andere mobben? Ja und nein. Die Rede von der Selbstgefühlsstörung entwickelt eine Theorie, während die Verhaltensanalyse sich dicht an der Praxis ansiedelt. Eine Theorie kann nichtssagend sein und vereinfachen; die Detailforschung kann sich in Einzelheiten verzetteln und meinen, gut gezählt sei halb gewonnen.

Das Helfersyndrom versucht, die Selbstgefühlsstörungen in den helfenden Berufen theoretisch zu erfassen, sie mit der persönlichen und beruflichen Biographie zu verknüpfen. Es kann die Detailforschung nicht überflüssig machen, aber es widerspricht ihr, wie Nando Belardi* festgestellt hat, auch nicht.

Es wäre größenwahnsinnig, gegenwärtig von einer Theorie des menschlichen Verhaltens zu sprechen, die das Niveau der Theorien über die Gravitation oder über die Elektrizität erreicht. Das Helfersyndrom bietet ein Modell: Es verknüpft Erscheinungen, die wir spontan nicht als verbunden erleben. Es erschließt Verständnismöglichkeiten, die Ansätze zu Problemlösungen enthalten. Die großen Spannungen in den Helfer-Organisationen, die wir hinter ihrer besonderen Anfälligkeit für Burnout und für Mobbing vermuten, werden in einen psychologischen und biographischen Kontext eingebettet.

* Nando Belardi, «Wolfgang Schmidbauer und die Überwertigkeit von Arbeit» in: A. Bauer et al. (Herausgeber), Psychoanalytische Erkundungen, Frankfurt 2002

Dieses aus der Psychoanalyse und Narzissmusforschung entwickelte Modell trägt das Risiko jeder kritischen Theoriebildung in der Psychologie: Es stellt Abwehrvorgänge in Frage, welche die Helfer vor Angst und Scham schützen. Wer sich in Mobbing- und Burnout-Probleme vertieft, wird irgendwann die Fragestellungen erreichen, mit denen sich das Modell des «Helfens als Abwehr» beschäftigt hat.

Im Burnout geht es letztlich darum, ob sich eine realistische Auffassung der Berufsarbeit durchsetzen kann, welche eine stabile Motivation trägt und die Erstarrungen in Routine durch die Aufmerksamkeit für professionelle Entwicklungen bekämpft. Im Mobbing geht es darum, ob wir mit Entwertungserlebnissen konstruktiv, humorvoll und distanziert umgehen können oder nicht.

Mobbing wie Burnout haben eine institutionelle und eine persönliche, individuelle Komponente. Das Modell des Helfersyndroms verfolgt diese in die Helferbiographie.

In den Balintgruppen für Supervisoren und Führungskräfte, mit denen ich in den letzten zwanzig Jahren viel gearbeitet habe, lassen sich diese Stränge aufdröseln. In meinem Buch über «Persönlichkeit und Menschenführung» und in einem zusammen mit Annemarie Bauer verfassten Text «Im Bauch des Wals» habe ich Ergebnisse aus dieser Arbeit vorgestellt. Annemarie Bauer hat auch zusammen mit Katharina Gröning und Mechthild Grohs-Schultz die Mühe auf sich genommen, anlässlich meines 60. Geburtstages Arbeiten zu dieser Thematik in der Festschrift «Psychoanalytische Erkundungen» zusammenzutragen.

Jede psychologische Theorie hat zwei Qualitäten: Wir können sie auf andere anwenden oder sie in unsere innere Welt aufnehmen, als Teil unseres Nachdenkens über das eigene Ich, seine Geschichte, seinen Realitätsbezug, seine Ziele.

In diesem Nachdenken brauchen wir beides: die lebendigen Details und die «großen», abstrakten, zusammenfassenden Begriffe. Ohne Einzelheiten wird unsere Reflexion leer; ohne Begriffe seicht. In dieser Spannung bewegt sich die psychologische Forschung. Ich hoffe, dass das Helfersyndrom auch in den nächsten Jahrzehnten seinen Beitrag zu ihr leisten wird.

Literatur

Alexander, F., Metapsychologische Darstellung des Heilungsvorganges, in: *Int. Z. f. ärztl. Psa.* 11 (1925), S. 157–178

Antons, K., Helfen oder Lieben. Trennung und Scheidung in psychosozialen Berufen. Reinbek 1987

Aronson, E., Pines, A. M., Kafry, D., Ausgebrannt. Vom Überdruß zur Selbstentfaltung. Stuttgart (Klett-Cotta) 1983

Bauer, A., Grohs-Schultz, M., Symbole – Mythen – Rituale. Zugänge zum Unbewussten der Organisation und in der Organisation, in: Bauer, A., Schmidbauer, W. (Hg.), Unbewusstes in Institutionen, *Forum Supervision* Jg. 7, Heft 13, März 1999

Bauer, A., Gröning, K. (Hg.), Institutionsgeschichten, Institutionsanalysen, Tübingen 1999

Bauer, A., Schmidbauer, W., Im Bauch des Wals. Berlin 2005

Becker, A. M., Zur Gliederung des Über-Ichs, in: *Psyche* 10 (1956), S. 93

Belardi, N., Supervision. Eine Einführung für soziale Berufe. Freiburg 1996

Belardi, N., Wolfgang Schmidbauer und die Überwertigkeit von Arbeit, in: A. Bauer et al. (Herausgeber), Psychoanalytische Erkundungen, Frankfurt 2002

Beres, D., Vicissitudes of superego functions and superego precursors in childhood, *Psa. Stud. Child* 13 (1958), S. 324–351

Berne, E., Spiele der Erwachsenen, Reinbek 1966

Bleuler, E., Das autistisch-undisziplinierte Denken in der Medizin und seine Überwindung, Berlin 1919

Borneman, E., Das Patriarchat, Frankfurt, 1965

Brenner, Ch., The masochistic character: Genesis and treatment, in: *J. Amer. Psa. Assn.* 7 (1959), S. 197–226

Brook, M. F., Hailstone, J.-D., McLaughlin, E. J., Psychiatric illness in the medical profession, in: *Brit. J. Psychiatry* 113 (1967), S. 1013

Buchholz, M., Psychoanalytische Professionalität, in: *Forum Psychoanal.* 13, 75–93, 1997

Burisch, M., Innere Erschöpfung. Eine Theorie des Burnout-Syndroms. Hamburg 1988

Burisch, M., Der leere Lehrer. *Hamburger Lehrerzeitung* 37, (1), S. 8–11

Cambor, C. G., Präödipale Faktoren der Über-Ich-Entwicklung, *Psyche* 24 (1970), S. 116–128

Caplan, G., Principles of preventive psychiatry, New York, Basic Books, 1964

Cherniss, C., Professional Burnout in the Human Service Organisations, New York 1980

Combs, A. et al., Die helfenden Berufe, Stuttgart 1975

Craig, A. G., Pitts, F. N., Suicide by physicians, *Dis. Nerv. System* 29 (1968), S. 763–772

Cremerius, J., Grenzen und Möglichkeiten der psychoanalytischen Behandlungstechnik bei Patienten mit Über-Ich-Störungen, *Psyche* 31 (1977), S. 593–636

Danneberg, E., Dynamische und ökonomische Aspekte der Entwicklung des Über-Ichs, *Psyche* 22 (1968), S. 365–383

DeSole, D. et al., Suicide and role strain among physicians, Kongreßvortrag 1967, American Psychiatric Association, Detroit

Devereux, G., Angst und Methode in den Verhaltenswissenschaften, München 1975

Dinslage, A., Psychotherapeut für junge Menschen ohne Marktwert. Erfahrungen zwischen Psychiatrie und Leben, München (Pfeiffer) 1985

Duffy, J. C., Litin, E. M., Psychiatric morbidity of physicians, *J. of the American Med. Assn.* 189 (1969), S. 989–992

Edelwich, J., Brodsky, A., Ausgebrannt – Das Burn-Out-Syndrom in den Sozialberufen. Salzburg 1984. (Engl.: Burnout: Stages of Disillusionment in the Helping Professions, New York 1980)

Ehlert-Balzer, M., Sexuelle Grenzverletzungen im psychotherapeutischen Raum. In: *Organisationsberatung, Supervision, Clinical Management* 5, S. 85–91, 1998

Eissler, K. R., Zur Notlage unserer Zeit, Psyche 22 (1962), S. 641

Eliade, M., Schamanismus und archaische Ekstasetechnik, Zürich 1966

Enzmann, D., Kleiber, D., Helfer-Leiden. Streß und Burnout in psychosozialen Berufen, Heidelberg 1989

Farber, B. A. (Hg.), Stress and Burnout in the Human Service Professionals, New York 1983

Fengler, J. Helfen macht müde. München 1991

Fengler, J., Süchtige und Tüchtige, München 1994

Fenichel, O., Psychoanalytische Neurosenlehre, Olten/Freiburg 1975–1977

Freeman, W., Psychiatrists who kill themselves, *Am. J. Psychiatry* 124 (1967), S. 846–947

Freud, A., Das Ich und die Abwehrmechanismen, München 1968

Freud, S., Die Disposition zur Zwangsneurose, 1913 (GW VIII)

Ders., Einige Charaktertypen aus der psychoanalytischen Arbeit, 1914 (GW X)

Ders., Zur Einführung des Narzißmus, 1914 (GW X)

Ders., Massenpsychologie und Ich-Analyse, 1921 (GW VIII)

Ders., Das ökonomische Problem des Masochismus, 1924 (GW XIII)
Ders., Hemmung, Symptom und Angst, 1926 (GW XIV)
Freudenberger, H.J., Burn Out. The High Cost of High Achievement. Garden City 1980. (deutsch: Mit dem Erfolg leben, München 1983)
Fürst, B., Die fürsorgliche Macht. Erfahrungen aus einem Betreuungsverein. Frankfurt 2005
Fürstenau, P., Entwicklungsförderung durch Therapie, München 1992
Giernalczyk, Th., Supervision und Organisationsberatung. Institutionen bewahren durch Veränderung. Göttingen 2002
Gola, N., The doctor, his illness, and the patient, *Aust. NZ. J. Psychiatry* 6 (1972), S. 209–213
Grunberger, B., Über-Ich und Narzißmus in der analytischen Situation, *Psyche* 12 (1958), S. 270–290
Dies., Gedanken zum frühen Über-Ich, *Psyche* 28 (1974), S. 308–529
Halleck, S., Woods, S., Emotional problems of psychiatric residents, in: *Psychiatry* 25 (1962), S. 339–346
Hamilton, W. D., Selection of selfish and altruistic behaviour, in: Eisenberg, J. F., Dillon, W. S., Man and Beast, Washington 1971, S. 57–93
Henseler, H., Narzißtische Krisen, Hamburg 1974
Horney, K., The problem of the negative therapeutic reaction, *Psychoanal. Quart.* 1 (1936), S. 29–44
Hunter, R. C. A. et al., Nosophobia and hypochondriasis in medical students, *J. Nerv. Ment. Dis.* 139 (1964), S. 147–152
Itani, J., Paternal care in Macaca mulatta, in: Southwick (Ed.), Primate social behaviour, Princeton 1959
Jacobson, E., The effect of disappointment on Ego and Super-

ego formation in normal and depressive development, *Yearbook of Psa.* 3 (1947), S. 109–126

Jansen-Dittmer, H., Münker, K., «Burnout-Syndrom - und wie man es sich nicht einfängt. In: *Unsere Jugend* 5/1999, S. 195f.

Keupp, H., Psychosoziale Praxis im gesellschaftlichen Umbruch, Bonn (Psychiatrie-Verlag) 1987

Keupp, H., Bilden, H., Verunsicherungen. Das Subjekt im gesellschaftlichen Wandel, Göttingen (Hogrefe) 1989

Keupp, H., Zaumseil, M. (Hg.), Die gesellschaftliche Organisation psychischen Leidens, Frankfurt 1978

Keupp, H. et al. (Hg.), Im Schatten der Wende - Helferkrisen - Arbeitslosigkeit - Berufliche Sozialisation, Tübingen 1983

Kirchen, Th., Mobbing im Bildungs-, Sozial- und Gesundheitswesen. Eine empirische Studie. Stuttgart 2006

Kleiber, D., Rommelsbacher, B. (Hg.), Die Zukunft des Helfens, Weinheim 1986

Klein, M., Das Seelenleben des Kleinkindes, Stuttgart 1962

Lampl-de Groot, J., Ich-Ideal und Über-Ich, in: *Psyche* 17 (1962), S. 321–332

Lasch, C., Das Zeitalter des Narzißmus, München (dtv) 1986

Lazar, R. A., Bions Modell «Container-Contained» und seine Implikationen für die Praxis der Supervision, in: Pühl, H. (Hg.), Supervision, Berlin 2002

Levi-Strauss, C., Traurige Tropen, Köln 1960

Leymann, H., Mobbing. Psychoterror am Arbeitsplatz und wie man sich dagegen wehren kann. Reinbek 1993

Lincke, H., Das Über-Ich - eine gefährliche Krankheit?, in: *Psyche* 24 (1970), S. 375–402

Loftus, E., Ketcham, K., The Myth of Repressed Memory: False Memories and Allegations of Sexual Abuse, St. Martins, 1994

Marmor, J., The feeling of superiority: An occupational hazard in the practice of psychotherapy, *Am. J. Psychiatry* 110 (1953), S. 370–376

Maslach, C., Burnout, the Cost of Caring. Englewood Cliffs (Prentice Hall) 1982

Meschkutat, B. et al., Der Mobbing-Report, Sozialforschungsstelle Dortmund, 2003

Modlin, H. C. et al., Narcotics addition in physicians, *Am. J. Psychiatry* 121 (1964), S. 358–369

Möller, H., Was ist gute Supervision? Stuttgart 2001

Müller-Braunschweig, C., Psychoanalytische Gesichtspunkte zur Psychogenese der Moral, in: *Imago* 7 (1921), S. 237–250

Nunberg, H., Allgemeine Neurosenlehre auf psychoanalytischer Grundlage, Bern 1959

Olinick, S. L., The negative therapeutic reaction, in: *Int. J. Psa.* 45 (1964), S. 450–548

Pearson, M. M., Strecker, E. A., Physicians as psychiatric patients, *Am. J. Psychiatry* 116 (1960), S. 915–919

Pitts, F. N. et al., Psychiatric syndromes, anxiety symptoms and response to stress in medical students, *Am. J. Psychiatry* 118 (1961), S. 333–340

Plessen, U., Supervision in Beratung und Therapie, Salzburg (Müller) 1985

Pond, Doctors mental health, *New Zealand Med. Journal* 69 (1969), S. 131

Pühl, H. (Hg.), Handbuch der Supervision, Bd. 1 u. 2, Berlin 1990, 1994

Pühl, H., Angst in Gruppen und Institutionen, Berlin 2005

Pühl, H., Schmidbauer, W. (Hg.), Supervision und Psychoanalyse. Plädoyer für eine emanzipatorische Reflexion in den helfenden Berufen, München (Kösel) 1986, TB: Frankfurt/M. (Fischer) 1991

Radó, S., Das ökonomische Prinzip der Technik, *Int. Z. f. ärztl. Psa.* 12 (1924), S. 15–24

Rangell, L., The psychoanalytic process, *Int. J. Psychoanal.* 49 (1968), S. 19–26

Ders., Perspektiven der Psychoanalyse, in: *Psyche* 28 (1974), S. 948–996

Reich, A., Early identifications and archaic elements in the superego, *J. Amer. Psa. Assn.* 2 (1954), S. 218–238

Reich, W., Charakteranalyse, Selbstverlag, 1933

Ders., Psychischer Kontakt und vegetative Strömung, Kopenhagen (Sexpol) 1934

Reik, Th., Geständniszwang und Strafbedürfnis, Leipzig/Wien/Zürich 1925

Riviere, J., A contribution to the analysis of the negative therapeutic reaction, *Int. J. Psychoanal.* 17 (1936), 304–320

Saldern, M. v. (Hg.), Mobbing. Theorie, Empirie, Praxis, Baltmannsweiler 2002

Salzmann, L., The negative therapeutic reaction, in: Massermann, J.-M., *Science and psychoanalysis* 3 (1960), S. 303–313

Sandler, J. et al., Die Grundbegriffe der psychoanalytischen Therapie, Stuttgart 1973

Schmidbauer, W., Biologie und Ideologie, Hamburg 1973

Ders., Jäger und Sammler, München-Planegg 1973

Ders., Vom Es zum Ich. Evolution und Psychoanalyse, München (List) 1975

Ders., Selbsterfahrung in der Gruppe. Unter Mitarbeit von S. Gröninger, H. Kemper, Ch. Maul und H. Küfner, München (List) 1977

Ders., Lebensgefühl Angst, Freiburg 2005

Schön, D., The Reflective Practioner, New York 1983

Schreyögg, A., Coaching. Eine Einführung. Frankfurt 1995

Shorter, E., Moderne Leiden. Zur Geschichte der psychosomatischen Krankheiten. Reinbek 1994
Simon, W., Lumry, G. K., Suicide among physician-patients, *J. Nerv. Ment. Dis.* 147 (1968), S. 105–112
Ders., Vom Dialog, Stuttgart 1976
Spitz, R. A., Zur Entstehung der Über-Ich-Komponenten, in: *Psyche* 14 (1958), S. 400–426
Turnbull, C., Das Volk ohne Liebe, Reinbek 1973
Vaillant, G. E. et al., Some psychological vulnerabilities of physicians, *N. Engl. J. Med.* 287 (1972), S. 372–375
Walton, H. J., Effect of the doctors personality on his style of practice, *J. R. Coll. Gen. Pract.* 16 (1968), S. 113
Waring, E. M., Psychiatric illness in physicians, *Comprehensive Psychiatry* 15 (1974), S. 519–530
Willi, J., Die Zweierbeziehung, Reinbek 1975
Wright, L., Remembering Satan, New York 1994

Über den Autor

Wolfgang Schmidbauer, geboren 1941, lebt als Schriftsteller, Psychotherapeut und Lehranalytiker in München. Er hat über 40 Bücher publiziert; Bestseller bei Rowohlt u. a. «Hilflose Helfer» (rororo 19196), «Die Angst vor Nähe» (rororo 60430), «Die heimliche Liebe» (rororo 61129), «Die Rache der Liebenden» (rororo 61940) und «Das Helfersyndrom» (rororo 62208).